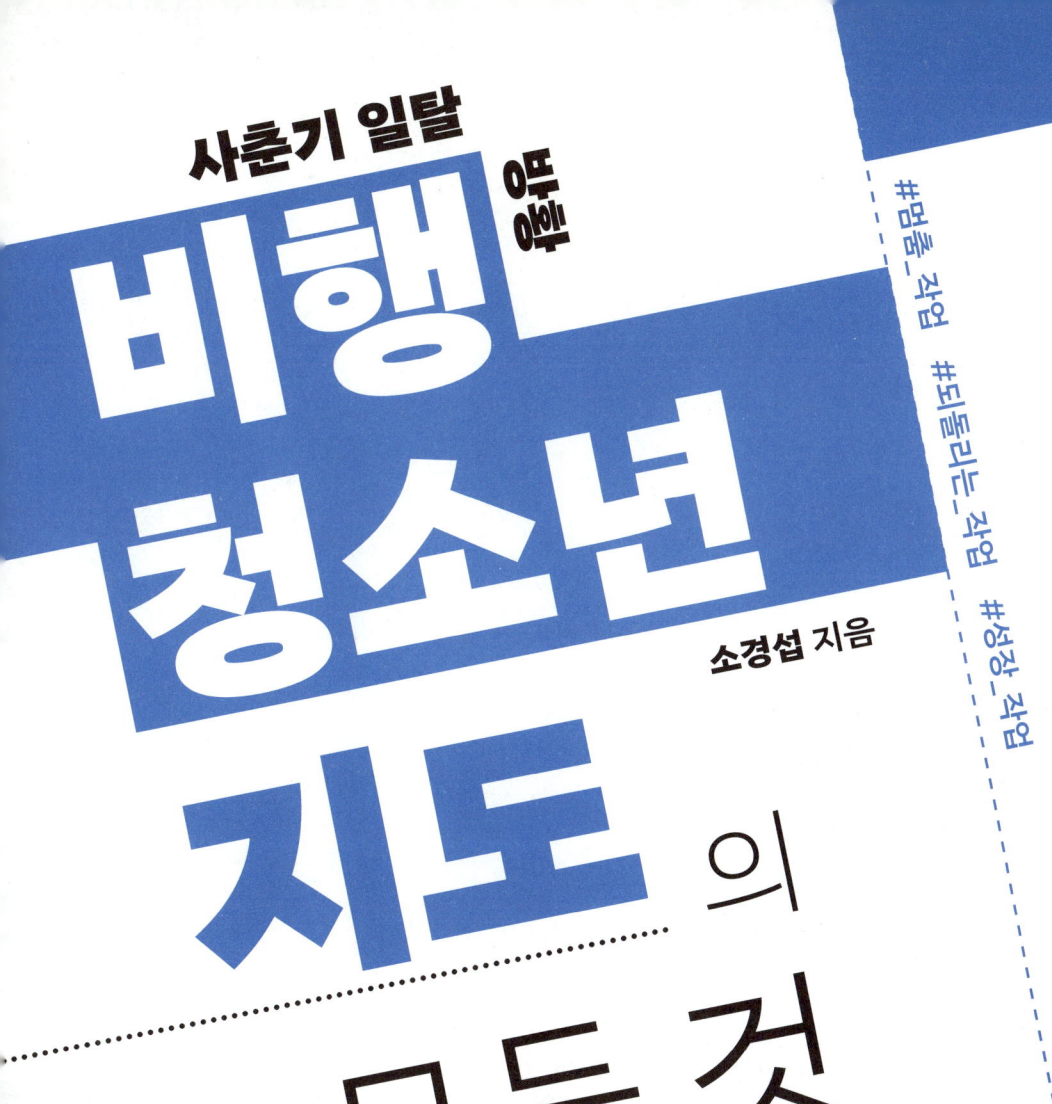

비행청소년 지도의 모든 것

1판 1쇄 발행 2025년 8월 17일

지은이 소경섭

교정 신선미 편집 이새희
마케팅·지원 이창민

펴낸곳 (주)하움출판사 펴낸이 문현광

이메일 haum1000@naver.com 홈페이지 haum.kr
블로그 blog.naver.com/haum1000 인스타 @haum1007

ISBN 979-11-7374-129-6(03180)

좋은 책을 만들겠습니다.
하움출판사는 독자 여러분의 의견에 항상 귀 기울이고 있습니다.
파본은 구입처에서 교환해 드립니다.

이 책은 저작권법에 따라 보호받는 저작물이므로 무단전재와 무단복제를 금지하며,
이 책 내용의 전부 또는 일부를 이용하려면 반드시 저작권자의 서면동의를 받아야 합니다.

말은 인격이고 가치이며

표정은 힘이고 행동은 영향력이다

'비행의 공식'에 기반한 실질적 지도 방안

비행청소년 지도의 모든 것

#멈춤_작업 #되돌리는_작업 #성장_작업

막다른 길에 선 그들을 되돌리다

비행의 늪에서 일관된 비행화 과정을 거치며 형성된 그릇된 삶의 기준에 갇힌 이들이 그들만의 세상에서 벗어나 악순환을 끊고 지속 가능한 건강한 삶의 영역으로 나아가도록 이끌며 자신의 미래를 주도적으로 그려 나가고 희망찬 미래를 향해 건설적으로 성장할 수 있도록 돕는다

저자 서문

　　무릎이 아프다고 호소하는 아이에게 일방적으로 소화제를 투여해서는 안 된다. 표면적인 증상에만 매몰되어 대응하기보다는 근본 원인과 연관된 증상을 정확히 파악하고, 그에 적합한 개입을 설계·실행하는 것이 무엇보다 중요하다. 비행청소년 지도 역시 이와 다르지 않다. 문제의 핵심에 접근하지 못한 채, 일반적인 상담이나 교육만으로 일방적인 개입을 시도한다면 오히려 변화의 가능성을 저해하고 지도와 회복의 결정적인 시기를 놓칠 수 있다. 청소년 비행은 단순한 일탈이 아니라, 복합적인 심리·사회적 맥락과 환경적 요인이 얽혀 나타나는 발달적 현상이다. 비행의 특성을 정확히 이해하고 문제 행동 자체에 우선적으로 초점을 맞추는 동시에, 환경적 요인을 함께 고려하는 통합적이고 다층적인 접근과 노력이 이루어질 때 비로소 실질적인 변화가 가능하다. 비행청소년에 대한 상담과 교육은 일반 청소년을 대상으로 한 접근과는 본질적으로 달라야 한다. 그들의 언어와 문화를 이해하고, 그들이 처한 맥락을 민감하게 감지하며 실제로 반응할 수 있는 개입 방식으로 다가갈 때 변화는 시작될 수 있다.

　　본서 本書 는 『청소년 비행의 모든 것』과 긴밀히 연결되는 후속 저작으로서, 그 이론적 기반 위에 보다 정교하고 체계적인 실제 적용 방안을 담고자 기획되었다. 전작은 출간 이후 다양한 청소년 현장에서 깊은 반향을 불러일으켰으며, 전문가, 교사, 상담자, 청소년 지도 실무자들로부터 지속적인 공감과 지지를 받아 왔다. 특히 외현적 부적응 청소년의 품행 문제를 기존의 단편적 해석에서 벗어나, 최신 자료와 정보를 토대로 심리적·사회적 맥락 속에서 구조적으로 조망할 수 있는 관점을 제시함으로써 학문적·실천적 의의를 인정받았다. 전작에서는 연령 기반 발달 모델인 '비행의 공식'이라 명명한 비행화 과정 이론을 중심으로, 청소년의 문제 행동을 고유한 심리적·사회적 맥락 속에서 해석할 수 있는 이론적 틀을 제시하였다. 더불어 '그들만의 세상'으로 대변되는 또래 문화와 준거집단 역동, 연령과 성별에 따른 비행 패턴, 심리적 기제와 현실을 아우르는 '비행의 저주'를 통해 청소년 비행에 대한 입체적 이해와 개입 전략 수립을 위한 핵심 통찰을 제시하였다. 그러나 여러 현장 전문가들과의 대화, 자문, 교육·연수 과정을 거치며 통해 이론적 이해를 넘어 실제 현장에서 적용 가능한 구체적이고 실행력 있는 개입 방안에 대한 요구가 여전히 크다는 점이 분명히 확인되었다. 이에 본서는 이러한 현장의 목소리에 응답하며, 이론과 실천을 밀접하게 연결하고자 하는 실천적 시도의 연장선상에서 집필되었다. 본서에 담긴 개입 전략은 전작의 이론을 전제로 구성되어 있으므로, 『청소년 비행의 모든 것』을 아직 접하지 않은 독자라면 먼저 정독할 것을 권한다. 이를 통해 청소년 비행과 그 진행 과정을 더욱 깊이 있고 체계적으로 이해할 수 있으며, 본서의 내용을 보다 풍부하게 받아들이는 데 큰 도움이 될 것이다.

사춘기 문제 행동과 방황, 외현화 문제를 보이는 청소년을 보다 깊이 이해하고 이를 바탕으로 실천적인 개입 전략을 제시하고자 집필된 본서는 청소년의 변화에 어려움을 겪는 부모, 지도 과정에서 상처를 경험한 교사, 위기 청소년과 함께하는 상담자 및 실무자들이 청소년 비행을 새로운 관점으로 조망하고 보다 적절한 대응 방안을 탐색하는 데 있어 유용한 이론적·실천적 자원이 되기를 바란다. 본서에서는 비행청소년 지도를 위한 세 가지 핵심 단계인 '멈춤 작업', '되돌리는 작업', '성장 작업'을 중심으로, 비행의 공식에 따라 전개되는 청소년 비행화 과정과 그 이면에 작동하는 심리적 기제를 분석하고, 이에 대한 구체적이고 실질적인 개입 방안을 제시한다.

'멈춤 작업'은 비행의 악순환을 차단하고 현재 삶의 방향성을 직면하게 하는 초기 단계의 개입이며, '되돌리는 작업'은 그릇된 삶의 기준과 미성숙한 정서·행동을 교정하여 적응적인 사회 구성원으로의 복귀를 돕는 과정이다. 마지막으로 '성장 작업'은 적응의 영역에서, 자기 주도적인 삶을 위한 올바른 가치 형성과 진로 지도를 통해 장기적인 성장을 도모하는 단계이다. 이러한 과정들은 청소년기의 심리적 회복과 사회화 전반을 포괄하는 통합적 발달 모델로 작동하며, 청소년이 비행을 멈추고 적응적인 삶으로 나아갈 수 있도록 돕는 지속 가능하고 실질적인 개입의 실마리를 제공한다.

저자의 첫 저서인 『청소년 비행의 모든 것』에 이어, 본 저서 『비행청소년 지도의 모든 것』이 세상에 나오기까지 많은 분의 따뜻한 지지와 격려가 큰 힘이 되어 주었다. 무엇보다 늘 변함없는 신뢰와 따뜻한 마음으로 지지해 주시며, 학문의 길을 흔들림 없이 걸어갈 수 있도록 이끌어 주신 경북대학교 심리학과 장문선 교수님께 진심 어린 감사와 깊은 존경의 마음을 바친다. 또한 언제나 한결같은 온기와 너그러움으로 부족한 저자를 품어 주시고, 깊은 통찰과 귀한 가르침을 아낌없이 베풀어 주신 경북대학교 심리학과 곽호완 명예교수님께도 감사의 마음을 전한다. 연구의 길에서 크고 작은 순간마다 함께 고민하고 나누며 따뜻한 연대감을 나누어

준 경북대학교 심리학과 임상심리연구실의 대학원 선후배들에게도 고마운 마음을 전하고 싶다. 늘 최고의 사랑과 믿음으로 저자의 삶을 든든히 지탱해 준 가족의 존재는 말로 다 표현할 수 없는 깊은 울림으로 남아 있다. 언제나 삶의 중심이 되어 준 가족에게 이 지면을 빌려 한없는 감사와 끝없는 사랑의 마음을 전한다. 아울러 청소년 관련 다양한 기관에서의 자문과 전문가 연수, 특강의 자리마다 함께해 주시며 본서의 출간을 기다려 주시고 따뜻한 응원을 보내 주신 많은 전문가들이 떠오른다. 한 분 한 분의 진심 어린 격려와 관심, 응원은 이 책이 완성되기까지 큰 힘이 되었기에 깊은 감사의 마음을 전한다. 이 책이 그분들의 응원에 대한 작지만 진심 어린 응답이 되기를 바라며, 앞으로도 함께 지혜를 나누고 실천과 성찰의 여정을 이어 갈 수 있기를 조심스럽게 기대해 본다.

청소년 비행이라는 대단히 복합적이고 역동적인 현상 앞에서 이 작은 책 『비행청소년 지도의 모든 것』이 청소년을 이해하고 돕고자 애쓰는 모든 분께 든든한 길잡이가 되어 드리기를 기원한다. 더 나아가 우리 사회가 더욱 건강하고 따뜻하며 안전한 공동체로 나아가는 데 조금이나마 의미 있는 디딤돌이 될 수 있기를 진심으로 소망한다.

「비행청소년 지도의 모든 것」

저자

목차

청소년 비행화 과정 이론
'비행의 공식'을 바탕으로 한

청소년 비행 1 2 3 접근법

비행의 공식을 바탕으로 한 체계적 지도 모델

각 단계의 핵심 내용 및 지도 접근법 개요

1. 멈춤 작업
: 문제 행동의 차단과 강화 고리 해체   23
- 문제 행동 객관화: 그들만의 세상에서의 삶의 관조
- 심층 자문: 비행의 공식에 기반한 악순환 고리 차단 초기 개입
- 사례개념화: 문제 행동 구조와 심리적 기제 파악 및 동기 강화

2. 되돌리는 작업
: 미성숙한 행동과 생각, 감정의 교정과 지원   24
- 행동 수정 및 교정: 왜곡된 가치관과 미성숙한 방어기제
- 사회적 관계 재구축: 적응 영역으로 복귀할 수 있는 기반 마련
- 지도의 연속성: 초기 멈춤 → 점진적 복귀 → 지속적 성장

3. 성장 작업
: 건강한 방향으로의 성장 도모   26
- 올바른 가치관을 바탕으로 건강한 삶의 방향 설정
- 진로 탐색과 자기 주도적 미래 설계 지원
- 청소년 성장의 통합적 지원 체계 구축

그들만의 세상에서의
멈춤 작업

그들만의 세상에서의 폭주를 멈추는 객관화 작업

- ⁰ 청소년 비행의 모든 것   30
- ¹ 헤어나올 수 없는 비행의 늪   32
- ² 비행의 공식으로 설명되는 일관된 비행화 과정   35
- ³ 그릇된 가치관과 미성숙한 방어기제로 굳어진 비행의 굴레   40

공통적으로 짚어야 할 현실적 문제

1. 비행청소년 지도에서 가장 중요한 '관계 주도권'   53
- 청소년 품행 문제를 이해하는 데 필수적인 기초 정보   59
- 비행의 정도를 파악할 수 있는 세 가지 핵심 질문   67

2. 비행의 현실 진단   76
- 비행의 공식을 활용한 사례개념화   78
- 정확한 현실 인식과 객관적 통찰   82

3. 문제 행동에 초점을 맞춘 단계별 개입 요령   87
- A단계: 아동기 ~ 초등학교 5, 6학년   90
- B단계: 초등학교 5, 6학년 ~ 중학교 1학년 후반 _ 2학년 초반   105
- C단계: 중학교 2학년 중반 ~ 중학교 3학년 중반   115
- D단계: 중학교 3학년 후반 ~ 고등학교 2학년 중반   129
- E단계: 고등학교 2학년 후반 ~ 성인기   145

적응의 영역으로의
되돌리는 작업

되돌아갈 자리를 만들어 되돌아가는 작업

○ '되돌리는 작업'보다 더 중요한 '되돌아갈 자리'   156

공통적으로 갖춰야 할 현실적 문제

1. 개인의 노력
   : 되돌아보는 시간에서 시작되는 적응과 회복   160
- 부적응적 대처 방법의 수정과 미성숙한 방어기제의 교정   162
- 준거집단의 교체와 사회적 상처의 치유와 회복   170
- 현실적 문제의 개선 및 긍정 자원 탐색   178

2. 가정의 노력
   : 회복과 성장을 위한 따뜻한 가정과 양육   192
- 가장 안전지대가 되어야 할 '오고 싶은 집'   194
- 청소년의 성장과 발달에 맞는 양육과 성장 환경 조성   201
- 일관성 있는 양육으로부터 시작되는 가정교육   206

3. 학교의 노력
   : 소속감과 기회를 품은 회복적 학교 환경   226
- 따뜻하고 편견 없이 품어 주는 기회의 공간   228
- 무너진 학업과 생활을 바로잡는 사회화 과정의 회복   244
- 과거와 현재가 아닌 현재와 미래를 이끌어 주는 진취적 지도   258

올바른 가치를 바탕으로 한
성장 작업

자신의 꿈을 향해 건강하게 성장하도록 이끌어 주는 작업

○ **청소년 지도의 핵심은 진로 지도**   274

공통적으로 다져야 할 현실적 문제

1. 마음의 성장을 이끄는 생각하는 힘   279
- 생각하는 힘의 중요성   280
- 생각을 생각하는 능력   285
- 생각하는 힘을 기르는 방법   288

2. 자기 이해 및 가치관 형성   293
- 실질적 소통을 위한 경험 사례 기반 접근   295
- 준법정신의 함양과 명분을 중심으로 한 가치관 교육   300

3. 경쟁력 강화 및 덕업일치를 위한 진로 지도   307
- 효과적이고 효율적인 경쟁력 강화 전략   309
- 현실에 기반한 상호작용적 교육과 능동적 자기 설계   314
- 자기 성장의 현실적 이해와 체계적 관리   321

책 사용 설명서

유의사항

◆ 본서는 저자의 선행 저서 『청소년 비행의 모든 것』에서 제시된 비행화 과정 이론인 '비행의 공식'을 이론적 토대로 삼아, 사춘기 청소년의 문제 행동과 일탈, 비행을 보다 심층적으로 이해하고 이를 바탕으로 실질적이고 효과적인 개입 및 지도 방안을 제시하고자 한 시리즈의 후속 저작입니다. 본서의 내용을 더욱 정확하고 깊이 있게 이해하시기 위해서는 선행 저서인 『청소년 비행의 모든 것』을 반드시 정독해 주실 것을 권장드립니다.

◆ 본서는 핵심 개념들을 실제 현장에서의 적용 가능성을 염두에 두고 실천적으로 다루고자 하였습니다. 또한 어려운 전문 용어는 최대한 줄이고, 현장에서 실제로 쓰이는 언어와 스토리텔링 방식을 활용하여 다양한 독자께서 보다 쉽게 내용을 이해하고 공감하실 수 있도록 구성하였습니다. 특히 청소년의 생생한 목소리를 최대한 담아내기 위해 일부 비속어나 구어체 표현이 포함되었으니, 이는 현장의 진정성을 살리려는 의도임을 헤아려 주시고 너그러이 양해해 주시면 감사하겠습니다.

◆ 본서는 청소년의 성장 연속성을 고려하여 연령별·대상별로 다양한 관점에서 현장의 실제 사례와 경험을 입체적으로 담아내고자 하였습니다. 본문의 일부만을 발췌하여 읽을 경우, 전체적인 맥락이나 저자의 본래 의도가 왜곡될 우려가 있기에, 본문에서는 주요 개념과 핵심 내용을 일부 반복적으로 제시하는 방식을 취하였습니다. 이는 독자 여러분의 보다 정밀하고 입체적인 이해를 도모하기 위한 서술상의 전략이며, 이 점에 대해 너그러운 이해와 깊은 양해를 부탁드립니다.

◆ 본서는 청소년 비행의 전반을 다룸에 있어 공통된 평균적 특성과 보편적 경향성을 하나의 기준점으로 삼아 내용을 구성하였습니다. 그러나 실제 청소년 각 개인은 성장 배경, 성격 특성, 생활환경 등 다양한 요인에 따라 차이를 보일 수 있음을 깊이 이해해 주시기 바라며, 이러한 이해가 현장에서 보다 세심하고 개별화된 맞춤형 접근으로 실천되길 기대합니다.

◆ 본서에는 저자의 오랜 현장 경험과 관찰을 바탕으로 한 주관적인 의견이 일부 포함되어 있으나, 이는 결코 특정 기관이나 개인을 비판하거나 폄하하려는 의도가 아님을 분명히 밝힙니다. 이 책의 생각과 관점이 청소년 비행 문제를 함께 공감하고, 현실적인 대안을 모색하는 데 작은 보탬이 되기를 진심으로 소망합니다. 부족한 점이 있더라도 그 뜻과 취지를 너그러이 헤아려 주시고 함께 공감해 주신다면, 저자에게는 더없는 격려와 큰 힘이 될 것입니다.

청소년 비행화 과정 이론
'비행의 공식'을 바탕으로 한

청소년 비행 1_2_3 접근법

1. 멈춤 작업: 문제 행동의 차단과 강화 고리 해체
2. 되돌리는 작업: 미성숙한 행동과 생각, 감정의 교정과 지원
3. 성장 작업: 건강한 방향으로의 성장 도모

비행의 열차에 몸을 싣는 순간부터
멈출 줄 모르는 궤도는
곧 어둠에 갇힌 막다른 길로 향한다
막다른 길로 가지 않는 유일한 방법은

그 열차에서
내리는 것이다

비행청소년을 이해하고 효과적으로 지도하기 위해서는 아동과 청소년의 발달 과정을 이해하는 전문 지식과 인간 성장에 대한 깊은 통찰력이 필수적이다. 청소년의 문제 행동은 단순한 일탈이 아니라, 발달 과정 속에서 축적된 정서적·인지적·사회적 요인들이 복합적으로 작용한 결과이다. 정상 발달에 대한 이해는 단순한 이론 지식을 넘어, 인간이 어떠한 순서와 리듬으로 성장하고 성숙해 가는지를 통합적으로 조망하는 안목을 의미한다. 이러한 기준점이 마련되어야만, 그로부터 이탈한 비정상 발달 양상을 식별하며 그 이면에 작용하는 심리적·환경적 맥락을 종합적으로 해석할 수 있다.

청소년 비행화 과정 이론 '**비행의 공식**'을 바탕으로 한
청소년 비행 1_2_3 접근법

1_ 그들만의 세상에서의
멈춤 작업 — 그들만의 세상에서의 폭주를 멈추는 객관화 작업

2_ 적응의 영역으로의
되돌리는 작업 — 되돌아갈 자리를 만들어 되돌아가는 작업

3_ 올바른 가치를 바탕으로 한
성장 작업 — 자신의 꿈을 향해 건강하게 성장하도록 이끌어주는 작업

비행이라는 행위 역시 단편적인 규범 위반이나 일시적 일탈로만 축소해서는 안 된다. 변화된 청소년 문화와 사회 구조 속에서 비행은 개인의 선택이라기보다 삶의 맥락과 축적된 발달 경험 속에서 형성된 다층적 현상으로 이해되어야 한다. 청소년의 현재 행동을 단순한 문제로만 보지 않고, 어떤 발달 경로와 초기 경험을 거쳐 왔는지를 연속선상에서 면밀히 살펴보려

는 접근이 반드시 필요하다. 「청소년 보호법」은 유해 활동·매체·물질·환경 등으로부터 청소년을 보호하고자 하나, 현실에서는 여전히 많은 청소년들이 제도의 보호망을 벗어난 채 다양한 위험 요소에 노출되어 있다. 청소년의 문제 행동은 흔히 '하지 말아야 할 비행非行'으로 간주되지만, 일부 청소년에게는 그것이 반복된 상처와 방임, 유해 자극에 지속적으로 노출된 환경 속에서 선택된 불가피한 대응일 수 있다. 제한된 선택지 속에서의 반복된 반응은 결국 비행을 하나의 생존 전략으로 고착시키기도 한다. 이러한 구조적 맥락 속에서 형성된 행동을 단순히 규범 위반이나 병리적 진단의 결과로만 해석하기보다는, 그 선택이 어떤 경험과 정서적 배경 속에서 비롯되었는지를 통합적으로 조망하려는 시각이 필요하다. 물론 품행장애, ADHD, 양극성장애 등과 같은 진단은 특정 행동을 이해하는 데 유용한 틀을 제공하지만, 그것이 전부가 되어서는 안 된다. 설령 그 행동이 잘못된 선택이었다 하더라도, 아직 정서적·인지적으로 미성숙한 청소년에게는 그것이 당시 상황에서 최선이라 믿은 결과일 수 있다. 그 선택이 사회적 규범을 위반했다면, 그에 대한 책임은 단호하고도 분명하게 요구되어야 한다. 그러나 동시에, 그렇게 선택을 할 수밖에 없었던 심리적·환경적 맥락을 함께 이해하려는 태도가 병행되어야 한다.

문제 행동이나 일탈은 그 자체로 분명히 바로잡아야 할 대상이지만, 그것을 단순히 '일탈이나 범죄'로 단정짓기보다는 정서, 사고, 환경적 압력 속에서 나타난 복합적 '신호'로 인식해야 한다. 이러한 관점은 그 이면에 작용하는 심리적·사회적 요인을 면밀히 들여다보고, 그 행동이 형성된 맥락을 이해하는 데서 출발한다. 무엇보다 청소년은 아직 사회적·도덕적 판단 능력과 행동 조절 능력이 충분히 성숙되지 않았기에, 처벌과 낙인보다는 보호와 지도를 통해 올바른 방향으로 성장할 수 있도록 돕는 과정이 반드시 필요하다. 그러한 개입은 잘못된 행동을 단죄하는 데 그치지 않고, 건강하고 적응적인 삶으로 전환할 수 있도록 이끄는 실질적인 출발점이 되어야 한다. 이것이야말로 청소년을 위한 진정한 교정이며, 변화의 가능성을 열어 주는 회복적 접근의 핵심이라 할 수 있다.

비행청소년은 '비행의 늪', 즉 그들만의 세상에 진입하여 뿌리내리게 되면 일관된 비행화 과정을 통해 빠르게 비행청소년으로 성장한다. 이는 열차에 탑승하면 아무것도 하지 않아도 종착지에 도달하는 것과 같은 이치로, 비행화가 자연스럽고 자동적인 과정으로 빠르게 진행된다. 저자는 비행을 산불에 비유하며, 초기 대응이 늦어지면 피해가 확산되고 회복을 위해 훨씬 더 많은 자원과 노력이 필요하다고 강조한다. 청소년 비행 문제를 해결하기 위해 가장 중요한 것은 예방과 조기 개입이며, 무엇보다 비행으로 향하는 결정적 시기와 기회를 놓치지 않는 것이 핵심이다.

비행청소년 지도의 궁극적인 목표는 청소년이 비행의 악순환을 끊고 건강한 삶의 영역으로 복귀하여 올바른 가치관을 형성하고, 주도적이며 능동적인 삶을 살아갈 수 있도록 돕는 데 있다. 초기 단계에서의 심층적이고 세심한 개입을 위해서는 청소년의 발달과 비행화 정도, 심리적 기제, 개인의 결핍, 환경적 요인, 그리고 그들만의 세상의 문화에 대한 깊은 이해가 전제되어야 한다. 이러한 이해를 바탕으로, 발달 단계에 적합하면서도 비행청소년의 개인차와 특성, 자원, 그리고 이들의 문제 행동과 현실에 대한 자각 수준에 맞춘 체계적이고 단계적인 개입이 이루어져야 한다.

비행청소년 지도 순서

청소년이 건강하게 **성장**하도록 하는 것

비행청소년 또한 분명히 청소년이다. 그럼에도 불구하고 일부 실무자들은 비행청소년과 일반 청소년을 전혀 다른 범주의 존재로 간주하는 이분법적 시각으로 인해, 청소년 비행에 대한 근본적인 오해나 왜곡된 인식을 갖게 된다. 물론 비행청소년은 일반 청소년에게서는 드러나지 않는 다양한 일탈 행동이나 규범 위반 행동을 보이는 경우가 많기 때문에, 그에 상응하는 행동 지도와 환경적 개입이 추가로 필요하다. 이러한 점에서 일부 지도 접근에는 차이가 나타날 수 있다.

그러나 문제 행동이 중단되어 회복과 성장의 단계로 진입한 이후에는 이들의 발달적 특성과 지도 방향이 본질적으로 일반 청소년과 다르지 않다. 비행청소년 역시 발달적 잠재력과 가능성을 지닌 똑같은 청소년으로 이해되어야 하며, 비행청소년도 근본적으로 청소년이며, 다만 특수한 부적응적 환경과 행동 특성이 일시적으로 덧붙여진 상태일 뿐이다. 따라서 비행 문제에 대한 초기 개입이 이루어진 후에는, 비행청소년들도 일반 청소년과 동일한 발달심리학적 관점과 진로·성장 중심의 지도를 통해 효과적으로 지원되어야 한다.

비행청소년 지도 순서

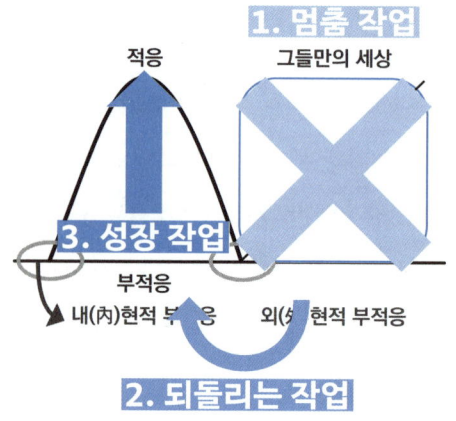

비행청소년 지도는 세 가지 주요 단계로 구성된다. 첫째, 비행의 중단을 위한 '멈춤 작업', 둘째, 건강한 발달 경로로의 복귀를 지원하는 '되돌리는 작업', 셋째, 올바른 가치관에 기반해 자기 주도적 삶을 영위할 수 있는 역량을 강화하는 '성장 작업'이다. 이러한 단계들은 청소년이 왜곡되거나 부적응적인 발달 경로에서 벗어나 건전한 가치관을 형성하고, 긍정적이고 의미 있는 삶의 방향성을 확립해 나가는 연속적이고 통합적인 과정으로 이해될 수 있다.

비행의 공식을 바탕으로 한 청소년 비행의 _1 접근법

1. 멈춤 작업: 문제 행동의 차단과 강화 고리 해체

- 문제 행동 객관화: 그들만의 세상에서의 삶의 관조
- 심층 자문: 비행의 공식에 기반한 악순환 고리 차단 초기 개입
- 사례개념화: 문제 행동 구조와 심리적 기제 파악 및 동기 강화

지도 과정의 첫 번째 단계는 '멈춤 작업'이다. 이는 비행청소년이 지속적인 문제 행동의 흐름을 멈추고 자신의 현재 위치와 삶의 방향을 직면하도록 돕는 초기 개입으로, 이후 단계인 '되돌리는 작업'과 '성장 작업'으로 나아가기 위한 전제 조건이라 할 수 있다.

비행청소년은 그들만의 세상이라는 독자적인 준거집단을 형성하고, 그 속에서 비행의 경험을 쌓으며 내부적으로 주관적 인정을 받음으로써 자신들만의 문화를 누리고, 잘못된 우월감에 사로잡힌 무법자로서의 정체성을 점차 강화해 나간다. 이러한 과정에서 이들은 가정과 학교라는 정상적인 사회화 과정에서 이탈하여, 그릇된 가치관을 내면화하고 미성숙한 방어기제를 반복적으로 사용하며 문제 행동을 일관되게 강화해 나간다.

이들은 특히 자신들의 비행의 공식을 완성시키기 위해, 불법 세계에서 잘못된 방식으로 획득한 금전적 자원을 활용하여 비행의 범위를 확장하고, 이를 통해 그들만의 세상에서 자기 존재와 건재함을 증명하려 한다. 마치 열차가 정해진 궤도를 따라 저항 없이 목적지로 향하듯, 이러한 삶의 방식은 일시적인 일탈이나 방황에 머무르지 않는다. 비행청소년은 자동화된 방

식으로 비행의 공식을 따라가며 '비행의 저주'라 불리는 악순환 구조 속으로 더욱 깊숙이 빠져든다. '잠시의 일탈이며 곧 제자리로 돌아올 것'이라는 부모의 믿음은 현실을 직시하지 못한 허상에 불과하다. 따라서 비행청소년을 효과적으로 지도하기 위해서는 먼저 비행의 공식을 활용해 그들의 삶과 행동을 객관화하고, 비행이 반복되는 작동 원리를 스스로 인식하도록 도와 변화의 동기를 유발하는 개입이 선행되어야 한다. 이는 비행의 악순환 구조를 끊어내고 청소년이 내면화한 왜곡된 생존 전략을 해체함으로써 긍정적 발달로의 이행을 가능하게 하는 근본적인 출발점이 된다.

비행의 공식을 바탕으로 한 청소년 비행의 _2 접근법

2. 되돌리는 작업: 미성숙한 행동과 생각, 감정의 교정과 지원

- 행동 수정 및 교정: 왜곡된 가치관과 미성숙한 방어기제
- 사회적 관계 재구축: 적응 영역으로 복귀할 수 있는 기반 마련
- 지도의 연속성: 초기 멈춤 → 점진적 복귀 → 지속적 성장

비행청소년 지도 과정의 두 번째 단계는 청소년이 건강한 발달 경로로 복귀할 수 있도록 돕는 '되돌리는 작업'이다. 이 단계는 단순히 비행을 중단시키는 데 그치지 않고, 청소년의 내면에 고착된 왜곡된 가치관과 부적응적 대처 방식을 근본적으로 재구성하며 건강한 가치 체계로 대체하도록

돕는 장기적 과정이다. 이를 위해 청소년은 자기 내면을 관조하고 스스로 성찰하며 변화의 동기를 강화해야 한다. 변화 동기는 이미 멈춤 작업에서 촉진되어야 하며, 되돌리는 단계에서는 이를 구체적인 실천과 긍정적 경험을 통해 내면화할 수 있도록 지원해야 한다. 이 작업은 청소년이 비행을 유발한 심리적 결핍과 환경적 제약을 직면하고 극복할 수 있도록 내적 자원을 확장하는 것을 목표로 하며, 가용 가능한 자원을 최대한 활용하여 개인이 적응의 영역으로 되돌아가 뿌리내릴 수 있도록 돕는다. 이를 위해 개인의 심리적 결핍과 내면의 역동을 면밀히 살피고, 미성숙한 방어기제와 비효율적인 대처 전략을 수정하며, 인지적·정서적 재구성을 돕는 심층적 접근이 필요하다. 이는 단순한 행동 억제를 넘어, 청소년이 자신의 삶의 방향성과 정체성을 새롭게 정립하고 자발적이며 지속 가능한 변화를 실현하도록 돕는 핵심이다. 이러한 변화가 지속되고 내면화되려면 개인의 내적 변화만으로는 충분하지 않으며, 되돌아갈 자리가 마련되는 등 환경적 기반이 함께 갖추어져야 비로소 되돌리는 작업이 성공할 수 있다. 따라서 가정, 학교, 지역사회는 유기적이고 통합적인 협력체계를 통해 정서적 안전망과 실질적 지원을 제공해야 한다. 가정은 정서적 안전기지로서 올바른 가치관 형성의 기반이 되어야 하고, 학교는 자기효능감 회복과 사회적 기술 습득의 장으로서 기능해야 한다. 되돌리는 작업이 충분히 이루어지지 않으면 청소년은 내면의 갈등과 공허감을 해소하지 못한 채 외현적 행동만 억제된 상태에 머물게 된다. 이로 인해 변화가 실패했다고 느끼며 무력감에 빠지고, 반복된 좌절은 다시 그들만의 세상으로 돌아가게 하는 원인이 된다.

비행의 공식을 바탕으로 한 청소년 비행의 _3 접근법

3. 성장 작업: 건강한 방향으로의 성장 도모

- 올바른 가치관을 바탕으로 건강한 삶의 방향 설정
- 진로 탐색과 자기주도적 미래 설계 지원
- 청소년 성장의 통합적 지원 체계 구축

되돌리는 작업을 통해 적응적인 발달 영역으로 복귀하고 안정을 찾아가는 청소년에게는 이후 '성장 작업'을 통해 주도적이고 능동적인 삶을 살아갈 수 있도록 지속적인 지원이 필요하다. 성장 작업은 과거의 비행을 단순히 극복하는 데 그치지 않고, 청소년이 자신만의 가치관을 정립하고 내면의 긍정적 자원을 활용해 삶의 방향성과 목표를 설정하며 이를 실천해 나가는 총체적 발달 과정이다. 이 단계에서는 "나는 어떤 가치를 가지고, 어떻게 살아갈 것인가?"에 대한 본격적인 탐색이 이루어지며, 이를 위해 진로 지도, 자기 탐색 활동, 삶의 설계가 유기적으로 이루어져야 한다. 성장 작업은 일반 청소년과 비행청소년 모두에게 동일한 기준으로 적용되어야 하며, 멈춤 작업과 되돌리는 작업이 안정적으로 이루어진 후에는, 안전한 환경에서의 체계적이고 실질적인 현실 지도를 통해 심리적·사회적 성장 역량을 함께 키워갈 수 있어야 한다.

청소년 지도
청소년이 건강하게 **성장**하도록 하는 것

	청소년	비행 청소년	
		1. 멈춤 작업	→ [비행의 공식]
		2. 되돌리는 작업	사례 개념화
동일	1. 성장 작업	3. 성장 작업	

➡ 진로 지도
: 나는 어떤 가치를 갖고 어떻게 살아갈 것인가?

'멈춤 작업 – 되돌리는 작업 – 성장 작업'은 개별적이고 분절된 접근이 아니라 유기적이고 연속적인 통합 과정으로 실천되어야 하며, 청소년기의 발달 특성과 요구를 충분히 고려한 지원이 전제되어야 한다. 연속적이고 통합적인 지도가 견고하게 이어질 때에야 비로소 비행청소년은 더 이상 비행에 의존하지 않고 적응적인 삶의 영역으로 복귀하며, 궁극적으로는 스스로 중요하게 생각하는 가치를 실현하는 주체적인 삶을 설계해 나갈 수 있다.

그들만의 세상에서의
멈춤 작업

그들만의 세상에서의 폭주를 멈추는
객관화 작업

청소년 비행의 모든 것
1. 헤어나올 수 없는 비행의 늪
2. 비행의 공식으로 설명되는 일관된 비행화 과정
3. 그릇된 가치관과 미성숙한 방어기제로 굳어진 비행의 저주

공통적으로 짚어야 할 현실적 문제

1 비행청소년 지도에서 가장 중요한 '관계 주도권'
2 비행의 현실 진단
3 문제 행동에 초점을 맞춘 단계별 개입 요령

청소년 비행의 모든 것

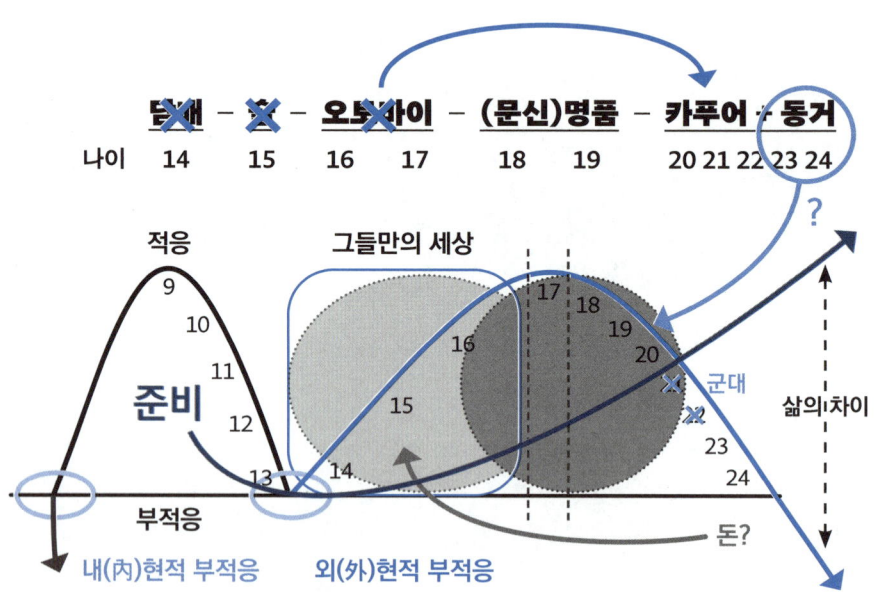

청소년 비행화 과정 이론 [비행의 공식]

    본서는 『청소년 비행의 모든 것』에서 제시된 이론, 즉 비행청소년이 성장 과정에서 또래 준거집단 내에 그들만의 세상을 형성하고 연령과 성별에 따라 일정한 경로를 따라 비행이 점차 심화되는 과정을 설명하는 '비행의 공식'을 기반으로 한다. 비행의 공식은 연령 기반 발달 모델로 청소년 비행이 우연적이고 단편적인 일탈이 아니라 반복적이고 구조화된 경로를 따라 진행되는 과정임을 이론적으로 정립한 개념이다. 따라서 본서는 기존 저작의 연장선상에서 내용을 전개하며, 이를 온전히 이해하기 위해서는 그들만의 세상이 지닌 문화와 역동, 청소년 비행 전반에 대한 체계적이고 심층적인 이해를 담은 청소년 비행의 이론이자 분석 틀인 '비행의 공식'에 대한 사전 숙지가 반드시 전제되어야 한다.

　비행의 공식은 다양한 심리상담 이론과의 통합을 통해 개별화된 개입을 가능하게 한다. 이는 정신역동, 인지행동, 인간중심 등 다양한 상담 이론과 연계하여 청소년의 내면적 불안과 방어기제를 보다 구체적으로 다루며, 진로 지도를 통해 청소년이 사회에 성공적으로 재통합될 수 있도록 돕는다.

　비행의 공식은 정신병리를 직접적으로 진단하는 개념이 아니다. 본서의 '진단'이라는 용어는 의학적 의미의 사용이 아니라, '청소년 비행과 관련된 현상과 문제를 보다 자세하고 면밀하게 판단한다'는 의미로 사용된다. 문제 행동이 병리적 문제와 연결될 경우에는 의료적 개입을 우선해야 한다. 그러나 외부 환경 요인이 크거나 성장 과정에서의 일탈이 주된 원인인 경우에는 심리·사회적 접근을 중시하는 비행의 공식이 체계적인 분석과 개입 방안을 제공한다. 마약, 총기와 같은 요소들은 전형적인 비행 경로와는 구분되며, 병리적·문화적 접근이 요구되므로 보편적 비행화 과정을 설명하는 비행의 공식 이론에서는 제외되었다.

　성인의 시선에서는 비행청소년들이 즉흥적이고 무질서하게 보일 수 있으나, 실제로 그들만의 세상 내부에는 매우 명확한 규칙과 위계가 존재한다. 최근 들어 비행 연령대가 낮아지고 있지만, 비행의 공식은 연령과 발달, 교육과정 체계, 법률에 기반하여 일정한 구조적 단계와 규칙성을 전제로 하기 때문에 비행화 과정의 기본적인 순서와 틀은 쉽게 변하지 않는다.

1 헤어나올 수 없는 비행의 늪

　청소년 비행은 단순한 일탈 행동이 아니라 일정한 경로를 따라 구조화되고 점진적으로 심화되는 과정적 현상이다. 이는 부모의 양육 태도, 아동기 발달 과제의 수행 여부, 정서적 건강성, 성장 환경과 밀접하게 연관된다. 사춘기가 시작되는 청소년기는 독립성과 주도성, 자율성에 대한 욕구가 급격히 고조되는 시기이지만, 사회는 청소년을 때로는 어른으로 때로는 아이로 모순되게 대함으로써 혼란과 반발심을 경험하게 만든다. 부모의 일관성 없는 통제, 과잉보호, 자율성 억압과 같은 부적절한 양육 태도는 자아 성장과 독립성 발달을 저해하고, 실패와 좌절을 건강하게 경험할 기회마저 제한하여 자녀를 가정 밖으로 내모는 결과를 초래할 수 있다. 이러한 심리적 결핍이 얽힌 기반 위에서 가정 밖으로 내몰린 청소년은 신체적 성숙과 힘을 통해 결핍을 보상하려는 강한 충동을 갖게 되며, 결국 그들만의 세상에 자리 잡아 비행이라는 형태로 이를 외현화한다. 역할 혼란 상태에 놓인 정서적으로 결핍된 청소년은 부모나 교사의 통제를 거부하고, 자신을 수용해 주고 지지해 주는 비슷한 처지의 또래와 함께 준거집단을 형성하여 그들만의 세상에 몰입하게 된다.

　외현적 부적응으로 나타나는 비행의 초기 징후는 주로 학업 태도와 생활 태도의 변화에서 감지된다. 지각, 과제 미제출, 수업 방해와 같은 학습 부적응 행동은 가장 먼저 학교나 학원과 같은 교육 현장에서 관찰되며, 이러한 문제 행동은 교사나 기관을 통해 가정에 전달된다. 가정에서는 이러한 변화에 대응하기 위해 통제를 강화하거나 규칙을 엄격히 적용하는 방식으로 반응하지만, 이미 비행화가 진행되기 시작한 청소년은 이를 곧장 수용하지 않는다. 오히려 외면적으로는 부모나 교사의 기대에 순응하는 태도를 가장하면서도 내면적으로는 자신이 속해 있는 또래 준거집단에 대한 심리적 몰입과 정서적 의존을 더욱 심화시키는 이중생활 양상을 보인다. 이러한 이중적 생활 방식은 청소년이 통제적인 현실 환경과 또래집단 사이에서 갈등을 조율하려는 시도이자, 준거집단을 무엇보다 소중히 여기는 발달 단계에서 자신이 진정한 소속감을 느끼는 그들만의 세상에 더욱 깊이 뿌리내리려는 과정으로도 이해할 수 있다. 그리고 이는 늦은 귀가와 같은 방식으로 점차 현실에 드러난다.

아동기 시절 충족되지 못한 정서적 결핍은 현재 삶의 환경에 대한 지속적인 불만으로 이어져 축적된다. 이러한 정서적 누적은 청소년으로 하여금 그들만의 세상을 형성하게 하고, 그 속에서 경험하는 자극적이고 일탈적인 활동과 긴밀히 상호작용하도록 만든다. 이 복합적인 상호작용은 청소년의 내면 깊숙이 영향을 미치며 현실로부터의 심리적 이탈을 심화시키고, 비슷한 처지의 또래들과 공유하는 그들만의 세상의 몰입을 더욱 강화한다. 그 결과 청소년은 현실의 제약과 통제를 회피하고, 이중적 삶의 구조 속에서 자신의 정체성을 그들만의 세상에 전적으로 투사한다.

이러한 과정은 청소년을 점차 가정과 외부에서 서로 다른 삶을 살아가는 이중적 존재로 변화시키며, 가정과의 심리적 거리를 넓히며 부모와의 의사소통 단절로 이어진다. 겉으로는 순응하는 듯 보이지만, 실제로는 준거집단 안에서 더 강한 소속감과 정체감을 형성하며 점차 자신을 숨긴 채 독자적인 삶의 방식을 구축해 나간다. 그러나 부모는 이러한 변화를 섬세하게 인식하지 못한 채, 여전히 과거의 양육 방식을 반복하거나 강압적인 통제를 시도하는 경향을 보인다. 그럴수록 청소년은 부모와의 관계에서 심리적 주도권을 조금씩 빼앗아 가며 현실의 제약과 통제를 더욱 교묘히 회피한다. 이는 청소년의 독립성과 자율성, 주도성이라는 핵심 발달 욕구를 억압해 가정 내 갈등을 한층 더 심화시키고, 청소년 비행을 예방할 수 있는 '결정적 시기'를 반복적으로 놓치게 만든다.

그들만의 세상에 빠져드는 청소년들은 그들만의 세상 속 문화를 공유하며 학교 내에서 존재감을 드러낸다. 이를 통해 또래 관계에서 우월감을 느끼는 동시에, 이것이 그들만의 세상에 속해 있기 때문이라는 인과관계를 스스로 성립시키며, 그들만의 세상 안에서 강한 소속감과 결속감을 경험하게 된다. 그들만의 세상에서 형성된 지역과 학교를 넘나드는 인맥과 학교 교칙을 무시하거나 교사를 조롱하며 교권을 침해하는 행위는 자신이 지닌 우월감과 특권의식을 정당화하는 근거로 작용하며, 이는 곧 준거집단 내에서의 영향력과 위상을 드러내는 상징으로 기능한다. 이들의 독특한 패션과 과시적 행동은 단순한 스타일 표현을 넘어, 기존 규범을 넘나드는 자기 영향력을 드러내는 방식이자, 준거집단 내에서 지위 상승을 도모하기 위한 전략적 수단으로 작용한다. 서로 다른 배경과 발달 수준을 지닌 학생들이 모이는 학교라는 제도적 공간은 비행청소년들이 일탈 행동을 상호 과시하고 존재감을 나타내는 데 있어 탁월한 무대로 기능한다. 다양한 시선과 반응이 공존하는 환경은 그들에게 무법자로서의 정체성을 공고히 할 수 있는 자극과 기회를 동시에 제공한다. 이러한 환경에서 이들은 자신들의 왜곡된 지각에 기반한 우월감에 빠지며, 그들만의 세상 안에서 보다 앞선 위치와 우위를 차지하기 위해 끊임없이 경쟁하고, 스스로를 과시하며 존재감을 드러낸다.

2 비행의 공식으로 설명되는 일관된 비행화 과정

그들만의 세상에 들어가는 '티켓'은 곧 흡연이며, 비행화가 본격화되는 출발점은 흡연 경험에서 비롯된다. 특히 아동에서 청소년기로 이행하는 사춘기 초입, 중학교 1학년 전·후 시기는 호기심이 왕성해지고 또래의 기대나 압력에 민감하게 반응하는 시기이다. 이 시기에 접하는 흡연은 단순한 일탈을 넘어 자신들만의 준거집단인 그들만의 세상에 속해 있음을 드러내는 상징으로 기능하며, 그 안에서 소속감을 강화하고 위상을 높이기 위한 수단으로 작용한다. 이와 같은 초기 문제 행동은 시간이 지나면서 점차 행동의 강도와 범위를 확장시키는데, 다음 단계로 등장하는 것이 음주이다.

음주는 단순한 자극 추구를 넘어 집단 내 결속력과 의리, 충성심, 자신들의 우월감을 확인하는 비공식적인 의례로 기능한다. 특정 상황에서 함께 술을 마시는 행위는 구성원 간의 신뢰와 유대를 강화하고, 우리만의 비밀을 공유하는 경험으로 작용하여 집단의 응집력을 높인다. 특히 시간과 공간을 필요로 하는 음주 활동은 자연스럽게 가출과도 밀접하게 연관된다. 술을 마시기 위해 집을 벗어나거나, 가출한 상황 속에서 음주를 경험하는 등 음주와 가출, 흡연은 상호작용하며 나타나는 경향을 보인다.

이 과정에서 청소년들은 가출한 친구의 어려움을 함께 해결해 주고 서로를 보호하며, 돕고 도와주는 상호지원적 관계를 형성한다. 또한 가출하여 거리를 떠돌다 보면 그들만의 세상에 자리 잡은 선배들과 본질적으로 얽히게 되어, 이 관계망 속에서 더욱 깊은 유대감과 결속력을 쌓아 간다. 가출, 흡연, 음주와 같은 초기 비행은 단순한 일탈을 넘어 청소년이 기존의 일상적 질서에서 벗어나 또래 중심의 그들만의 세상으로 진입해 머무르게 하는 집단 편입의 관문으로 기능한다. 반복되는 일탈 행동은 서로가 서로를 촉진시키며 점차 그들만의 세상에 대한 심리적 동일시로 이어진다. 이는 왜곡된 정체성을 강화하고, 건강한 심리적 기반 형성을 방해하는 핵심 기제로 작용한다.

15~16세 무렵, 남자 청소년은 자연스레 오토바이에 관심을 갖는 경향을 보인다. 이 시기의 청소년에게 오토바이는 단순한 이동 수단이 아니라 힘과 속도, 영역을 상징하며, 그들만의 세상에서 우월감과 위신을 드러내는 상징적 도구로 기능한다. 오토바이를 통한 자기 과시는 일탈 행동에서의 우위를 확보하고 또래보다 앞서 있다는 심리적 건재감을 강화하는 수단이 된다. 이러한 관심은 단순한 호기심을 넘어 무면허 운전, 절도, 렌탈 사기 등 더욱 진화된 비행으로 확장되며, 학교폭력을 넘어 더 큰 범죄로 이어지는 촉매 역할을 한다.

특히 이 과정에서 비행청소년은 이동 반경이 넓어지는 반면 법적 규제에 대한 인식은 희미해지고, 위험 감각은 둔화되며 문제 행동을 자연스럽고 무비판적으로 무법정신을 내면화하게 된다. 이는 곧 가정과 학교를 중심으로 이루어지는 제도적 사회화 과정으로부터의 급속한 이탈을 초래한다. 청소년은 그들만의 세상을 온전히 삶의 기준점이자 지향점으로 삼고, 그 기준에 따라 삶의 방향과 가치 체계를 재구성하며 잘못된 태도를 내재화해 정상적인 사회화 과정에서 점차 멀어지게 된다.

17세 전·후 청소년은 문신에 대한 선망을 갖기도 하며, 일부는 실제로 문신을 새긴다. 문신은 강함과 차별화된 우월 의식의 상징으로, 자신을 누구도 제지할 수 없는 무법자로서의 정체성을 강조하는 동시에, 준거집단 내에서 지위와 존재감을 드러내고 기존 사회 규범과의 의도적 차별화를 통해 우월감을 과시하려는 전략적 수단으로 활용된다. 여기에 명품, 금목걸이, 노출이 큰 옷차림과 짙은 화장 등 외형적 치장이 더해지면서 청소년은 자신의 경제적·사회적 우월성을 드러내는 데 더욱 몰두한다.

이러한 치장과 과시는 일부 용돈과 아르바이트 수입을 제외하면 대부분 비공식적이거나 불법적인 경로로 돈을 획득함으로써 가능해진다. 이는 청소년이 또래집단 내에서 자신의 존재감과 우월감을 유지하기 위해 끊임없이 경제적 자원을 확보해야 한다는 압박감과 연결되며, 결과적으로 절도, 갈취, 사이버도박 등 다양한 편법적·불법적 수단을 반복적으로 시도하게 만든다. 이러한 방식은 궁극적으로 비행을 더욱 강화하고 고착시키는 핵심 요인으로 작용한다. 흡연, 음주, 오토바이, 문신과 명품으로 이어지는 일련의 비행화 과정은 청소년을 그들만의 세상으로 강하게 끌어들이며, 왜곡된 우월감을 강화하고, 제도적 통제 밖에서의 응집을 높이며 이중생활을 일상화한다. 그 결과 청소년은 건강한 삶의 영역에서 점차 멀어지고 왜곡된 삶의 기준을 내면화하며, 일탈과 자극에 대한 심리적 저항선, 즉 삶의 역치가 비정상적으로 높아진다. 이로 인해 청소년은 더 강한 자극과 일탈을 통해서만 존재감을 유지하려는 왜곡된 심리를 갖게 되고, 이는 결국 더 심각한 비행으로 발전할 위험을 높이며 현실로의 복귀 가능성을 더욱 낮춘다.

성인이 된 이후에도 그들만의 세상에서 성장한 이들의 비행의 공식은 형태만 달라질 뿐 지속된다. 흡연과 음주는 사회적으로 어느 정도 용인되는 행위로 전환되지만, 오토바이에 대한 집착은 자동차로 옮겨 가고, 일부는 고급 차량에 대한 과도한 선망 속에서 소득 수준을 초과하는 소비를 반복하는 카푸어 Car Poor 현상으로 나타난다. 자동차는 비행청소년에게 새로운 로망이자 사회적 상징으로 작용하며, 무면허 운전이나 무보험 차량 운행 등 각종 위법 행위로 이어진다. 이는 단순한 취향이나 기호의 차원이 아니라, 청소년기 일탈의 연장선에서 성인기까지 지속되는 행동 양식으로 해석할 수 있다. 과거 준거집단과의 유착에서 벗어나지 못한 이들은 도박, 갈취, 유흥 소비를 반복하고 SNS를 통해 과시적 행위를 지속하며 외적 과시에 집착한다. 이러한 과시 욕구와 경제적 불안정성은 금융 파탄으로 이어지는 악순환을 심화시킨다. 일부 비행청소년의 경우 성인이 되면서 사회적 현실에 대한 인식이 확대되고 개인적 성숙이 이루어짐에 따라, 삶의 전환기에 변화의 흐름을 건설적인 방향으로 돌려 자연스럽게 건강한 사회 영역으로 회귀하기도 한다.

이때 중요한 것은 과거에 청소년이 상담과 지도를 받은 경험이 있었는지 여부이다. 효과적인 상담과 현실적인 지도를 받은 청소년은 되돌아갈 자리가 충분히 마련되어 있지 못해, 비록 그들만의 세상 안에 머물며 당장 눈에 띄는 변화로 이어지지 못하더라도 비행은 점차 감소하고 변화의 씨앗은 마음 깊은 곳에 뿌리내리기 시작한다. 이 씨앗은 이후 삶의 전환기에 자신이 스스로 변화를 선택하고 시도할 수 있는 심리적 기반이 되어, 마침내 건강한 영역으로 돌아올 수 있는 가능성을 열어 준다.

그러나 지도를 거부하고 기회를 얻지 못한 그들만의 세상에 깊이 매몰된 채 성장한 대부분의 비행청소년들은 성인이 되어서도 좁은 시야와 제한된 세계관 속에 머물며 익숙한 부적응적 생활양식을 반복하고 불안정한 삶을 지속하게 된다. 남학생의 경우 성인이 된 이후에도 또래의 비교적 건강하게 성장한 여성과는 친밀한 관계를 형성하는 데 어려움을 겪고, 대신 정서적으로 미성숙하고 비행의 정점에 머물러 있는 여학생과 연애 관계를 맺거나 동거를 지속하는 경향을 보인다. 이에 상응하듯 여학생은 자신보다 나이가 많은 힘의 우위를 가진 남성과의 연애와 동거를 매개로 비행이 더욱 심화되는 양상을 나타낸다.

남녀 간의 비행화 공식은 외현적 행동 중심과 관계적 심화 중심이라는 측면에서 뚜렷한 차이를 보인다. 남학생은 오토바이와 같은 외부로 드러나는 과시적 행위를 통해 또래집단 내 위력을 과시하고 지위를 확보하려는 경향을 보이는 반면, 여학생은 정서적으로 미성숙한 대인 관계, 특히 그들만의 세상에서의 연애를 매개로 한 관계적 역동 속에서 비행이 점차 심화되는 경향을 나타낸다. 결국 청소년 비행은 개인의 일시적 일탈을 넘어, 그들만의 세상이라는 대안적 사회체계 속에서 소속감을 기반으로 재생산되고 강화되는 구조화된 사회적 현상이다. 이 과정에서 비행은 왜곡된 정체성을 형성하고, 제도적 질서에 적응하지 못한 청소년이 선택하는 부적응적 생존 전략으로 고착된다.

3 그릇된 가치관과 미성숙한 방어기제로 굳어진 비행의 굴레

비행청소년은 이중생활 속에서 그들만의 세상을 구축하며 그 안에서 성장한다. 이러한 성장 과정에서 사회 일반의 가치 기준과는 동떨어진 그릇된 삶의 기준을 내면화하고, 정서적 미성숙과 관련된 원시적이고 방어적인 심리기제를 발달시킨다. 이는 결과적으로 비행의 지속과 심화를 촉진하는 내적 기반이 될 뿐만 아니라, 청소년이 건강한 사회 환경으로부터 점차 멀어지게 하는 요인으로 작용한다.

실제로 비행은 단순한 일탈이라기보다는 기존 사회의 질서와 규범, 구조를 회피하고 부정하며 이를 자기합리화하는 심리적·사회적 과정의 결과물로 이해할 수 있다. 이들은 대체로 학업을 등한시한 채 아르바이트에 집중하거나 때로는 불법적인 수단으로 자원을 확보하며 성인 문화를 모방하고, 또래집단 내에서는 비교적 풍족한 생활을 유지한다. 이러한 생활양식은 청소년기의 자기중심성과 상상적 청중 개념과 결합되어 비현실적인 자신감과 과도한 특권의식을 강화한다.

과거에 누렸던 지위의 상실과 성장 과정에서 불가피하게 마주하게 되는 현실적 과제들을 위협으로 인식한 그들만의 세상 속 청소년들은 이를 자아존중감 손상의 경험으로 받아들이고 직면을 회피하거나 거부하는 경향을 보인다. 이 과정에서 합리화, 부인, 부정, 억압, 회피, 행동화, 신체화 등 미성숙하고 부적응적인 방어기제를 빈번히 사용하며, 이러한 방어적 반응은 문제에 대한 인식과 자기 성찰을 방해하고 결과적으로 비행의 고착을 유도하는 심리적 기제로 작용한다.

후기 청소년기에 이르러 고등학교를 졸업하고 성인기로 접어든 비행청소년들은 사회적 책임과 자율성이 요구되는 현실에 직면하면서 인식의 폭이 점차 확장된다. 그러나 동시에 준비되지 않은 자신의 삶의 조건을 직시하게 되며, 내면적으로는 공허감과 좌절을 경험하고 성인으로서의 역할 수행과 미래 준비 부족에서 비롯된 제약의 현실을 마주하면서 양가감정을 느낀다. 성인기로의 성장 과정에서 이들은 자신의 과거와 비교적 안정적인 경로를 걸어온 일반 청소년들의 삶을 대조하며, 그 차이를 인식하는 순간 뒤늦은 후회와 미래에 대한 불안이 더욱 심화된다.

특히 학력, 진로 준비, 가족관계, 사회적 적응, 이력 관리 등 다양한 측면에서의 결핍과 격차는 자아존중감을 저하시켜 곧 현실 회피적 사고방식과 정서적 불안정성으로 확장된다. 과거 그들만의 세상 내에서 확보했던 우월감과 지위에 대한 기억과 집착은 여전히 이들에게 심리적 안정감과 자아존중감, 정체성 유지의 마지막 자원으로 작용한다. 그러나 이는 부족한 현실 지각 능력과 허황된 미래 기대와 맞물려, 건전한 사회 적응을 더욱 어렵게 만든다. 이들은 이로 인해 과거의 일탈적 생활양식을 반복하고 유지하며 벗어나지 못하고, 오히려 비행에 더욱 집착하고 강화하거나 고착화하는 방향으로 나아가며 비행의 대물림으로 이어진다.

이러한 심리·사회적, 인지행동적 악순환은 결국 현실 회복과 사회 적응의 기회를 스스로 차단하고, 그들만의 세상에서의 완전한 고립과 비행 정체성의 고착화를 촉진한다. 이러한 악순환 속에서 이들은 비행의 저주에 갇히게 된다. 자기 인식의 변화와 감정적 혼란은 삶의 긍정적 전환으로 이어지지 못하고, 오히려 과거의 우월성 환상을 끝까지 붙잡은 채 익숙한 과거의 세계에 머물려는 심리적 방어 속에서 비행의 굴레를 되풀이한다.

공통적으로 짚어야 할 현실적인 문제

비행의 공식을 완성해 가며 그들만의 세상에 깊이 뿌리내린 청소년은 단순한 일탈이나 일시적 방황으로 치부할 수 없는 명백한 '위기청소년'이다. 위기청소년이란 가정, 학교, 지역사회 등 주요 생활환경으로부터 충분한 심리적·정서적 안정과 보호를 제대로 받지 못하며, 환경에 적응하는 데 어려움을 겪고 다양한 위험 요인에 지속적으로 노출되는 청소년을 의미한다.

그동안 위기청소년은 일반 청소년들의 자살, 자해 등 내면화된 정서적 문제를 중심으로 다뤄져 왔다. 그러나 실제로 비행청소년 또한 비자살적 자해, 자살 위험, 대인 관계의 고립, 자아존중감 손상, 가정폭력 등 심리적 고통을 경험할 뿐만 아니라 성매매, 가출, 무면허 운전, 오토바이 사고 등 생명과 직결된 외현적 위험에도 크게 노출된다. 이는 내면적·외현적·환경적 위기가 복합적으로 작동하는 총체적 위기 상황이라 할 수 있다. 그럼에도 불구하고 위기청소년 개념에서 비행청소년이 배제되거나 주변화 周邊化 되는 인식은 여전히 존재한다. 이는 청소년의 복합적 어려움을 반영하지 못하는 실무 현장의 한계이자, 제도적 대응의 미흡으로 인한 사각지대를 초래하는 구조적 문제로 이어진다.

비행청소년은 단순한 규범 일탈자가 아니라 복합적인 심리·사회적 위기 상황에 처한 존재로 이해되어야 하며, 정서적 회복력, 사회적 관계, 발달 과업 수행 능력 등을 종합적으로 고려한 다차원적 개입 체계가 요구된다. 이들을 제도적 사각지대에 방치하는 것은 개인 차원의 문제를 넘어 사회 전체의 위험으로 확산될 수 있음을 직시해야 한다. 따라서 청소년 비행 문제를 포괄적으로 이해하고 적극적으로 통합하려는 제도적·임상적 접근이 무엇보다 필요하다. 이미 다양한 차원에서 문제 해결 노력이 이루어지고 있지만, 앞으로는 이를 더욱더 핵심 과제로 삼아 청소년기의 발달 맥락을 충분히 반영한 심층 연구와 실효성 있는 개입 방안이 지속적으로 마련되어야 한다.

■ 단순한 일탈과 방황이 아닌, 세상의 변화에 고립되는 비행청소년

오늘날 우리는 스마트폰, 태블릿, 컴퓨터 등 다양한 정보통신기기를 통해 언제 어디서나 정보를 접할 수 있는 초연결 사회에 살고 있다. 기술의 발전은 우리의 삶을 더욱 편리하고 윤택하게 만들었지만, 동시에 변화의 속도를 비약적으로 가속시키며 사회 전반에 경쟁과 스트레스를 심화시켰다.

인공지능 AI 은 전 세계를 하나로 연결하며 편의성을 높이고 있으나, 정보가 넘쳐나는 환경 속에서 현대인은 하루하루를 정신없이 소진하며 살아가는 현실에 놓여 있다. 이토록 빠른 사회적 변화는 청소년들에게도 직접적인 영향을 미친다. 끊임없이 쏟아지는 자극과 정보 속에서 청소년들은 집중력과 인내심이 약화되고, 타인과의 지속적인 비교를 통해 자아존중감이 저하되며 유해한 콘텐츠에 무방비로 노출되는 위험에 처해 있다. 스마트폰의 등장은 청소년을 외부와 단절시키기보다는 SNS를 중심으로 한 그들만의 연결된 세상을 형성하게 했으며, 이로 인해 청소년은 점점 현실보다 가상공간에 더 깊이 의존하게 되었다.

변화된 디지털 환경 속에서 청소년 비행은 과거와는 확연히 다른 양상을 보이고 있다. 과거에는 사춘기 시기의 일탈이나 방황이 일시적인 성장통으로 여겨졌고, 그 이후에도 청소년이 다시 돌아올 수 있는 자리가 존재했다. 학교 내에는 '폭력 서클'이 존재했고, '짱'이나 '일진 무리'를 중심으로 위계적 질서가 형성되었으며, 패싸움이나 물리적 충돌과 같은 집단적 폭력이 주를 이루는 비행이 나타나기도 했다. 그러나 오늘날에는 '짱'이라는 개념조차 사라졌고, 폭력 서클을 비롯한 과거의 집단적 비행은 점차 모습을 감추고 있다. 왕따, 은따, 전따 등과 같은 따돌림과 학교폭력 역시 오랜 사회적 경각심과 제도적 노력, 처벌 규정 강화로 일정 수준 감소해 왔다.

하지만 이것이 곧 문제의 해소를 의미하지는 않는다. 비행과 폭력은 단순히 사라진 것이 아니라, 교실이나 학교라는 제도권 내부에서 비교적 명확히 관찰되고 개입이 가능했던 영역을 벗어나 감시가 어려운 사각지대, 즉 제도권 외부의 비가시적 공간으로 이동한 것이다. 그리고 그렇게 형성된 그들만의 세상은 스마트폰과 SNS 같은 디지털 매체를 통해 더욱 밀접하게 연결되었다. 청소년 비행은 개인화되어 디지털 환경 속에서 더욱 은밀하고 분절된 형태로 조직화되고, 새로운 방식으로 재구조화되고 있다.

청소년기는 가치관과 사회적 태도가 형성되는 결정적 시기이며, 이 시기에 내면화된 신념과 경험은 개인의 삶의 방향뿐만 아니라 공동체의 건강한 발전과 유지에도 깊은 영향을 미친다. 그럼에도 많은 부모는 자녀의 문제 행동이 초기 단계에 있을 때 이를 객관적으로 인식하지 못한 채 외면하거나 회피하고, 학교나 전문가의 개입에도 소극적으로 반응하는 사례가 매우 흔하게 관찰된다. 더 나아가 문제의 본질을 이해하기보다는 겉으로 드러난 일부 문제 행동만 덮고 가리며 통제하려는 비효과적인 방식을 사용하는 경우도 적지 않다. 이는 변화된 청소년 비행의 구조적 양상을 충분히 이해하지 못한 데서 비롯될 뿐 아니라, 자신의 양육 결과를 직면하지 않으려는 심리적 방어기제가 작동한 결과로도 해석될 수 있다.

특히 많은 부모들은 '우리 아이는 결코 비행청소년이 아니다'라는 근거 없는 믿음 아래 드러난 문제를 회피하거나, 부모 자신의 욕구를 충족하고 원하는 방향으로 아이를 키우기 위해 과도한 양육 욕심에 매몰되기도 한다. 그러나 이러한 과거와 현재의 양육을 평가하거나 책임에 머무르기보다, 지금 중요한 것은 현재 드러나는 위기 신호를 정확히 인식하고 더 큰 위험으로부터 보호하며 이를 예방하기 위해 지혜와 노력을 모으는 일이다. 부모의 외면, 회피, 개입 거절은 향후 법적 문제로 확산되기 전에 예방할 수 있는 기회를 스스로 잃게 만들고, 자녀의 정서적·사회적 성장 자원을 급격히 축소시켜 위기를 고착화하는 악순환을 초래할 수 있다.

그들만의 세상에 진입한 청소년에게 실질적인 변화를 기대하기 위해서는 무엇보다 부모가 먼저 성찰하고 변화해야 한다. 부모의 변화 없이는 자녀의 긍정적 성장 또한 기대하기 어렵다. 지금 필요한 것은 위기를 부정하거나 피하는 것이 아니라, 현재 상황을 정확히 객관화해 이해하고 적절하게 대응하려는 태도이다.

하지만 우리 사회는 여전히 청소년 문제에 대해 무관심하거나 안이하게 대응하는 경향이 있다. 문제는 표면화된 이후에야 비로소 대응이 시작되며, 이는 마치 '소 잃고 외양간 고친다'는 속담을 떠올리게 한다. 그러나 청소년 비행은 사후적 조치만으로 해결할 수 있는 문제가 아닌, 보다 선제적이고 구조적인 예방 중심의 접근이 절실히 요구되는 본질적 사회 과제다. 청소년은 보호의 대상이자 미래를 이끌어갈 주체이며, 이들의 고립과 일탈을 막기 위해서는 적극적이고 실질적인 보호와 개입이 필요하다. 또한, 청소년 비행에 대한 개입은 무엇보다 단순한 캠페인이나 보여 주기식 활동에 머물러서는 안 된다. 일부 기관에서 시행하는 단순한 물질적 지원이나 '음식 만들기', '영화 관람', '놀이 체험' 등은 겉으로는 비행청소년과의 정서적 교류를 지향하는 것처럼 보이지만, 실제로는 사진 촬영과 단기 성과에만 집중된 전시행정으로 흐려지는 경우가 많다. 이러한 접근은 청소년의 발달 특성과 현실적 맥락을 충분히 반영하지 못할 뿐 아니라, 정작 누구를 위한 활동인지 되묻게 한다.

과연 이러한 활동들이 비행청소년의 실질적인 변화를 도모하기 위한 것인지, 아니면 단순한 피상적 교육과 보여 주기식 실적을 위한 것인지에 대한 근본적 재검토가 필요하다. 무엇보다 이러한 피상적인 접근은 청소년 변화의 결정적 시기를 놓치게 하고, 진행되는 비행화로 인해 성장 자원을 감소시키며 변화 가능성을 오히려 축소시키는 악영향을 미친다는 점에서 그 심각성이 더욱 크다.

지금 우리에게 필요한 것은 청소년의 언어와 감정, 일상에 진심으로 귀 기울이고 그들의 현실과 문화, 발달 수준에 맞는 눈높이 맞춤형 개입이다. 청소년의 삶에 실질적으로 접속하기 위해서는 무엇보다 관계 형성과 신뢰의 기반 위에서 개입이 이루어져야 하며, 이는 단기간의 이벤트성 만남이나 형식적 접근으로는 불가능하다. 또한 청소년을 마주하는 부모, 교사, 실무자들은 단순한 도덕적 훈계나 일방적인 지도 방식에서 벗어나 청소년의 발달적 특성과 그들이 만들어 내는 문화, 비행청소년이 형성하는 그들만의 세상이라는 준거집단의 역동성과 상징 체계를 정확히 이해하고 학습하는 태도가 반드시 필요하다.

■ '청소년 비행'이라는 완전한 사각지대

현행 교육 및 복지 체계는 청소년 비행 문제에 대해 구조적으로 미흡한 대응을 보이고 있다. 학교와 교육청을 비롯한 청소년 관련 지원기관들에는 청소년 비행을 전문적으로 다룰 수 있는 전담 인력과 조직 체계가 현저히 부족하며, 이를 뒷받침할 독립적인 예산조차 배정되어 있지 않다. 현재 비행청소년 개입은 대체로 학교폭력 대응 체계에 종속되어 있으나, 학교폭력과 청소년 비행은 발생 배경과 개입 방식에서 명확히 구분되는 별개의 문제 영역이다. 그럼에도 청소년 비행은 독립적인 정책적 고려와 재정적 투자에서 지속적으로 배제되고 있다. 특히 비행의 조기 발견과 예방적 개입을 위한 제도적 인프라는 거의 전무하며, 이는 곧 문제의 만성화와 사후적 대응의 반복으로 이어진다. 결과적으로 청소년 비행은 사각지대에 방치된 채 복합적 위기로 심화되는 경향을 보이며, 이는 개인의 삶뿐만 아니라 가족의 붕괴를 넘어 사회 전체의 안전과 복지 기반을 위협하는 잠재적 구조적 위험 요소로 작용한다.

학교 차원에서는 청소년 비행 문제가 발생하면 생활교육위원회나 위기관리위원회를 통해 대응하고, 필요의 경우 외부 전문기관에 의뢰하는 방식으로 절차가 진행된다. 일반적으로는 정서·행동특성검사 결과에 따라 위기학생으로 분류한 뒤, 관련 예산을 활용해 병원이나 심리 상담 센터에 심리검사를 의뢰하는 형태가 주를 이룬다. 그러나 이러한 개입 방식은 표준화된 절차를 따를 뿐, 정작 비행청소년의 실제 생활환경과 심리·사회적 특성을 충분히 반영하지 못하는 한계가 있다. 특히 학교 적응 자체에 어려움을 겪는 청소년에게 일방적인 병원 권유는 '자신을 정신병자로 취급한다'는 부정적 인식을 심화시켜 강한 거부감과 저항을 유발할 수 있다. 이러한 과정은 청소년의 자발적 참여를 어렵게 만들 뿐 아니라 부모와 학교에 대해 남아 있던 최소한의 신뢰마저 무너뜨리는 계기가 되기도 한다.

의뢰받은 병원에서는 학교나 기관으로부터 위기 청소년이 연계되어 오면 통상적으로 다양한 심리 검사를 통해 현재의 정서적·행동적 상태를 진단하는 절차를 진행한다. 그러나 정서적 불안정성과 외현적 문제 행동을 보이며 치료 동기가 낮고 비협조적인 비행청소년에게, 장시간 글자로 가득한 심리 검사지를 일괄적으로 제시하고 응답을 요구하는 방식은 큰 심리적 저항을 유발할 가능성이 크다. 특히 관계 형성이 채 이루어지지 않은 초기 단계에서 일방향적인 이러한 검사 중심의 접근은 치료적 관계 주도권을 상실하게 만들 뿐 아니라, 청소년의 참여가 단순히 시간을 때우는 수준으로 인식되거나 형식적인 차원에 머무를 위험이 있다. 결과적으로 피상적이고 무성의한 응답이 이어지게 되고, 검사 결과의 신뢰도와 타당도는 크게 저하된다.

이러한 부정적 경험이 반복될수록 청소년은 심리 검사와 상담에 대해 점차 회피적이고 방어적인 태도를 학습하게 된다. 이는 단순히 검사 참여에 대한 저항으로 그치지 않고, 이후 전문가의 개입 전반에 대한 불신과 거부감을 심화시켜 추후 실질적 치료적 개입 가능성을 원천적으로 차단하는 결과로 이어질 수 있다. 초기 개입에서의 신뢰 형성과 관계 형성이 충분히 이루어지지 못하면, 청소년은 상담이나 심리 검사를 통제와 감시를 위한 절차로 인식하며 방어기제를 더욱 강화하게 된다. 이러한 부정적 인식은 반복적인 개입 실패를 초래하고, 장기적으로는 청소년의 문제 행동이 만성화되거나 보다 복합적인 위기 상황으로 발전될 위험을 높인다. 결국 비행청소년에 대한 단선적이고 기계적인 검사 중심 접근은 실질적인 변화로 이어지기보다는 불신과 거부감을 심화시키는 악순환을 고착화할 수 있다.

품행장애나 비행을 직접적으로 개선하는 약물은 현재 존재하지 않는다. 병원에서는 주로 문제 행동에 기여하는 기저 요인인 공격성, 충동 조절, 정서적 불안정성과 이에 수반되는 불안·우울 등의 증상을 완화하기 위해 약물을 처방한다. 그러나 이는 문제 행동의 과정과 관련 증상을 일시적으로 보조·조절해 줄 뿐, 비행의 근본적 원인이나 그 이면의 사회적·심리적 역동을 근원적으로 해결해 주는 수단은 아니다.

실제로 많은 청소년은 약을 처방받기 위해 무면허로 오토바이를 타고 병원에 방문하고, 다시 같은 방식으로 돌아가는 등 약물치료와는 무관하게 비행을 지속한다. 일부 청소년은 정신건강의학과 약물을 복용하고 있다는 사실을 오히려 자신의 행동을 정당화하거나 면책받기 위한 방어 수단으로 악용하기도 한다. 이들은 약을 먹고 있다는 사실을 내세워 문제 행동에 대한 책임을 회피하거나 치료적 개입을 무력화하려는 수단으로 활용함으로써 진정한 회복과 변화에서 더 멀어지게 된다.

이들은 더 이상 학교를 사회화의 장으로 인식하지 않게 되면서 점차 그 공간에서 심리적·행동적으로 이탈하는 모습을 보인다. 이에 많은 청소년 관련 기관들이 다양한 방법으로 노력을 기울이며 위기 상황에 처한 청소년들을 지원하고자 애쓰고 있지만, 제도적 한계와 비행청소년이 처한 복합적·특수한 상황을 고려할 때 단순한 정책적 틀이나 기관의 의지만으로는 이러한 구조적 문제를 해결하기에는 분명한 한계가 있다.

특히 학교에 소속되지 않고 가정과 지역사회로부터도 단절된 비행청소년의 경우, 제도권 안에 있는 기관을 스스로 찾아가 프로그램에 지속적으로 참여하기란 현실적으로 쉽지 않다. 실제로 이들은 기관의 지원과 관리

범주 밖으로 비교적 쉽게 벗어나며, 개입의 지속성과 실효성을 확보하기 어렵게 만든다. 행정적 계획이나 사업 우선순위를 설정하는 과정에서 비행청소년은 다수의 보편적 청소년 정책에 밀려 사각지대에 가려져 잘 보이지 않는 소수로 취급되기 쉽고, 이로 인해 필요한 자원과 관심이 충분히 배분되지 못하는 현실이 반복되고 있다.

또한 학교에 의뢰를 받은 많은 청소년 관련 기관들 역시 청소년의 고유한 특성과 실제 심리적 요구를 충분히 이해하지 못한 채, 행정 절차와 관례, 서류 중심의 고정된 틀에 맞추려는 경직된 방식에 머무르고 있다. 이러한 현실은 개입의 본질을 흐릴 뿐만 아니라, 변화 가능성이 가장 높은 결정적 개입 시기를 놓치는 결과로 이어진다. 게다가 청소년 비행 문제를 다룰 전문성을 갖춘 지도 인력이 현장에서 여전히 부족하다는 점은 실질적인 개입의 질을 저하시키는 중요한 요인이다. 더불어 일회성에 그치는 보여 주기식 프로그램 운영이나, 행동 수정과 내면의 변화를 동반하지 않은 검정고시·기본 생활 지원 등 복지 중심의 단편적 접근은, 청소년이 실제로 필요로 하는 심층적이고 통합적인 맞춤형 지원으로 이어지지 못하는 구조적 한계를 드러낸다. 비행청소년 개입에서는 '무엇이 진정으로 청소년을 위한 접근인가'를 끊임없이 성찰하며, 각 청소년의 맥락과 필요에 맞는 유연하고 탄력적인 개입 전략으로 그들의 변화 가능성을 놓치지 않아야 한다.

선도나 재판, 보호처분을 받은 청소년의 경우에는 지역사회 기관을 통해 일정 수준의 교육과 관련 프로그램이 제공되며, 이들의 재사회화를 위한 다양한 노력이 이루어지고 있다. 그러나 교정기관 내 비행청소년 개입은 단순한 교정이나 처벌 중심을 넘어, 청소년의 발달적 특수성과 회복 가능성을 충분히 고려한 다차원적·통합적 접근으로 전환되어야 함에도 불구하고, 현장에서는 청소년이 성인과 동일한 방식으로 다뤄지며, 여전히 사건 중심의 사후적 조치에 국한되는 사례가 많다. 이같이 일부 지도 인력의 성인 중심적 접근과 담당자의 잦은 교체는 청소년과의 신뢰 관계 형성을 어렵게 할 뿐만 아니라, 개입 과정에서 일관성 있는 지도가 유지되지 않아 관계 기반 개입의 효과성을 저하시킨다.

이러한 현행 시스템은 청소년의 중장기적 발달 지원과 사회 적응을 위한 유기적 연계가 충분하지 않을 뿐만 아니라, 지도자의 진정성에 대한 불신과 관계 기반 개입의 일관성 저하로 인해 개입 효과가 장기적으로 지속되지 않는 구조적 한계가 반복된다. 나아가 청소년의 발달적 특수성을 충분히 고려하지 않는 행정 중심의 경직된 운영은 이러한 문제를 더욱 심화시켜, 청소년의 실질적인 변화와 회복을 저해한다.

비행청소년은 교육, 복지, 교정 어느 한 체계에도 안정적으로 포섭되지 못한 채 제도적 사각지대에 방치되어 있다. 이들은 단순한 규범 일탈자가 아니라, 가정·학교·지역사회에서의 보호 실패와 정서적·사회적 결핍이 중첩된 복합 위기 대상이다. 그러나 현재의 우리 사회는 이러한 복합적 위기에 효과적으로 대응할 준비가 되어 있지 않으며, 오히려 이들을 다시금 비행의 사각지대로 내모는 결과를 초래하고 있다.

이들을 체계적으로 지원하기보다는 책임을 서로 떠넘기고 제도의 경계 밖으로 밀어내는 현실 속에서, 형식적인 검사와 의뢰 중심의 대응만으로는 결코 실질적인 변화를 이끌어 낼 수 없다. 지금 필요한 것은 예방 중심의 조기 개입과 현장 기반의 전문 인력 양성, 현실을 반영한 예산 확보, 그리고 외현적 부적응과 일탈, 청소년 비행에 대한 정확한 이해를 바탕으로 한 제도 전반의 근본적인 재정비이다. 비행의 사각지대는 결코 개인의 일탈로만 치부할 문제가 아니며, 이는 곧 사회가 책임을 회피한 결과이며 그로 인한 비용과 고통은 결국 우리 모두에게 되돌아온다.

비행청소년은 반복된 상처와 결핍 속에서 자신을 보호하기 위한 방식으로 일탈을 선택한 아이들이다. 이들에게 상담과 지도의 실패는 또 다른 상처로 이어질 수 있기에, 개입은 더욱 신중하고 정교해야 한다. 동시에 이들이 심화된 위험과 자기파괴적 행동에 빠지지 않도록 하기 위해서는 청소년비행에 걸맞은 적절한 지도와 전문적 개입이 반드시 병행되어야 한다. 비행청소년은 과거의 관계에서 반복적으로 상처받은 경험으로 인해 타인에 대한 신뢰가 약화되어 있으며, 부적절한 행동을 일삼는 스스로를 보호하기 위한 강한 방어기제를 형성하고 있다. 이로 인해 외부의 일방적 개입은 오히려 저항을 유발하고 변화의 가능성을 차단할 수 있다. 따라서 변화의 문을 열기 위해서는 먼저 심리적 안정감과 수용감을 제공하는 진정성 있는 관계를 형성해야 하며 관계 주도권을 섬세하게 확보해야 한다.

진정성과 관계 주도권은 서로 분리된 요소가 아니라 변화 가능성을 현실로 전환해 나가는 과정에서 긴밀히 맞물려 작용하는 핵심 기제이며, 상담 및 지도 장면에서 형성되어야 할 작업동맹의 본질이다. 진정성 있는 관계 안에서 형성된 신뢰는 청소년이 방어를 낮추고 내적 동기를 기반으로 변화에 능동적으로 참여하게 만드는 심리적 동력으로 작용하며, 상담 전반에 자연스럽고 유기적으로 스며들어 지속적인 개입과 변화를 가능하게 한다.

비행청소년 지도에서 가장 중요한 '관계 주도권'

"선생님이 궁금해서 그러는데, 담배는 어떻게 구한 거야?"
"그런 게 있어요. 다 방법이 있어요!"
"이야기해 줄 수 없을까?"
"네, 비밀이에요."
" "

이러한 대화가 오가는 순간, 상담자는 한 가지 사실을 직감하게 된다. 이미 관계의 주도권은 청소년에게 넘어갔고, 초기 개입의 결정적인 기회는 차단되었으며, 청소년이 마음의 문을 굳게 닫아 버렸음을 깨닫는다. 비행청소년과의 초기 만남에서 신뢰감 있는 관계 형성에 실패할 경우, 이후의 치료적 소통은 쉽게 단절되며 의미 있는 변화를 이끌어 낼 가능성은 현저히 낮아진다. 이들은 과거의 부정적인 상담 경험으로 인해 상담 자체에 대한 심리적 저항이 크고, 관계 속에서 주도권을 확보하려는 방어적 태도를 강하게 드러내는 경향이 있다. 따라서 상담자는 관계를 일방적으로 통제하거나 회피하지 않으면서도, 심리적 안정감을 제공할 수 있는 균형 잡힌 주도성과 공감을 병행하는 전략을 실행해야 한다. 이때 개입 시점의 적절성, 즉 '타이밍'은 변화를 유도하는 데 있어 결정적인 변수로 작용한다. 심리적 개입이 가능한 개방의 순간을 적절히 포착하지 못할 경우, 청소년은 방어기제를 점차 강화하게 되고, 이는 궁극적으로 더 심각한 수준의 고위험 행동으로 이어질 가능성을 높인다. 이를 방지하기 위해서는 청소년의 정서 상태와 행동 양상을 세심하게 관찰하고, 그들의 삶의 맥락을 비판 없이 수용하려는 태도가 전제되어야 한다.

여기서 말하는 '수용'은 단순한 방임이 아니라, 평가나 비난을 멈추고 청소년의 입장과 감정을 있는 그대로 받아들이려는 자세를 통해 신뢰를 형성하고 관계의 기반을 다지는 핵심 기제이다. 그리고 이 모든 과정의 중심에는 상담자의 '진정성' 있는 태도가 바탕이 된다. 상처가 많은 비행청소년은 형식적이거나 도구적인 접근에 민감하게 반응하며, 진정성이 결여된 지도는 곧 관계 단절로 이어질 수 있다. 진정성이 담긴 상담적 대화는 청소년이 자신을 직면하고 내면의 변화를 위한 동기를 형성해 나가도록 돕는 강력한 심리적 촉진제가 된다. 청소년의 정서와 현실적 상황을 진심으로 공감하고, 그들이 경험하는 양가감정과 혼란을 비난 없이 수용하며 함께 의미를 탐색해 나갈 때 비로소 청소년은 과거의 상처를 재구성하고 현재를 성찰하며, 자율적으로 미래를 설계할 수 있는 심리적 역량을 회복하게 된다. 이러한 신뢰의 형성과 관계 내 주도권의 안정적 확보 이후에는 청소년 발달 단계에 적합한 체계적 지도와 개입이 필수적이다. 초기 청소년기에는 건강한 적응의 영역에서 준거집단을 형성하며 자율성과 독립성을 기를 수 있도록 지원해야 하며, 중기 청소년기에는 주도성과 정체성을 존중하고 이를 긍정적인 방향으로 이끌어 주는 개입이 요구된다. 마지막으로 후기 청소년기에는 진로 탐색과 사회적 관계 확장을 도와 원활한 성인기 이행을 준비할 수 있도록 돕는 것이 중요하다.

청소년 비행에 효과적인 개별 맞춤형 지도 접근법

청소년 문제에 대한 개입은 무엇보다도 개별화된 맞춤형 전략을 바탕으로 이루어져야 한다. 마치 무릎이 아픈 아이에게 소화제를 처방할 수 없는 것처럼, 청소년의 정서적·환경적 특성과 문제 상황에 적합한 접근이 이루어지지 않으면 지도는 실효성을 잃고, 결정적 개입 시기를 놓치게 되어 비행이 더욱 고착화될 가능성이 높아진다. 특히 비행청소년의 경우 외현적 부적응 행동이 두드러지고 상담에 대한 내성이 강한 경향을 보이기 때문에 개입 초기부터 일방적으로 장회기를 전제로 한 전통적인 상담 구조는 효과적으로 작동하기 어렵다. 오히려 일정 회기의 상담을 기정사실화하는 순간, 상담자는 '상담을 이어 가야 하는 사람', 즉 관계의 을乙로 자리하게 된다. 이는 내담자의 기분이나 참여 여부에 따라 상담의 흐름이 쉽게 흔들리게 되어 상담자가 관계의 주도권을 상실하게 되며, 이러한 구조는 결국 비행청소년이 상담자를 통제하려는 방어적 관계 패턴을 고착화시키는 결과를 초래할 수 있다. 상담자가 관계의 주도권을 확보하지 못한 상태에서는 '되돌리는 작업'이나 '성장 작업'과 같은 발달 중심 개입을 시작하기조차 어렵고, 실질적인 효과를 기대하기도 어렵다. 이로 인한 개입의 반복적 실패는 상담에 대한 부정적 경험을 누적시키고, 결국 상담 내성을 강화시키는 결과로 이어질 수 있다.

관계의 주도권을 유지한 채, 그들만의 세상에 깊이 몰입해 있는 비행청소년을 이해하고 진정성 있는 공감을 실천하며 동시에 문제 행동에 효과적으로 개입하기 위해서는 단순한 조언이나 훈계가 아닌 전략적으로 설계된 대화 구조와 심리적 접근 방식이 필수적이다. 특히 상담과 지도는 물론, 타인의 개입 자체에 대해 강한 거부감을 나타내는 비행청소년의 특성을 고려할 때, 단 한 번의 임상적으로 영향력 있는 면담을 통해 내적 저항을 완화하고 변화를 촉진할 수 있는 전문적 역량과 개입 구조를 갖추는 것이 필수적이다. 이는 곧 상담이 단순한 정보 전달이나 관계 형성의 초기 단계에 그치는 것이 아니라 정서적 설득과 동기 유발을 수반하는 심층적 개입의 장으로 설계되어야 함을 시사한다. 이때 효과적인 초기 개입 방법은 '단회기 개입' 이다.

단회기 개입은 비행청소년의 초기 저항과 심리적 방어를 낮추어 부담 없이 상담에 참여하도록 유도하는 전략적 접근이다. '한 번만 만나 보자'는 형식은 상담의 문턱을 낮추고 관계 형성의 진입로로 작용하며, 청소년의 수용성과 신뢰를 높인다. 이러한 개입은 단순한 정보 전달에 그치지 않고, 청소년이 자신의 삶과 문제 행동을 객관적으로 바라보게 하여 그 기능적 의미와 심리·환경적 맥락을 이해하도록 돕는다. 이를 통해 청소년은 감정과 욕구, 행동 간의 연관성을 인식하고 자기 결정의 중요성을 깨닫게 된다.

특히 단회기 개입은 청소년의 문제 행동을 일시적으로 중단시키는 '멈춤 작업'을 가능하게 하고, 변화의 가능성을 제시하며 내적 동기를 강화함으로써 장기 개입으로 이어지는 상담 여정의 출발점이 된다. 저자는 이를 '심층 자문'이라 명명하며 실제 상담 현장에서 실천적으로 적용하고 있다. 아울러 교사와 부모 등 양육 환경의 핵심 인물을 함께 참여시키는 통합적 단회기 개입은 청소년의 변화 동기를 한층 더 고취한다. 무엇보다 단회기 개입은 한정된 시간 안에 실질적 변화를 만들어 내기 위해, 명확한 목표와 긴밀한 내용 구성, 체계적인 진행 계획이 반드시 뒷받침되어야 한다. 그 과정에서 진행되는 비행의 공식을 기반으로 한 사례개념화는 사회환경적 요인, 심리적 기제, 외현화된 행동 간의 기능적 관계를 구조적으로 파악하고 변화 가능성에 대한 인식을 촉진하는 것을 핵심 과제로 삼는다.

이처럼 짧지만 정교하게 설계된 단회기 상담은 청소년이 반복하던 문제 행동을 멈추게 하고, 변화를 시작할 수 있는 전환점을 제공한다. 이 과정에서 청소년은 자신의 행동을 비행의 공식과 비교하며 객관적으로 인식하고, 이를 통해 변화의 필요성을 스스로 깨닫게 된다. 긍정적인 초기 상담 경험은 청소년의 수용성과 신뢰를 높이는 중요한 기반이 된다. 이를 바탕으로 상담자는 단회기 개입을 점진적으로 확장하여 장기 회기 중심의 구조로 자연스럽게 전환할 수 있다. 이처럼 초기 저항을 완화하는 단회기 개입은 관계의 주도권을 안정적으로 확보하고, 가뭄에 내리는 소나기처럼 청소년이 잠시 문제 행동을 멈추고 변화의 가능성을 모색할 수 있도록 하는 데 효과적이다.

그러나 소나기가 잠시 갈증을 해소하듯, 단회기 개입만으로는 변화가 깊게 뿌리내리기 어렵다. 효과적인 초기 개입 이후에도 지속적인 상담이 이어져야만 청소년의 내면에 변화가 스며들고 유지될 수 있음을 기억해야 한다. 초기 단회기 개입을 통해 심리적 방어가 완화되고 내적 동기가 활성화되면, 보다 심층적인 심리 기제와 개인 역동의 탐색이 가능해지며 전통적인 장회기 상담으로의 전환이 한층 더 효과적으로 이루어진다. 이 과정에서 심리검사 등 다양한 평가 도구를 활용하면 청소년의 정서 상태, 인지 기능, 대인관계 양상, 환경적 스트레스 요인 등을 다면적으로 파악할 수 있다. 특히 충분한 신뢰 관계 형성과 자발적 참여를 기반으로 실시된 심리 검사는 검사 결과의 신뢰도와 타당도를 높여, 이후 맞춤형 개입 전략의 정밀성을 한층 강화한다. 이렇게 수집된 다층적 정보는 청소년의 개별적 특성을 보다 입체적으로 이해하고, 수용성과 동기 수준에 적합한 맞춤형 개입 전략을 설계·적용할 수 있는 근거가 된다. 결과적으로 이러한 단기 중심의 심층 자문은 단순한 행동 수정에 그치지 않고, 청소년의 자기 이해 증진과 자아 통합, 정서적 복원력 회복으로 이어지는 구조적 변화를 촉진한다.

초기 개입 전에 지도자는 청소년의 나이, 성별, 학교와 같은 품행 문제를 이해하는 데 필수적인 기초 정보를 우선적으로 수집해야 한다. 이렇게 수집된 기초 정보는 비행의 공식을 적용하여 사례를 구조적으로 분석하는 핵심 자료로 활용된다. 이를 바탕으로 지도자는 청소년의 특성과 상황에 적합한 초기 면담 계획과 개입 전략을 사전에 다층적으로 설계해야 한다. 초기 면담에서는 청소년의 흡연 패턴, 이성 교제 여부, 용돈 규모와 같은 생활 전반에 걸친 구체적인 요소를 중심으로 자연스럽게 대화를 이끌어야 한다. 지도자는 청소년의 행동과 상황을 다각적으로 이해하고 정밀하게 평가하며, 이를 바탕으로 신뢰 관계를 형성하고 내면 성찰과 실질적 행동 변화를 유도함으로써 보다 효과적이고 지속 가능한 개입을 실현해야 한다.

청소년 품행 문제를 이해하는 데 필수적인 기초 정보

나이 - 성별 - 학교

　청소년의 품행 문제를 다룰 때는 반드시 고려해야 할 핵심 요소들을 중심에 두고 이를 비행의 공식에 근거하여 체계적으로 접근하는 것이 중요하다. 이러한 이론적 기반 위에서 개입을 시도하면, 해당 청소년의 문제 행동이 최초로 나타난 시점이 언제였는지, 비행이 현재 어느 단계에 이르렀는지 등을 보다 구체적이고 구조적으로 파악할 수 있다. 또한 누구와의 관계 속에서 이러한 행동이 반복되며, 어떤 환경적 조건과 장소, 방식으로 나타나는지까지 면밀히 이해할 수 있다. 이와 같은 초기 분석은 이후 개입 방향을 설정하고 맞춤형 지원 전략을 수립하는 데 필수적인 토대를 제공한다.

　이러한 기초 정보를 활용한 탐색 과정은 단순한 정보 수집을 넘어, 상담자가 내담자의 현재 심리 상태와 문제 행동의 발생 맥락에 대한 임상적 가설을 정교화할 수 있는 기반을 마련한다. 나아가 형성된 가설을 토대로 상담자는 보다 구조화된 탐색적 질문을 자연스럽게 구성하고 적용할 수 있으며, 이는 상담의 흐름을 비판적 사고와 임상적 통찰 중심으로 조직하는 데 핵심적 역할을 한다. 상담자는 청소년을 단순히 평가하거나 진단하는 관찰자에 머무르지 않고, 그들의 삶의 내면을 함께 읽고 해석하는 해석자로서의 전문적 태도를 견지해야 한다. 이를 통해 비행이라는 표면적 행위 뒤에 숨겨진 정서적 고통과 구조적 취약성을 드러낼 수 있으며, 궁극적으로 개입의 적절한 시기와 방향을 설정하는 데 결정적인 단서와 통찰을 확보할 수 있다.

청소년 비행은 조용한 시골 나무 숲속에서 하늘을 바라보며 고요히 발생하는 일이 아니다. 오히려 청소년의 비행은 복잡하고 역동적인 외부 환경 속에서 눈에 띄는 외현적 양상으로 뚜렷하게 드러나는 경우가 많다. 특히 도심의 번화가, 학교 주변, 또래집단이 빈번히 모이는 공간처럼 사회적 상호작용이 활발한 장소에서 비행이 자주 관찰된다는 사실은, 이러한 행동이 단지 개인의 내면적 충동이나 성격 특성 때문만이 아니라 외부 환경과의 지속적 상호작용 속에서 형성되고 강화된다는 점을 보여 준다. 결국 청소년 비행은 고립된 개인의 문제가 아니라, 청소년이 살아가는 사회적·구조적 조건과의 상호작용 속에서 파생되는 집합적 현상으로 이해되어야 한다. 이러한 맥락에서 청소년 비행을 보다 정교하게 이해하고 효과적으로 개입하기 위해서는, 초기 개입과 사례 분석의 기초가 되는 나이, 성별, 학교에 대한 정보가 핵심 기준으로서 반드시 체계적으로 고려되어야 한다.

❶ 나이

비행의 공식은 청소년 비행을 단순한 일탈 행위가 아니라, 연령에 따라 점진적으로 진행되는 발달적 과정으로 이해할 수 있도록 구성된 이론적 분석 틀이다. 이 이론은 청소년 비행이 우연하거나 단발적으로 나타나는 것이 아니라, 특정 연령과 발달 시점에 따라 일정한 순서와 구조 속에서 누적·심화된다는 전제에 기반한다. 각 연령대에서 관찰되는 문제 행동은 이전 단계에서 형성된 심리·사회적 기반 위에 축적되며, 동시에 다음 단계로의 이행을 촉진하거나 예고하는 기능적 의미를 지닌다. 이러한 연령 기반 발달 모델은 상담자와 지도자가 개인적 직관에만 의존하지 않고, 비행의 보편적 평균 행동을 준거로 한 이론적 근거에 기반해 보다 체계적이고 일관성 있는 개입 전략을 수립할 수 있도록 지원하는 실천 중심의 분석 도구로 기능한다. 비행의 공식에 따르면 청소년 비행은 일반적으로 13~14세 경 흡연과 음주를 시작으로, 15~16세에는 무면허 오토바이 운전이나 오토바이 절도 등으로 확장된다. 이어 17세 전후에는 문신과 명품 소비 등 과시적 성향의 행동이 두드러지고, 이후에는 자동차로 이어지며 점점 위험도가 높은 비행으로 발전한다.

이러한 연령대별 행동 양상은 단순한 통계적 경향에 그치지 않고, 또래 집단과의 심리·사회적 상호작용 속에서 특정 패턴으로 강화·구조화되며 연령에 따라 점진적으로 변화·발달한다는 점을 보여 준다. 따라서 청소년의 실제 연령과 현재 표출되는 문제 행동을 기준 연령과 비교·분석하는 작업은, 단순한 행동 관찰을 넘어 해당 청소년이 비행화 경로에서 어느 단계에 있는지 파악하고, 이를 바탕으로 발달 수준, 위험도, 예후 가능성 등을 포함한 개입의 시급성·강도·방향성을 결정하는 핵심 평가 지표로 작용한다. 특히 청소년의 연령은 단일 변수이지만, 조기 발현·전형적 발현·지연 발현과 같은 양상을 구분하여 상담자가 구조적 위치와 맥락을 종합적으로 가늠하고 적절한 개입 전략을 수립하는 데 실질적인 단서를 제공한다.

예컨대 실제 연령보다 이르게 고위험 행동이 나타난다면 이는 조기 발현으로서 단순한 일탈을 넘어 비행화가 평균보다 빠르게 진행되고 있음을 시사하는 경고 신호로 해석해야 한다. 초등학생이 오토바이 절도나 무면허 운전처럼 원래는 15~16세에 주로 나타나는 행동을 시도한다면, 이는 급속한 비행 진행과 고착 가능성을 내포한 고위험군으로 간주된다. 이때는 정서적 결핍, 양육자의 방임, 고위험 또래집단과의 밀착 등 복합적인 환경 요인을 함께 점검해야 하며, 단순한 훈육이나 일시적 통제로는 해결이 어려운 만큼 다차원적이고 통합적인 개입 전략이 시급히 마련되어야 한다.

반대로, 평균 발현 시점보다 늦게 나타나는 지연된 비행은 비교적 위험도가 낮은 경향을 보이지만, 이미 형성된 그들만의 세상의 내부 규범과 위계에 뒤늦게 진입하면서 주변화되거나 독특한 적응 전략을 모색할 가능성이 있다. 예컨대 남학생은 기존 집단 내에서 지위나 정체성을 획득하는 데 어려움을 겪고, 여학생과의 관계를 통해 대안적 소속감을 추구하는 양상이 나타날 수 있다. 이때 성性 관련 문제 발생 위험과 사이버 도박 등 특정 고위험 행동에 노출될 가능성도 상대적으로 높아질 수 있으므로, 표면상 비행 정도가 경미해 보여도 또래집단의 역동과 심리·사회적 맥락을 반드시 함께 고려해야 한다.

한편, 실제 연령과 기준 연령이 유사하게 나타나는 경우는 전형적인 비행화 단계에 진입했음을 의미한다. 이는 평균적인 진행 과정과 시기적 흐름이 일치한다는 점에서, 단순한 충동이나 예외적 일탈이 아니라 일관화된 발달 경로에 따른 평균적 양상의 흐름으로 해석된다. 이러한 서로 다른 발현 및 진행 양상은 이후 행동 패턴의 고착 가능성을 예측하고, 적절한 개입 시기를 판단하는 데 중요한 평가적 신호로 작용한다.

비행의 공식을 활용한 연령 비교와 발현 및 진행 양상에 대한 구조적 분석은 청소년 비행을 '이해–평가–개입'이라는 논리적 단계에 따라 체계적으로 다룰 수 있는 실질적 토대를 제공한다. 이를 통해 상담자는 청소년의 내적·외적 자원이 환경과 어떻게 상호작용하는지를 파악하고, 그들이 스스로 되돌아갈 방법을 모색하며 적응의 영역으로 다시 나아갈 수 있도록 지원할 수 있다.

❷ **성별**

청소년 비행을 이해하는 과정에서 연령과 더불어 반드시 고려되어야 할 핵심 요소는 성별이다. 성별은 단순히 구분된 배경 변인에 그치지 않고 비행화의 경로와 양상을 구조적으로 결정짓는 주요 요인으로 작용한다. 저자가 『청소년 비행의 모든 것』에서 '드러나는 남학생의 비행'과 '가려지는 여학생의 비행'이라고 설명한 바와 같이, 성별에 따른 비행의 차이는 발현 양상, 목적, 그리고 관계적 역동에 이르기까지 뚜렷하게 서로 다른 특성을 나타낸다. 비행화 과정에서 남학생은 또래집단 내 지위와 영향력을 확보하기 위해 과시적이고 외현적인 방식으로 행동이 드러나는 경향이 강한 반면, 여학생은 대인 관계 속에서 은폐적이고 관계 중심적인 비행이 주로 나타나 상대적으로 가려지는 양상을 보인다. 이러한 성차적 특성은 청소년 비행을 보다 정교하게 이해하고, 성별 특성에 기반한 맞춤형 개입 전략을 설계하는 데 필수적인 분석 틀을 제공한다.

남학생의 품행 문제는 주로 외현적이고 물리적인 방식으로 나타나는 경향이 강하다. 무면허 운전, 차량 절도, 사기, 폭력 등 가시적인 비행을 통해 또래집단 내에서 지위와 영향력을 확보하려는 욕구가 뚜렷하다. 이 과정에서 남학생은 그들만의 세상 속에서 자신의 위치와 존재감을 증명하며, 집단 안에서 인정받는 것이 중요한 목표가 된다. 특히 이성 친구와의 교제는 자신의 사회적 지위를 과시하고 강화하는 수단으로 작용하며, 이성 관계는 단순한 개인적 경험을 넘어 그들만의 세상 내 영향력과 위상을 상징하는 요소가 되기도 한다.

반면, 여학생의 품행 문제는 보다 은폐적이고 관계 중심적인 방식으로 나타나는 경향이 있다. 따돌림, 배척, 소문 퍼뜨리기와 같은 관계적 공격성을 통해 또래집단 내 지위를 확보하고자 하며, 이러한 유형의 비행은 외부에서 쉽게 감지되지 않는 특성을 지닌다. 또한 이성과의 정서적 관계나 성

性과 관련된 경험은 표면적으로는 쉽게 드러나지 않지만, 그들만의 세상의 역동 속에서 핵심적인 위치를 차지하며 중요한 영향을 미친다. 따라서 청소년 비행화 과정에서의 성별 차이를 깊이 있게 이해하고 이를 염두에 두고 청소년과 상호작용하며 소통하는 것은 그들의 행동 이면에 작용하는 심리·사회적 맥락을 정확히 파악하고 보다 정밀하고 공감적인 개입을 가능하게 하는 데 필수적인 전제가 된다.

❸ 학교

초기 상담이나 지도 장면에서 비행청소년은 자신에 대한 정보를 쉽게 드러내지 않으려는 경향이 강하다. 이들은 상담자나 지도자의 접근 자체를 경계하거나 거부하며, 신뢰가 충분히 형성되기 전까지는 방어적이고 저항적인 태도로 일관한다. 특히 직접적이고 단도직입적인 질문은 심리적 반감을 유발하거나 관계 형성을 저해하여 오히려 의미 있는 반응이나 진솔한 대화를 기대하기 어렵게 만든다. 따라서 청소년의 실제 생활 맥락을 파악하려면 그들이 형성하고 있는 그들만의 세상이라는 준거집단의 구조와 내부 역학을 정밀하게 탐색하는 자연스러운 접근이 반드시 필요하다.

학교에 부적응하며 외현적 문제 행동을 보이는 청소년은 일반적인 또래 관계 형성과는 다른 방식으로 사회적 관계망을 구성한다. 이들은 대체로 학교 내 또래보다는 타 학교 혹은 지역의 자신과 유사한 처지의 또래들과 연결되어 새로운 준거집단인 그들만의 세상을 만든다. 이 준거집단은 단순한 친구 관계를 넘어 청소년에게 비행을 강화하고 유지시키는 심리적 안전지대이자 규범 체계로 작동한다. 그렇기에 청소년이 누구와, 어디서, 무엇을 하며, 어떻게 시간을 보내는지와 같은 구체적 요소들을 세심하게 파악하는 것은 개입 초기에 반드시 선행되어야 할 중요한 진입 단계이다. 이때 학교 정보는 청소년의 생활 반경과 준거집단 형성 구조를 간접적으로 파악할 수 있는 실질적이고 신뢰도 높은 자료로 기능한다. 일부 청소년은 학교를 다니지 않거나 학업이 단절된 상태이기도 한데, 이 사실 자체가 중요한 진단적 단서가 된다. 학업 이탈의 배경에는 정서적·가정적·사회적 요인이 중첩되어 있을 가능성이 높기 때문이다. 이처럼 고등학교 진학 및 재학 여부는 그동안의 학업 성취와 현재 청소년의 학업 적응도와 사회적 기능 수준을 평가하는 중요한 지표로 활용된다.

중학교 정보는 특히 거주지와 밀접한 학군 배정과 연결되므로 청소년의 실제 생활 반경과 비공식 활동 영역, 그리고 준거집단의 지리적 기반을 간접적으로 드러내는 자료로 활용될 수 있다. 가정에 대한 직접적 질문에 강한 저항을 보이는 청소년에게는 이처럼 학교 정보를 통해 우회적으로 생활 구조와 사회적 맥락을 유추해 내는 것이 더 실질적이고 신뢰성 있는 접근이 된다.

청소년이 활동하는 지역의 지리적 특성과 그 안에서의 구조적 역동성에 대한 이해는 개입의 실효성을 높이는 또 하나의 필수 조건이다. 청소년 밀집 지역, 학교 배치 현황, 번화가의 분포와 같은 구체적 지역 정보는 청소년의 주요 이동 동선과 활동 반경, 그리고 비행이 발생하고 유지되는 공간적 맥락을 입체적으로 이해하는 데 중요하다. 이는 특히 비행청소년이 형성한 그들만의 세상이라는 준거집단이 어떻게 구성되었으며 비행이 어디에서 주로 발생하고 어떻게 대물림되며 무엇으로 유지되는지를 구조적으로 파악하는 단서가 된다.

청소년 비행 문제에 개입할 때 상담자나 지도자는 반드시 관계의 주도권을 잃지 않으면서도 통제와 처벌 중심의 단선적 개입에 머무르지 않아야 한다. 비행청소년은 자신을 통제하려는 권위적 접근에 강한 방어를 보이기 때문에, 신뢰가 형성되기 전에 이루어지는 일방적 개입은 오히려 저항과 정보 은폐를 촉진해 심층적 이해를 가로막을 수 있다. 따라서 효과적인 개입은 청소년의 준거집단 구조, 또래 상호작용 양상, 생활 반경과 지역사회 맥락과 같은 환경 정보를 다층적으로 통합해 분석·이해하는 것에서 출발해야 한다. 이를 통해 상담자와 지도자는 청소년을 입체적으로 이해하고 그들의 삶을 구조적으로 해석하며, 단순한 통제에 그치지 않고 가족, 학교, 지역사회 지원 체계 등 현실적인 지지 자원을 연계하여 심리적 회복과 환경 변화를 함께 촉진하는 실질적 개입 전략을 설계할 수 있다. 이러한 접근은 청소년 스스로 변화 가능성을 인식하고, 그들만의 세상 밖으로 나올 수 있도록 돕는 관계적 토대를 구축하는 데 핵심적인 기반이 된다.

비행의 정도를 파악할 수 있는 세 가지 핵심 질문

흡연 패턴 – 이성 교제 여부 – 용돈 규모와 출처

앞서 설명한 나이, 성별, 학교 정보는 청소년을 만나기 전에 반드시 파악해야 할 기초적이면서도 구조적인 사전 정보에 해당한다. 그러나 이러한 정보만으로는 청소년의 내면 동기나 정서적 구조, 그리고 복합적인 환경 맥락을 충분히 조망하기에는 한계가 있다. 따라서 초기 상담 단계에서는 수집한 기초 정보를 기반으로 하되, 실제 상호작용을 통해 보다 구체적이고 정밀한 심리·사회적 맥락을 탐색해 나가는 과정이 필수적이다. 이를 위해서는 단순한 정보 수집을 넘어 전략적으로 조직된 질문과 임상적 개입이 병행되어야 하며, 이러한 접근을 통해 청소년 행동 이면의 동기와 관계 맥락을 입체적으로 이해할 수 있는 통합적 시각을 갖출 수 있다.

초기 면담 장면에서 비행청소년은 대체로 말수가 적고 방어적인 태도를 보이며 상담자와의 상호작용에도 소극적인 모습을 나타내는 경우가 많다. 이러한 상황에서 "왜 왔니?", "무엇을 하고 싶니?", "어떤 도움이 필요하니?"와 같은 직설적이고 추상적인 질문은 청소년에게 형식적이고 상투적인 접근으로 인식될 수 있으며, 이는 심리적 저항을 유발하거나 관계 형성의 기회를 차단하는 결과로 이어질 수 있다.

특히 상담자를 권위적 존재로 인식하거나 이미 스스로를 문제 있는 청소년으로 낙인찍고 있는 청소년일수록 이러한 질문에는 강한 거부감이나 무반응으로 대응할 가능성이 높다. 따라서 초기 상담 장면에서는 가벼운 농담이나 일상에 대한 관심 표현 등을 통해 정서적 긴장을 완화하고, 자연스러운 대화 흐름 속에서 신뢰 형성과 정보 탐색이 동시에 이루어지도록 유도하는 접근이 필요하다.

이때 단순히 안부를 묻거나 피상적인 질문에 그치지 않고, 일상적인 이야기 속에 임상적으로 의미 있는 단서를 자연스럽게 담아낼 수 있는 전략적 질문을 활용해야 한다. 특히 자연스러운 대화 흐름이 갑자기 진지한 상담 분위기로 전환되면 청소년은 심리적 경계를 곧바로 높이고 방어적으로 반응하기 쉽기 때문에, 이러한 접근이 더욱 중요하다. 결국 전략적 질문은 겉으로는 편안한 일상 대화처럼 보이지만, 실제로는 필요한 정보와 맥락을 무리 없이 탐색할 수 있도록 유연하게 설계되어야 한다. 이렇게 하면 겉으로는 일상 대화처럼 보이지만, 실제로는 청소년의 비행화 정도, 행동 패턴과 생활 반경, 준거집단 구성, 가정 내 역동 등을 파악할 수 있는 핵심 정보를 자연스럽게 확보할 수 있다.

이러한 탐색적 질문은 상담 장면 전체에 무리 없이 스며들어 청소년이 불필요한 경계심을 갖지 않도록 돕는 역할을 한다. 이를 효과적으로 실천할 수 있는 세 가지 전략적 질문 주제가 있으며, 청소년의 특성과 상황에 맞게 순서를 유연하게 조정해 활용할 수 있다. 무엇보다 이러한 주제들은 일상 대화 속에 자연스럽게 스며들수록 청소년의 심리적 방어를 낮추고 보다 진솔한 자기표현을 촉진한다. 이는 초기 면담에서 상담자가 형식적 문답을 넘어 내담자의 실제 생활 맥락과 비행의 구조적 특성을 통합적으로 이해하도록 돕는 중요한 임상적 접근 전략이 된다. 이러한 질문이 실질적으로 효과를 발휘하려면, 다시 강조하지만 주요 문제 행동 정보와 함께, 비행의 공식에 기반해 앞서 설명한 나이·성별·학교 등의 청소년 품행 문제를 이해하는 데 필수적인 기초 정보를 충분히 파악해야 한다. 그리고 이를 토대로 청소년의 현재 삶의 맥락을 깊이 이해한 뒤, 개별 특성과 상황에 맞게 질문을 체계적으로 설계하고 적용해야 한다.

개별 청소년의 비행화 정도와 패턴을 구조적으로 파악하기 위해 상담자가 특히 주목해야 할 세 가지 핵심 주제는 '흡연 패턴', '이성 교제 여부', '용돈의 규모와 출처'이다. 『청소년 비행의 모든 것』에서 흡연을 '그들만의 세상에 들어가기 위한 티켓'으로 비유하며, 흡연이 단순한 습관을 넘어 집단 소속감과 정체성을 확인하는 상징적 수단으로 기능한다는 점을 강조했다. 따라서 흡연 여부와 사용 양상은 청소년이 그들만의 세상 문화에 어느 정도로 통합되어 있는지를 판단할 수 있는 중요한 단서가 된다.

이와 함께 이성 친구의 존재 여부는 청소년이 속한 그들만의 세상 내 관계 구조와 위치를 간접적으로 보여 주는 지표로 기능한다. '그들만의 세상에서는 그들끼리 연애한다'는 암묵적 규칙은 해당 청소년이 그 문화에 얼마나 깊이 동화되어 있는지를 가늠할 수 있는 중요한 사회적 기준으로 작용한다. 사용하는 돈의 규모와 출처는 청소년 비행의 핵심이다. 그들만의 세상을 유지하고 소속 집단 내 위계를 확보하기 위해서는 일정한 자금이 필요하며, 이를 위해 부모의 용돈이나 아르바이트뿐 아니라 갈취, 절도, 사기, 사이버 도박 등 위법적 수단이 동원된다. 특히 용돈의 규모가 비정상적으로 크거나, 일반적인 청소년 경제 활동 범위를 벗어난 방식으로 자금이 확보되고 있다면 이는 이미 경제적 역치를 넘어선 비행문화에 깊숙이 편입되어 있음을 시사한다. 그들만의 세상에서 비행청소년들은 단순한 일탈을 넘어 돈이 있어야만 유지할 수 있는 삶의 패턴을 살아가며, 사용하는 돈의 규모와 비행의 정도와 강도는 비례한다. 따라서 상담자는 단순히 돈 사용의 규모뿐만 아니라 출처와 소비 패턴까지 자연스럽게 파악하여, 청소년의 비행 수준과 삶의 기준, 행동의 역치까지 종합적으로 진단해야 한다.

❶ 흡연 패턴

『청소년 비행의 모든 것』에서는 청소년의 품행 문제를 가장 간단하면서도 효과적으로 파악할 방법으로 흡연 여부에 대한 세 가지 질문을 제시한다. *"현재 흡연을 하고 있는가?"*, *"과거에 흡연 경험이 있는가?"*, *"비흡연자라 하더라도 주변 친구들이 흡연을 하는가?"*라는 질문 중 하나라도 '그렇다'는 대답이 나온다면, 이는 단순한 건강 문제의 차원을 넘어 해당 청소년이 이미 또래 중심의 일탈 문화, 즉 그들만의 세상에 일정 수준 이상 관여하고 있을 가능성을 강하게 시사한다.

흡연은 개인적 선택을 넘어 집단 소속감과 정체성 형성을 상징적으로 매개하는 수단으로 작용한다. 따라서 흡연 여부는 생활 습관 탐색을 넘어 청소년의 비행화 경향과 준거집단의 형성 방향을 간접적으로 확인할 수 있는 임상적 지표가 된다. 보편적으로 청소년의 흡연은 대체로 중학교 1학년, 즉 만 14세 전후에 시작되며, 비행의 공식에서 비행화 과정의 출발점으로 간주된다.

이 시기 청소년은 가정과 거리를 두기 시작하며 늦은 귀가와 새벽 외출이 잦아지고 유사한 환경의 또래와 어울리는 빈도가 늘어난다. 이때 담배는 단순한 호기심이나 스트레스 해소를 넘어 새로운 준거집단의 결속을 확인하고, 그들만의 세상 내 질서와 위계를 형성하는 상징적 통과의례로 기능한다. 흡연은 집단 내부에서 소속감과 존재감을 확인시키고, 성인 사회에 대한 반항과 모방 욕구가 결합된 복합적 상징 행위로 나타난다.

청소년에게 흡연은 단순한 일탈 행위가 아니라, 아직 도달하지 못한 성인 세계에 대한 모방 욕구와 도달 의지가 교차하는 심리적 전이로 볼 수 있으며 또래집단과 준거집단 내에서 상징적으로 공유되며, 집단 내 소속감과 정체성을 강화하는 수단으로 작용한다. 이 과정에서 청소년은 발달 특성인 자기중심성과 결합된 심리적 맥락에서 자신이 이미 성인이 되었다는 착각에 빠지고, 성인 문화에 편입되었다는 환상적 정체성을 경험하며 그들만의 세상 내에서 위계를 형성하고 영향력을 확보하는 수단으로 작용한다. 이는 사회적 규범에 기반한 건강한 정체성 형성 대신, 또래 중심의 일탈 규범과 정서적 결속에 의존하는 부적응적 정체성을 강화하는 위험 요인이 된다. 결과적으로 청소년은 폐쇄적 관계인 그들만의 세상 속에서 비공식적인 방식으로 자신만의 위치와 의미를 확인하며, 존재감을 유지하기 위해 비행을 선택하게 된다. 이러한 경향은 초기에는 가벼운 일탈로 시작되더라도 시간이 지남에 따라 더 구조화되고 고착된 비행 양상으로 심화될 가능성이 높다.

흡연 여부 확인은 단순한 시작점에 그쳐서는 안 된다. 흡연을 언제 시작했는지, 어떤 상황과 관계에서 시작되었는지, 누구와 함께 흡연하는지 등을 자연스러운 대화 분위기 속에서 탐색하는 것이 필수적이다. 이러한 정보는 해당 청소년이 아직 비행화 초기 단계에 머물러 있는지, 아니면 또래 중심의 일탈 문화에 깊이 통합되어 있는지를 가늠할 수 있는 중요한 단서가 된다. 나아가 이러한 탐색은 개입의 시급성을 판단하고 맞춤형 전략을 설계하는 핵심 근거로 활용된다. 특히 흡연의 시작 시점은 앞서 강조한 바와 같이 비행의 발현 양상과 경로, 진행 속도를 진단하는 출발점이 된다. 예컨대 초등학교 6학년이나 중학교 1학년 무렵 흡연을 시작한 경우는 비교적 이른 시점에 비행화 경로에 진입했음을 의미한다. 이는 또래집단 내 소속감과 유대감을 바탕으로 비행이 점차 구조화될 가능성이 높아지며, 이후 고위험적이고 복합적인 비행으로 이행될 가능성을 시사한다. 반면 고등학교 2학년 시기 전후에 흡연을 시작하는 경우는 이미 준거집단이 형성된 이후이므로, 새로운 비행 진입이라기보다는 청소년 비행이라는 하위문화를 선망적으로 수용하거나 후속적으로 통합되려는 상징적 행위로 해석할 수 있다. 따라서 이 시기의 흡연은 초기 진입형과는 다른 관점에서 분석하고 맞춤형 개입 전략을 설계해야 한다.

❷ 이성 교제 여부

'그들만의 세상에서는 그들만의 세상 구성원끼리 연애한다'는 명제는 저자의 오랜 임상 지도 경험에서 반복적으로 관찰된 전형적 패턴이다. 이러한 이성 교제는 단순한 감정적 교류를 넘어 집단 내부에서 인정과 위상을 확보하고 소속감을 확인하는 상징적 행위로 기능한다. 그들의 연애는 그들만의 세상 내에서 위계와 영향력을 재현하고 정체성을 형성하는 핵심 수단이다. 이 과정에서 흡연과 음주와 같은 일탈 행동이 자연스럽게 수반되며, 이는 그들만의 세상의 문화와 긴밀히 맞물려 작동한다. 특히 이러한 양상은 '드러나는 남학생의 비행'과 '가려지는 여학생의 비행'이라는 성별 특성과 역동적으로 연결된다. 남학생에게 연애는 집단 내 우위를 확보하기 위한 전략적 수단으로, 무면허 운전·폭력·절도 등 외현적 비행과 결합해 지배적 위치를 과시하는 방식으로 나타난다. 반면 여학생은 연애를 통해 정서적 안정과 소속감을 얻으려 하며, 관계 조종·성적 유혹·정서적 의존성과 같은 요소가 복합적으로 작용해 은폐적이고 간접적인 비행으로 이어진다. 즉, 성별에 따라 연애는 서로 다른 방식으로 나타나지만, 공통적으로는 집단 내 위계 형성과 정체성 구축, 그리고 비행화를 심화시키는 핵심 역동 구조로 작동한다.

연애 관계에서 한 명이라도 그들만의 세상에 속해 있다면 상대방이 비행화될 가능성은 유의미하게 증가한다. 이는 단순한 개인 간 영향력 문제를 넘어, 집단의 규범과 가치가 연애 관계를 통해 빠르게 전이되는 사회화 과정으로 볼 수 있다. 양쪽 모두가 그들만의 세상의 구성원일 경우, 그 관계는 단순한 감정적 선택을 넘어 집단 내 위계 구조와 규범적 기대를 반영한 구조적·전략적 결합으로 해석된다. 따라서 이성 친구의 유무와 선택한 대상의 준거집단, 교제의 양상은 해당 청소년이 그들만의 세상의 문화에 얼마나 깊이 통합되었는지, 비행화가 어떤 속도로 진행되고 있는지를 가늠할 수 있는 핵심 진단 단서가 된다.

❸ 용돈 규모와 출처

청소년의 돈 획득 및 사용 양상을 분석하는 것은 그들의 일상적 생활 패턴과 주요 이동 경로뿐만 아니라, 하루 중 누구와 어떤 장소에서 무엇을 하며 시간을 보내는지까지 파악하여 삶의 역치를 추정하는 데 중요한 단서를 제공한다. 청소년은 일반적으로 자기 삶을 성찰하는 능력이 충분히 발달하지 않았고, 생각과 감정을 언어로 구조화하여 표현하는 데에도 어려움을 겪는다. 이로 인해 자기 자신을 중심으로 한 대화에는 불편함이나 방어가 따르는 경우가 많다. 그러나 돈을 주제로 한 대화는 청소년이 직접적인 평가의 대상이 된다는 부담 없이 자신이 얼마나 '잘살고 있는지'와 같은 상대적 우월감을 간접적으로 드러낼 기회로 받아들여지는 경향이 있어 비교적 적극적인 반응을 이끌어 낼 수 있다. 다만 이를 탐색할 때에는 추궁이나 취조가 아니라, 자연스러운 분위기에서의 수평적인 대화를 통해 청소년의 방어를 최소화해야 한다.

청소년 비행은 주로 유동 인구가 많은 번화가에서 발생하며, 이는 준거집단 내에서 위상을 과시하고 자기 존재감을 확인하는 수단으로 작용한다. 이 과정에서 돈은 필수적인 매개로 기능한다. 비행에 대한 공식 이론에서도 강조되듯, 청소년 비행의 핵심은 돈이며 그 심각성과 범위는 청소년이 사용하는 또는 필요로 하는 금전의 규모와 긴밀히 연결된다.

예컨대 고등학생이 한 달에 수백만 원의 용돈을 소비하며, 택시로 원거리 이동을 하거나 불법 도박과 사채를 통해 자금을 조달하고 모텔이나 펜션에서 음주 파티를 벌이거나 고가의 명품을 구매하는 행위는 모두 상당한 돈을 필요로 한다. 이처럼 사용하는 돈의 규모가 클수록 비행 수준도 심화되는 경향이 있으며, 한 번 확장된 소비 수준은 쉽게 되돌리기 어렵다. 특히 '누림'이 일종의 중독 상태로 고착되면 자발적 복귀 가능성은 더욱 낮아진다. 청소년의 '용돈 규모'는 그들의 경제적 상태뿐만 아니라 일상생활 수준과 욕구의 역치를 가늠할 수 있는 핵심 지표다. 얼마나 큰 돈을 사용하는지를 보면 무엇을 누리고 있는지를 알 수 있고, 이는 곧 비행의 범위와 강도를 추정할 수 있는 실질적 근거가 된다.

청소년이 사용하는 돈의 '출처' 역시 단순한 정보에 그치지 않고 비행의 원인과 심각도, 진행 과정과 현재의 위험 수준을 진단하는 중요한 단서가 된다. 돈이 어떤 경로로 확보되었는지는 청소년이 속한 사회적 관계망과 자원 획득 방식, 그리고 그 과정에서 수용하거나 위반하는 규범까지 드러낸다. 많은 청소년이 돈의 출처를 숨기려는 경향은 불법적이거나 비공식적인 획득 경로가 있음을 시사하며, 이는 곧 비행의 그림자를 동반하는 사회적 신호가 된다. 반면 "*부모에게 받았다*"는 식으로 출처를 명확히 밝히는 경우에도 안심하기는 어렵다. 이때는 단순한 출처 확인을 넘어 금전의 규모와 사용 방식, 부모와의 관계 역동, 양육 태도를 함께 살펴야 한다. 실제 사례에서도 중학생 자녀에게 수백만 원의 용돈을 무조건적으로 제공하는 부모가 종종 관찰된다. 이는 가정 내 권력 구조의 역전과 경계 붕괴, 교육 기능의 약화뿐만 아니라 심리적 방임이나 과잉보호 가능성까지 시사한다. 이러한 구조는 청소년의 자율성과 책임감을 약화시키고, 비행을 조장할 수 있는 잠재적 위험 요인으로 작용한다.

비행의 현실 진단

청소년들이 형성한 독자적이고 폐쇄적인 문화 공간 안에서 발생하는 무분별한 일탈 행동을 효과적으로 제지하는 것은 매우 중요하다. 그러나 강압적 접근이나 섣부른 개입은 청소년의 저항과 회피를 유발하거나 단순한 잔소리로 치부될 수 있다. 따라서 청소년에게 다가설 때는 그들이 중시하는 자율성, 주도성, 독립성을 침해하지 않으면서 문제 행동을 스스로 인식하고 객관화할 수 있도록 유도하는 세심한 전략이 필요하다. 이 전략의 핵심이 바로 비행의 공식을 활용한 사례개념화이다. 이 과정은 내담자의 문제 행동을 단순히 표면적으로 진단하는 데 그치지 않는다. 임상 면담을 통해 수집된 다양한 정보를 바탕으로 핵심적인 문제를 추론하고, 그 이면에 존재하는 심리적·발달적·환경적 요인을 비행의 공식이라는 이론적 틀 안에서 통합적으로 분석·구조화하는 전문적인 과정이다.

청소년 비행은 폭력, 규칙 위반, 도박, 절도, 사기 등과 같은 외현적 문제 행동만으로 단정해서는 안 된다. 그 배경에 자리한 내면의 정서적 상처, 왜곡된 인지적 신념, 가족 기능의 결여, 그리고 그들만의 세상에서의 준거집단 형성이 어떻게 얽혀 있는지를 심층적으로 이해할 필요가 있다. 또한 비행의 공식에 기반해 비행이 시작된 시점, 현재의 진행 상태와 심각도, 그 안에서 작동하는 역동적 관계를 면밀히 분석하는 접근이 반드시 요구된다.

『청소년 비행의 모든 것』에서 설명되었듯, 청소년 비행은 독자적인 하위문화를 중심으로 조직되고 발전한다. 그들만의 세상의 문화는 연령 기반의 위계질서와 처세, 욕설과 패드립으로 확인되는 서열, 건재함의 상징인 졸업식 문화, 남성성과 여성성을 강조한 복장, 택시 이용, 과시되는 경제력, 금전을 주고받는 생일 문화, 흡연을 진입의 관문으로 삼는 특성 등에서 구체적으로 드러난다. 특히 청소년은 '담배 → 술 → 오토바이 → (문신)명품'으로 이어지는 비행의 공식에 따라 자신만의 존재감을 드러내고 또래집단 내에서 지위를 확보하며 정체성을 형성한다.

청소년에게 비행의 공식 이론과 그 문화, 기제와 역동을 정확히 설명해 주면 자신의 행동이 우월한 것이 아니라 외현적 부적응의 결과임을 통찰하게 된다. 비행의 공식을 주제로 한 설명은 청소년에게 잔소리가 아니라 재미있고 흥미로운 이야기처럼 다가와 자연스럽게 귀를 기울이게 하지만, 실상 그 이야기는 그들 자신의 삶과 놀랍도록 닮아 있어 깊은 공감을 불러일으킨다. 이렇게 잔소리가 아닌 이야기로 전해지는 과정은 청소년의 주도성과 독립성, 자율성을 해치지 않으면서 자신의 삶의 방식과 환경을 스스로 한 걸음 떨어져 관조해 보도록 만든다. 이 과정에서의 통찰은 자기 행동을 객관화하고 자기 통제력과 자기 인식을 증진시키는 전환점이 되어 청소년이 문제를 현실적으로 직면하고 그 결과를 평가하며 외부의 개입 없이도 스스로 행동을 조절하고 변화시킬 수 있는 내적 역량을 키워 나가도록 돕는다.

이때 중요한 점은 상담자가 비행의 공식 이론과 그 기제를 충분히 숙지한 상태에서 이를 단 한 번의 대화로도 명료하고 일관되게 전달해야 한다는 것이다. 전달 과정이 모호하거나 우물쭈물하면 청소년에게는 오히려 반박과 저항의 틈을 제공해 대화 흐름이 흐지부지되고 관계적 주도권이 약화될 수 있다. 따라서 핵심 메시지를 명확하고 자신감 있게 제시하는 상담자의 전문성이 결정적인 변수로 작용한다.

비행의 공식을 활용한 사례개념화

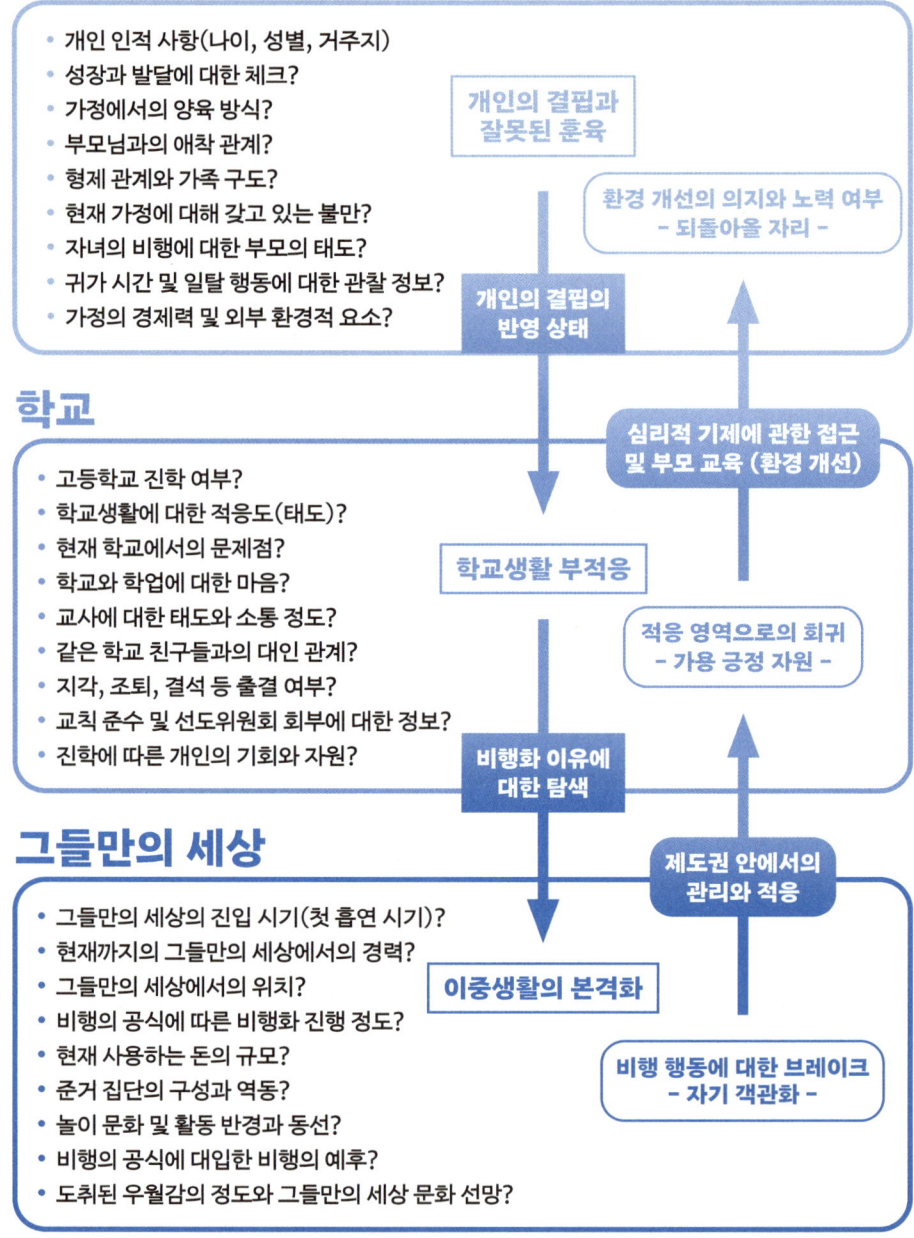

비행의 공식을 바탕으로 청소년 비행을 이해하고 개입하기 위한 사례개념화 모델은 '가정', '학교', '그들만의 세상'이라는 세 가지 핵심 영역을 중심으로 구조화된다. 이들 각각은 청소년의 삶에서 중요한 맥락으로 작용하며, 비행에 이르는 경로를 설명함과 동시에 변화와 회복의 가능성을 모색할 수 있는 단서를 제공한다.

가정은 청소년의 나이, 성별, 거주지와 같은 기본 인적 사항부터 성장 과정, 양육 방식, 부모와의 애착 관계, 형제자매와의 상호작용, 가족 구조 등 기본적인 성장 배경을 파악하는 데 초점을 둔다. 이와 함께 부모가 자녀의 비행에 대해 어떤 태도를 취하는지, 귀가 시간이나 일탈 행동에 가족이 어떻게 반응하는지, 가정의 경제력과 주변 환경이 어떤 영향을 미치는지 등을 면밀히 살펴야 한다. 이러한 과정을 통해 청소년의 개인적 결핍이나 가정 내 부적절한 훈육 방식이 드러날 수 있으며, 이는 이후 맞춤형 개입 전략을 설계하는 중요한 기초 자료가 된다. 환경을 바꿔 보려는 의지와 노력이 있는 가정은, 그들만의 세상에 있는 청소년에게 언제든 되돌아올 수 있는 자리를 마련해 줄 수 있다는 회복의 가능성을 품고 있다는 점에서 대단히 중요하다.

학교는 청소년의 핵심 사회화 공간으로, 고등학교 진학 여부, 전반적 학교생활 태도, 현재 직면한 생활 문제, 학교와 학업에 대한 인식, 교사 및 또래와의 관계 등을 통해 적응 양상과 심리적 기제를 종합적으로 살펴볼 수 있다. 출결 상태, 교칙 준수 여부, 생활교육위원회 회부 경험, 진학 가능성 등을 함께 점검하면, 개인의 결핍이 어떻게 학교생활에 반영되고 있는지 구체적으로 확인할 수 있다. 학교는 문제 발생지인 동시에, 적절한 개입이 이루어진다면 심리적 기제에 대한 이해와 부모 교육을 병행해 청소년이 학교를 적응과 회복의 공간으로 전환해 나갈 수 있는 중요한 긍정 자원과 적응 영역의 터전이 된다.

그들만의 세상은 가정과 학교라는 참조집단의 영역을 벗어나, 청소년이 소속감을 느끼는 준거집단의 중심이자 정체성 형성의 기반으로 작용한다. 그들만의 세상이라는 자신들의 준거집단 속에서 활동하며 흡연과 같은 초기 진입 시기, 현재까지의 비행 경력, 집단 내 위계와 역할, 돈의 규모와 출처, 놀이 문화와 활동 반경 등을 살펴보면 비행의 심각도와 고착화 과정을 이해할 수 있다. 이 영역은 청소년의 이중생활이 본격화되는 시기이므로 제도권의 개입이 쉽지 않지만, 동시에 지적 통찰과 자기 객관화를 촉진하여 비행에 제동을 걸 수 있는 중요한 개입 지점이 된다.

가정의 결핍은 학교생활의 부적응으로 이어지고, 이는 다시 또래 중심의 그들만의 세상으로 진입해 문제 행동이 본격화되는 흐름으로 발전할 수 있듯, 세 영역은 각각 독립적으로 작용하지 않고 상호 유기적으로 연결되어 청소년의 비행에 영향을 미친다. 그러나 이들 영역은 단지 위험 요인으로만 작동하는 것이 아니라, 환경 개선과 긍정 자원 활용, 제도권 개입을 통해 변화와 회복의 기회로 전환될 수 있는 잠재력을 함께 지닌다. 이러한 유기적 관점은 청소년의 비행을 단순한 일탈이나 부분적 문제 행동으로 환원하지 않고, 그들이 처한 상황에 대한 적응적 반응이자 생존 전략으로 이해하도록 돕는다. 이를 통해 청소년이 왜 그러한 방식을 선택할 수밖에 없었는지를 성찰하게 하고, 청소년을 중심에 두고 심리적·사회적 맥락을 통합적으로 이해함으로써 문제를 보다 정확히 분석하고 파악할 수 있는 단초를 제공한다. 나아가 청소년 비행을 다차원적 맥락에서 역동적으로 조망함으로써 가정·학교·그들만의 세상을 기반으로 한 구체적 개입 포인트와 회복 가능성을 모색할 수 있는 실천적 사례 분석 모델로 기능한다.

이 사례개념화 모델은 상담, 심리치료, 청소년 지도, 사례회의 등 다양한 현장에 폭넓게 적용될 수 있으며, 비행청소년의 삶을 보다 입체적이고 체계적으로 이해하고, 현실적이며 효과적인 개입 전략을 수립하는 데 실질적으로 기여할 수 있다.

정확한 현실 인식과 객관적 통찰

비행청소년을 오랫동안 지도해 오면서 가장 안타까웠던 점은 부모와 자녀 간 변화 의지가 자주 엇갈리고, 서로의 진심이 쉽게 어긋난다는 사실이다. 부모가 자녀 문제를 해결하려는 열망이 클수록 정작 자녀는 그 노력을 간섭과 통제로 받아들이며 강하게 반발하곤 했다. 부모는 변화의 필요성을 절박하게 느껴 행동에 나섰지만, 자녀는 그러한 시도를 자신의 자율성과 존재를 침해하는 위협으로 인식했다. 특히 변화에 대한 의지가 강한 부모일수록 자녀의 감정과 필요를 섬세하게 들여다보기보다는 자신이 옳다고 믿는 가치와 양육 기준에 따라 자녀를 교정하려는 태도를 보였으며 피상적인 행동 수정에만 관심을 갖는 모습이었다.

이러한 일방적이고 통제적인 양육 방식은 자녀에게 심리적 압박으로 작용하여, 진심 어린 노력조차 억압과 간섭으로 비치고 관계는 멀어지며 오히려 반발심만 커지는 경우가 많았다. 아무리 많은 정성과 비용을 들인다 해도 그 노력이 일방적이라면 자녀의 마음을 이해하고 공감하려는 태도가 결여된 상황에서는 문제는 해결되기보다는 오히려 더 복잡해질 수 있다.

반대로 자녀가 상담이나 교육을 통해 서서히 변화의 의지를 분명하게 보임에도 불구하고. 정작 부모는 무심하거나 비협조적인 태도를 보이는 경우도 적지 않았다. 그러나 자녀가 어렵게 마음을 열고 변화를 시도해도 부모는 이를 진지하게 받아들이지 않거나 외면해 기대를 일찍 접는 듯한 냉담한 반응을 보이곤 했다. 일부 부모는 자녀의 고통을 현실적으로 직면하기보다 "시간이 지나면 나아지겠지"라며 문제를 과소평가하거나 방임하는 태도를 보이며 "학교가 알아서 해 주겠지"와 같은 안일한 태도로 책임을 미루기도 했다. 이러한 양상은 주로 학교가 학생의 문제를 주도적으로 인지하고 적극적으로 개입할 때 나타났으며, 학교의 노력에 비해 가정이 지나치게 소극적으로 대응하는 모습이 더욱 두드러졌다. 결국 가정이 자녀가 시도한 변화의 노력이 되돌아갈 자리를 마련해 주지 못함으로써, 그 의지와 시도는 쉽게 좌절되곤 했다.

가장 뼈아프게 체감된 것은 부모의 방어기제가 자녀의 정서 반응과 회피적 대처 양식에 결정적인 영향을 미친다는 사실이었다. 부모가 자신의 불안과 내적 갈등 같은 개인적 심리 문제를 직면하지 못한 채, 죄책감과 양육 실패감에 매몰되어 미성숙하게 방어적으로 대응할 경우, 자녀 역시 현실의 감정을 마주하기보다 스스로를 부정하거나 상황을 합리화하며 회피하려는 경향을 보였다. 이러한 부모의 영향을 고스란히 받게 된 자녀는 건강한 감정 조절 능력과 문제 해결 전략을 내면화하기 어려워지고, 변화에 대한 동기마저도 쉽게 고갈되곤 했다. 이런 과정을 지켜보며 깨달은 것은 변화의 진정성은 결코 일방적인 어느 한쪽의 노력만으로는 완성될 수 없으며, 부모와 자녀가 서로의 감정을 함께 직면하고 이해할 때에만 비로소 변화의 문이 열린다는 점이었다.

▎사춘기와 비행의 구분 필요성과 개입을 위한 인식 전환

청소년 비행을 단순한 사춘기 반항이나 일시적 일탈로 축소해서는 안 된다. 사춘기에는 일시적인 감정 기복과 규범 저항이 나타날 수 있으나, 청소년 비행은 반복성과 지속성, 그리고 정서적·관계적 결핍 등 복합적인 요인이 동반되는 경우가 많다. 이는 단순한 발달적 특성이 아니라 구조적 환경과의 상호작용 속에서 형성되어 누적된 행동 패턴으로 이해되어야 한다. 일부 보호자는 자녀의 비행을 성장통 정도로 간주하며 개입을 미루거나 현실을 회피하지만, 이러한 인식은 적절한 개입 시점을 놓치게 하고 문제를 장기화시킨다. 청소년 비행은 조기 식별과 체계적 개입이 절실히 요구되는 발달적 위기이며, 단순히 감정적 반응이나 개인의 도덕성 문제로만 해석해서는 곤란하다.

아동과 초기 청소년의 경우, 자녀는 부모에게 이중생활을 철저히 숨기고 부모는 이를 제대로 인식하지 못한 채 무방비로 노출되는 상황이 반복되곤 한다. 학교 현장에서 이미 규범을 무시하고 비행을 지속하는 청소년 사례에서도, 부모는 *"우리 아이는 그런 아이가 아니다"*, *"학교에서 우리 아이를 선입견을 갖고 본다"*라며 현실을 부정하는 모습을 자주 보인다. 자녀가 상담을 통해 변화 가능성을 보일 때조차 부모가 *"아직 그 정도는 아니지 않으냐"*, *"조금만 지나면 괜찮아질 것이다"*라며 문제를 축소·부정하는 모습은 현장에서 빈번히 관찰된다. 이처럼 자녀의 문제를 직면하지 못하고 회피하거나 방임하는 태도는 문제를 해결하기보다 오히려 심화시키는 원인이 된다. 자녀의 현실을 있는 그대로 바라보려는 용기와 객관적 통찰, 그리고 건강한 환경을 마련하려는 부모의 열린 태도가 반드시 선행되어야 한다.

또한 부모가 '믿고 기다리면 된다'는 막연한 조언에 지나치게 의존하거나, 종교적 의례에만 기대어 현실을 외면하는 모습도 적지 않다. 그러나 이러한 태도는 문제 해결에 실질적인 도움이 되지 않을 뿐만 아니라, 부모의 책임 회피와 감정적 방어기제가 자녀에게 회피적 대처 양식으로 전이되는 부정적 흐름을 강화한다. 일부 상담자들조차 청소년 비행의 특성을 충분히 이해하지 못한 채 *"자녀를 믿고 기다려 주어야 한다"*는 말만 반복하는 경우가 있는데, 이는 청소년 비행 문제에 대한 전문성과 실효성을 결여한 무책임한 대응이라 할 수 있다.

무작정 '기다리자'는 태도는 마치 산불이 난 현장에서 '언젠가는 산불이 꺼질 것'이라며 손을 놓고 있는 것과 다르지 않다. 물론 불은 시간이 지나면 꺼질 수도 있다. 그러나 그사이 모든 긍정적 자원은 소실되고, 회복의 결정적 기회마저 사라질 수 있다는 점을 결코 간과해서는 안 된다. 아동과 청소년은 멈춰 있는 존재가 아니라 계속 성장하고 변화하기 때문에, 이 시기에 적절한 개입이 이루어지지 않으면 발달 과정에서의 기회비용이 누적되어 더 큰 결손으로 이어질 수 있다. 진정한 기다림은 방치가 아니라, 자녀의 정서 상태를 민감하게 파악하고 변화에 적절히 반응하며 지원할 수 있는 능동적이고 책임 있는 태도를 의미해야 한다. 그리고 이러한 기다림이 실질적인 변화를 만들어 내기 위해서는 아동·청소년의 발달 단계와 특성에 맞는 교육과 지원이 반드시 함께 이루어져야 한다.

그들만의 세상 속 비행청소년들은 겉으로는 부모를 거부하는 듯 보이지만 실제로는 부모의 반응을 끊임없이 관찰하며 관계 회복의 가능성을 가늠한다. 이러한 태도는 정서적 소통이 단절된 상황에서 나타나는 대체적 표현일 수 있으므로 단순한 반항으로만 해석해서는 안 된다. 부모는 이를 배신이나 도전이 아니라 정서적 지원을 요구하는 비언어적 신호로 인식해야 한다.

청소년은 부모가 자신을 여전히 중요하게 여기고 있는지를 반복적으로 확인하려 하며, 이 과정에서 다양한 시험과 도전을 시도한다. 상담 혹은 지도 장면에서는 지식 전달이나 피상적 공감에 그치지 않고, 내담자가 관계 속에서 새로운 경험을 할 수 있도록 교정적 체험을 제공해야 한다. 청소년의 문제 행동은 누적된 정서 결핍과 부모와의 왜곡된 관계, 심리적 고립감, 미성숙한 자율성 행사가 복합적으로 작용해 나타난다.

따라서 상담은 단순한 조언이나 감정 표현에 머물러서는 안 되며, 부정적 관계 패턴을 재구성하고 긍정적 대인 관계 기술을 재학습할 수 있는 경험 기반의 개입이 포함되어야 한다. 효과적인 상담은 청소년 비행의 특성과 발달적 맥락을 충분히 고려하여 자기 객관화, 상호작용의 재구성을 통한 관계 회복, 긍정적 행동의 학습과 강화를 핵심 축으로 진행되어야 한다. 이를 통해 청소년은 자신의 행동과 선택을 보다 입체적으로 이해하고 부정적 자기 개념을 재구성하며 적응적 기능을 회복할 수 있다. 나아가 이러한 변화는 단순한 문제 행동 교정을 넘어 올바른 가치관과 책임 의식을 바탕으로 주도적인 삶을 설계할 수 있는 내적 역량을 길러 준다. 이를 위해서는 사춘기 과정에서 나타나는 일시적 행동과 그들만의 세상에서의 비행을 구분할 수 있는 안목이 필요하며, 효과적인 개입은 비행청소년에 대한 인식 전환과 최신화된 정보·전문 지식을 갖춘 준비된 자세에서 시작된다.

문제 행동에 초점을 맞춘 단계별 개입 요령

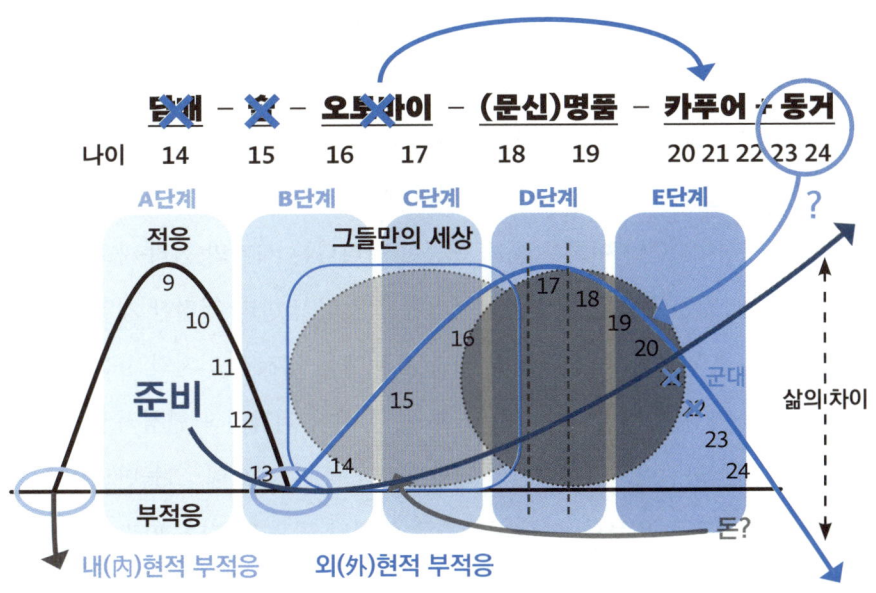

A단계	아동기 ~ 초등학교 5-6학년
B단계	초등학교 5-6학년 ~ 중학교 1학년 후_2학년 초반
C단계	중학교 2학년 중반 ~ 중학교 3학년 중반
D단계	중학교 3학년 후반 ~ 고등학교 2학년 중반
E단계	고등학교 2학년 후반 ~ 성인기

아동·청소년의 문제 행동은 단순한 일탈이나 순간적인 반항으로 축소해서는 안 된다. 청소년기의 일시적 감정 기복이나 규범 저항은 흔히 나타날 수 있지만, 청소년 비행은 반복성과 지속성, 그리고 정서적·관계적 결핍 등 복합적 요인이 동반되는 경우가 많다. 이는 발달적 특성과 구조적 환경이

지속적으로 상호작용하며 누적되어 형성된 행동 패턴으로 이해되어야 한다. 이러한 통합적이고 발달적인 관점을 체계적으로 설명하는 것이 『청소년 비행의 모든 것』에서 제시한 비행의 공식이다.

비행의 공식은 문제 행동이 어느 날 갑자기 발생하는 것이 아니라, 아동기부터 성인기에 이르기까지 개인의 내적 특성과 환경적 요인이 상호작용하며 일정한 패턴을 따라 비행화되어 간다는 점에 주목한다. 청소년 비행은 우연한 일탈이 아니라 누적된 경험과 맥락 속에서 점진적으로 형성되는 발달적 현상이다. 이 이론은 문제 행동이 나타나는 시기의 심리·사회적 발달 과업과 그 불균형을 분석하여 시기별 개입의 방향과 적절한 개입 시기의 중요성을 강조한다. 오늘날의 청소년 비행은 정서적·인지적·사회적 발달 과제가 제대로 해결되지 못한 결과로, 심리적 취약성과 환경적 리스크가 얽히며 심화된다. 이는 개인의 결함으로만 볼 수 없으며, 그들만의 세상이라는 고립된 하위문화 구조의 산물로 이해될 필요가 있다. 따라서 조기 인식과 각 발달 단계에 맞는 개입은 비행의 심화와 고착을 예방하는 핵심적인 실천 전략이 된다. 본서에서 제시하는 '문제 행동 중심의 단계별 개입 요령'은 비행의 공식에 근거해 설계된 실천적 해석 체계이다.

문제 행동 중심의 단계별 개입 요령 모델은 이론적 통찰과 실제적 개입을 유기적으로 연결하여 현장에서 바로 활용할 수 있는 적용 지침으로 기능한다. 개입 체계는 A단계부터 E단계까지 다섯 개의 발달 구간으로 나뉘며, 각 단계는 시기별 위험 징후, 심리적 기제, 행동 양상, 개입 및 지도 전략으로 구성된다. 연령과 발달 과정을 기반으로 한 문제 행동 중심의 단계별 개입 모델은 성장 과정에서의 연속성과 개인차를 고려한다. 따라서 특정 연령에 해당 단계만을 기계적으로 적용하기보다는 현재 나타나는 문제 행동이 어느 단계의 특성과 유사한지를 면밀히 평가하고 그에 맞게 해석하는 것이 중요하다. 아울러 전후 단계의 발달적 맥락을 함께 고려하여 개입의 적합성을 높여야 한다.

무엇보다 개입의 궁극적 목표는 문제 행동을 단순히 통제하거나 처벌하는 데 있지 않다. 핵심은 청소년이 그들만의 세상 속에서 경쟁하듯 진행되는 비행의 흐름을 멈추고, 왜곡된 삶의 궤도로부터 스스로 벗어날 수 있도록 돕는 데 있다. 이를 위해 청소년이 내면에 지닌 잠재적 성장 자원을 발견하고 활용하여 건강한 자아 정립과 사회적 적응, 그리고 현실에 뿌리내린 건설적인 미래 준비가 가능하도록 지원해야 한다.

초기의 전략적 단회기 개입 이후, 전체 개입은 예방적이고 회복 지향적인 지속적·통합적 접근을 기반으로 이루어져야 하며, 청소년이 자기 삶의 주체로 다시 설 수 있도록 개인·가정·학교를 포함한 다층적 지지 체계가 유기적으로 작동해야 한다.

문제 행동 중심의 단계별 개입 요령
A단계: 아동기 ~ 초등학교 5, 6학년

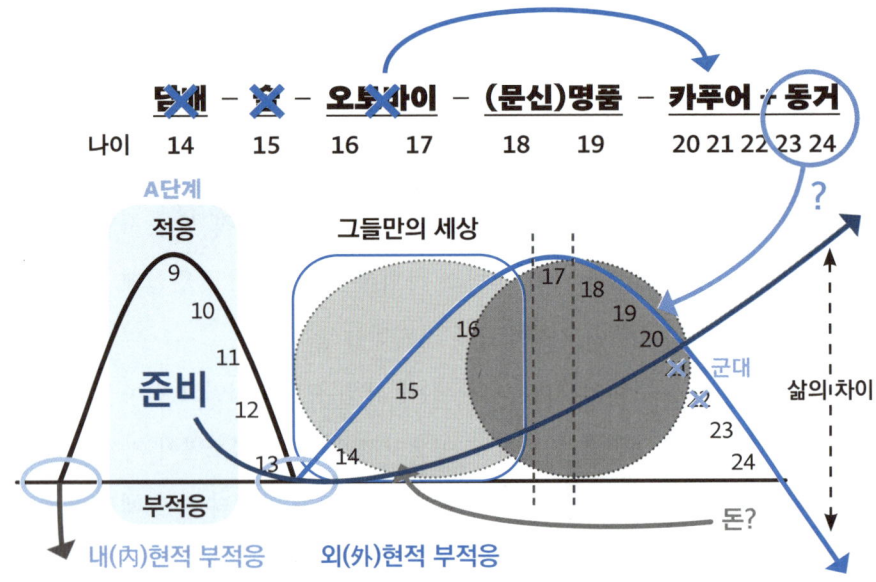

[아동기 ~ 초등학교 5, 6학년] 위험 징후 및 주요 키워드
또래 아닌 고학년들과 어울림 · 가정 내 소속감 저하와 외로움
학급 내 질서 교란 / 수업 방해 · 성장 과정에서의 결핍
부모와 교사의 갈등 · 건강하지 못한 정서
원만하지 못한 또래 관계 · 낮은 자아존중감과 자기효능감
부모의 통제와 억압 · 우울과 불안, 무기력
양육 과정에서의 무공감과 방임 · 기본 생활에 대한 전반적 부적응

A단계는 아동기 전체와 초등학교 5, 6학년 사춘기 이전까지에 해당하는 시기로, 청소년기의 비행과 부적응을 예방할 수 있는 가장 결정적이면서도 민감한 발달 단계이다. 신체적·인지적·사회적·정서적으로 변화의 문턱에

서 있는 이 시기의 아동은 자기 개념과 사회적 관계의 기초를 형성해 나가는 매우 중요한 지점에 있다. 겉으로는 문제 행동이 크게 드러나지 않아 쉽게 간과되지만, 이 시기의 모든 경험은 이후 성장 궤도에 지대한 영향을 미친다. 이 시점부터 공격성과 충동성, 규칙 위반, 정서 조절의 어려움, 또래 관계 형성의 미숙 등 부적응의 초기 징후가 서서히 나타나기 시작한다. 이는 수업 시간에 집중하기 어려운 것과 같은 일상적인 주의 집중 문제부터 정서적 결핍, 비일관적인 양육 태도, 또래 관계에서의 소외 등 다양한 위험 요인들이 복합적으로 얽혀 나타난다.

특히 최근 급격히 확산된 정보통신기기 사용은 아동의 생활환경과 상호작용 방식을 크게 변화시켜 집중력 저하와 정서적 피로감, 심리적 스트레스 등 다양한 부정적 반응을 유발함으로써 발달 과업 수행을 방해하는 중대한 위험 요인으로 작용한다. 또래 관계의 단절과 적절한 개입의 부재는 아동의 자아존중감과 정서 안정에 부정적 영향을 미쳐 더 큰 학교생활 부적응으로 이어질 수 있다.

더욱이 현대 사회는 한 번의 일탈이 쉽게 회복되기 어려운 구조로 변화하고 있다. 이에 따라 아동기와 사춘기 사이에 해당하는 초등학교 고학년 시기는 비행을 예방하고 정서적 건강과 적응 역량을 강화하며, 건전한 가치관의 기틀을 마련할 수 있는 매우 중요한 시기이자 건강한 성장을 위한 결정적인 기회의 시점이다. 특히 이 시기는 이후 청소년기로 성장하여 적응적인 영역에서 긍정적인 준거집단을 형성하고 소속감을 확장해 나갈 수 있는 방향성을 만들어 가는 건강한 성장의 토대가 된다.

주요 행동 양상

가장 핵심적인 발달 과업은 주 양육자인 부모와의 안정된 애착을 바탕으로 정서적 안정감을 형성하는 것이다. 이는 아동의 사회화 능력, 인지 역량, 정서 조절 능력의 기초가 되며, 외부 세계와의 상호작용에서 심리적 안정 기제로 작용한다. 이러한 신뢰 관계 속에서 아동은 자기효능감과 건강한 자기 개념을 구축하고, 이를 바탕으로 또래 관계를 자연스럽게 확장해 나간다. 그러나 이러한 발달 기반이 충분히 형성되지 않으면 다양한 형태의 부적응이 나타날 수 있다.

초등학교 저학년 시기는 겉보기에 큰 문제가 드러나지 않아 쉽게 간과되기 쉽지만, 실제로는 심리·행동적 부적응의 초기 징후가 나타나는 중요한 시기이다. 이 시기의 아동은 아직 정서 조절 능력이 미숙해 작은 좌절에도 과도하게 반응하거나, 주의 집중의 어려움과 학습 과제 회피 같은 적응 저하를 보일 수 있다. 또래와의 갈등 상황에서는 문제 해결 전략을 효과적으로 사용하지 못해 소외되거나 고립되기 쉽다. 이러한 사회·정서적 어려움은 가정환경과 부모와의 관계, 정서적 소통의 결핍과 밀접하게 연결된다.

부모가 바쁜 일상이나 갈등으로 인해 자녀와 충분히 소통하지 못하면, 아동은 심리적 소외감과 정서적 단절을 경험하고 이는 교실에서 장난, 고함, 물건 던지기 등의 문제 행동으로 표출된다. 가정에서 정서적 결핍을 경험하고 또래집단 내에서도 안정된 소속감을 느끼지 못하는 아동은 늦은 귀가로 이어지기 쉽고, 이 과정에서 연령이 높은 또래와 어울리며 과시적이고 부적절한 사회적 기술을 습득할 위험이 높아진다. 이 시기에 적절한 개입이 이루어지지 않으면, 이러한 초기 행동 양상이 심화되어 결국 그들만의 세상으로 가까워질 가능성이 커진다.

최근 스마트폰과 태블릿 등 정보통신기기의 급속한 확산은 아동의 생활 환경뿐만 아니라 사회적 상호작용 방식에도 큰 변화를 가져왔다. 인터넷과 SNS에 반복적으로 노출된 아동은 과도한 자극과 비교 경험으로 인해 집중력 저하, 인내심 부족, 심리적 피로와 스트레스가 누적되는 양상을 보인다. 이는 아동의 자기 조절 능력과 정서적 안정성에 부정적인 영향을 미쳐 일상생활 적응을 어렵게 하고, 행동적 일탈 가능성을 높이는 새로운 위험 요인이 된다. 더불어 부모의 과도한 통제나 무관심, 감정적 방임은 아동에게 심리적 소외감을 유발하고 정서적 결핍을 심화시킨다. 공감 능력 저하와 부정적 정서의 내면화는 자아존중감 저하와 자기비하적 사고로 이어져 우울, 불안, 무기력 등 다양한 정서 문제로 확산될 수 있다.

아동의 문제 행동은 일반적으로 학교 장면에서 먼저 드러나는 경향이 있으며, 이를 가장 먼저 인지하는 사람은 대체로 교사다. 교사는 다양한 또래 속에서 아동의 행동을 비교·관찰할 수 있어 미묘한 변화나 부적응 징후를 빠르게 포착할 수 있다. 반면 부모는 익숙한 가정환경 속에서 자녀의 변화를 일상적인 것으로 간주하거나 바쁜 일상에 묻혀 신호를 놓치기 쉽다. 이처럼 인식 시점과 해석 관점의 차이는 부모와 교사 간 갈등으로 이어지기 쉽고, 문제가 객관적으로 이해되기보다 방어적 태도로 왜곡되면서 조기 개입의 기회를 놓치게 한다.

특히 담임 교사가 문제 행동을 부모에게 공유할 때 일부 부모는 "우리 아이만 유독 나쁘게 본다"는 반응을 보이며 교사와의 신뢰 관계 형성을 어렵게 만들기도 한다. 이러한 갈등은 문제 행동을 방치함으로써 적절한 개입 시기를 놓쳐 더 큰 문제로 발전하거나 만성화될 위험을 높인다. 따라서 부모와 교사는 아동의 정서적·사회적 어려움을 조기에 인식하고 세심한 관심과 개입으로 건강한 발달을 공동으로 지원해야 한다. 특히 부모는 자녀와 가장 많은 시간을 함께하며 변화를 가장 가까이에서 관찰할 수 있는 위치에 있는 만큼, 초기 부적응 신호를 민감하게 포착하고 이를 학교와 적극적으로 공유하려는 노력이 필요하다. 이를 위해서는 아동·청소년의 성장과 발달 과정을 꾸준히 공부하고 이해하려는 부모의 태도가 반드시 뒷받침되어야 한다.

가정이 교육기관의 수동적인 지원 수혜자에 머무르지 않고 교육의 공동 주체로서 학교와 책임을 나눌 때 비로소 효과적인 조기 개입과 아동의 건강한 성장이 가능하다. 이 시기를 놓치면 이후에는 더 많은 시간과 자원이 소요될 뿐만 아니라, 아동에게는 회복하기 어려운 심리·사회적 손실이 발생할 수 있다는 점을 간과해서는 안 된다.

외현적 부적응으로 스며드는 두 가지 경로

청소년의 비행을 이해하고 효과적으로 개입하기 위해서는 그들이 비행에 이르게 된 경로를 정확히 파악하고 구분하는 것이 매우 중요하다. 청소년의 부적응은 주로 두 가지 주요 경로를 통해 형성되며, 각각의 경로는 발생 원인과 진행 양상, 행동 특성 등에서 뚜렷한 차이를 보인다. 따라서 아동과 청소년이 어떤 경로를 거쳐 비행에 이르렀는지를 면밀히 분석하는 것은 개입의 시기와 강도, 우선순위를 결정하는 핵심 기준이 된다.

청소년 비행은 단순한 반사회적 행동으로만 볼 수 있는 문제가 아닌 정서적 상처와 관계의 왜곡, 열악한 환경과 개인의 결핍 등 복합적인 요인들이 오랜 시간에 걸쳐 누적된 결과로, 이는 사회로부터 단절된 채 살아가는 청소년들의 외롭고 복잡한 내면을 반영하는 표현일 수 있다.

외현적 부적응 경로와 내현적 부적응 경로는 문제 행동이 나타나는 시기, 진행 속도, 또래 관계 양상, 비행의 조직화 수준에서 뚜렷한 차이를 보인다. 효과적인 개입을 위해서는 청소년 비행이 어떤 경로를 따라 형성되었는지를 정확히 감별하고, 현재 드러난 문제 행동의 특성과 진행 단계와 과정을 고려해야 한다. 이를 통해 개입의 전략적 방향과 실행 방식을 체계적으로 수립할 수 있으며, 이러한 그들만의 세상의 진입 경로 분석은 보다 효과적이고 효율적인 개입의 기반이 된다.

❶ 이중생활에서 비롯된 준거집단의 형성을 통한 외현적 부적응

비행의 공식에서 준거집단 형성을 바탕으로 설명하는 외현적 부적응 경로는 청소년기의 문제 행동이 어떻게 단계적으로 구조화되고 심화되는지를 이해할 수 있게 해 주는 핵심 개념이다. 이 경로에서 나타나는 비행은 단순한 일탈의 반복이 아니라, 내면에 축적된 정서적 불균형과 관계적 긴장이 특정한 사회적 구조와 상호작용하면서 조직화된 반응으로 나타난다. 외현적 경로는 문제 행동이 비교적 이른 시기에 명확히 드러나며, 그들만의 세상에 소속된 또래 준거집단을 중심으로 비행화가 빠르게 진행되는 경향이 있다.

청소년은 또래 집단과의 상호작용을 통해 정체성을 탐색하고 스스로의 사회적 자아를 형성해 나가며, 이러한 준거집단은 단순한 친밀감의 대상이 아니라 가치관과 규범을 학습하고 정서적 안정감을 제공하는 심리·사회적 기반이 된다. 그러나 이 집단이 적응의 영역이 아닌 그들만의 세상에서 형성될 경우, 청소년은 기존 질서와는 다른 삶의 기준을 점차 내면화하며 이중생활을 시작하게 된다. 초기 외적으로는 제도적 질서에 순응하는 듯 보이지만, 시간이 지남에 따라 정서적 소속감과 행동의 기준은 점차 또래집단의 문화와 규칙을 중심으로 재편된다. 이러한 이중생활 속에서 청소년은 준거집단 안에서 공유된 언어와 태도, 역할을 내면화하며 자신만의 존재감을 확인하고 그들만의 세상의 문화를 중심으로 그릇된 정체성을 구성해 간다. 준거집단의 형성을 시작으로 하는 외현적 부적응은 단일한 반응이나 일시적 일탈이 아니라, 비행을 중심으로 형성된 준거집단이 반복적으로 재생산되는 구조로 이해할 수 있다. 사춘기 준거집단의 형성이 고착되기 전에 적절한 개입이 이루어지지 않으면 청소년은 그들만의 세상에 더욱 깊이 통합되어 왜곡된 삶의 기준을 반복 학습하게 되고, 그 결과 비행은 악순환처럼 하나의 생활양식으로 굳어질 위험이 높아진다.

❷ 내현적 부적응의 심화로 인해 전이된 외현화 문제

중학교 2~3학년 이후 시기에 주로 나타나는 내현적 부적응에서 비롯된 비행은 첫 번째 외현적 부적응 경로와 달리 진행 속도가 비교적 서서히 나타나며, 초기에는 문제 징후가 뚜렷하게 드러나지 않아 심각성이 쉽게 은폐되는 경우가 많다. 내면에 정서적 어려움을 지닌 청소년들은 불안과 우울 같은 증상으로 학교생활이나 대인 관계에서 어려움을 겪지만, 겉으로는 또래와 큰 차이를 보이지 않아 문제를 조기에 인식하거나 개입하기가 쉽지 않다. 이러한 내면의 어려움이 오랜 시간 누적되면 우울감과 불안이 점차 심화되고, 이는 등교 거부를 시작으로 흡연과 음주 같은 일탈 행동으로 서서히 외현화된다. 이들은 대체로 이미 조직화된 그들만의 세상에 완전히 편입되지 못한 채, 은밀하고 개인화된 방식으로 부적응을 드러낸다. 이로 인해 문제 행동의 초기 징후는 모호하게 나타나며, 시간이 지날수록 양상이 복합화되고 심화되는 특징을 보인다.

내현적 경로의 청소년은 겉으로는 순응적인 태도를 보이기 때문에 문제 인식이 더욱 어렵고, 그들만의 세상의 문화를 모방하거나 이상화하는 경향이 강하다. 성 性 관련 이슈와 사이버 도박 관련 문제가 흔하게 동반되며,

이러한 흐름은 내면의 정서적 어려움이 점차 행동화되어 부적응이 복합적으로 심화되는 특징으로 이어진다. 내면의 상처가 행동적 일탈로 전이되면서 정서적 어려움과 행동적 부적응이 결합되는 복합적 문제로 발전하는 경로의 청소년은 기존의 비행 집단에 명확히 속하지도 못하고 일반 적응 집단에서도 소외되며, 일종의 이중적 고립 상태에 놓인다. 청소년은 준거집단에 소속되기 위해 필사적인 노력을 기울이거나, 비슷한 처지에 놓인 외현적 부적응 청소년들과 느슨하게 연결되면서 점차 그들만의 세상에 동화되기 시작한다. 이들이 선망하는 준거집단은 일시적으로 대안적 소속감을 제공해 내면의 결핍을 일시적으로 보상하지만, 이는 적응적 사회화의 중요한 전환점을 놓치게 하고 이후 정상적 사회 체계로의 복귀를 더욱 어렵게 만든다.

가정과 학교의 협력적 관계에서의 노력

가정은 아동에게 있어 최초의 정서적 안전기지이자 가치관 형성의 출발점이다. 부모는 자녀에게 가장 가까운 행동의 본보기로서 일관된 태도와 따뜻한 정서적 지지를 통해 자녀가 자신의 감정과 행동을 인식하고 조절하는 방법을 삶의 흐름 속에서 자연스럽게 익히도록 돕는다. 이러한 양육이 안정적이고 예측 가능할수록 자녀는 자신의 감정을 신뢰하고 타인과의 관계에서도 건강한 경계를 형성하며 성장할 수 있다.

일부 부모는 문제 행동과 관련하여 자녀를 강하게 통제하거나 기선을 제압하려 하지만, 과도한 통제는 오히려 자녀가 부모의 시선을 피하려는 태도를 학습하게 만든다. 부모의 위력에 눌려 겉으로는 순응하는 것처럼 보일 수 있지만, 내면적으로는 독립에 대한 갈망이 커지면서 점차 이중생활로 이어질 수 있다. 반대로 부모가 무관심하거나 정서적으로 방임할 경우, 아동은 결핍을 스스로 해결하려 하며 그 과정에서 비행이나 문제 행동으로 연결될 위험이 높아진다. 부모는 자녀가 스스로 선택하고 책임지는 경험을 할 수 있도록 안전한 기회를 마련해 주되, 적절한 지도와 정서적 관심을 균형 있게 제공해야 한다. 이는 아동이 자기 조절 능력과 자율성을 건강하게 기르는 데 중요한 기반이 된다.

학교 역시 아동의 전인적 성장을 위한 중요한 환경이다. 학급 내 질서와 규칙을 지키고 책임·존중·배려 같은 사회적 가치를 반복적으로 경험하는 과정에서 아동은 정서적 자기 조절 능력을 기르고 사회적 규범을 자연스럽게 내면화한다. 교사는 단순한 지식 전달자에 그치지 않고 아동의 감정을 세심하게 살피며 적절한 반응과 지지를 제공하는 정서적 길잡이로서의 역할을 수행해야 한다. 교사의 생활 지도와 가치관 교육은 아동의 인격 형성과 사회화에 큰 영향을 미친다. 존중과 배려의 태도, 기본 예절, 규칙 준수 등은 학교생활에서 반복적으로 학습되어야 할 핵심 가치이며, 가치관 교육은 아동이 자신의 선택을 주체적으로 성찰하고 방향을 세울 수 있도록 이끌어야 한다.

생활 지도는 과거의 잘못을 반복적으로 지적하기보다는 앞으로 나아갈 방향과 긍정적 행동을 구체적으로 제시하며, 실천 기회를 제공하는 방식이어야 한다. 이러한 능동적 접근은 아동의 자기효능감을 높이고 미래 지향적인 태도를 내면화하는 데 도움이 된다. 특히 정서적 어려움이나 심리적 결핍이 있는 학생이라면 문제 행동이 본격화되기 전에 사전 상담과 정서적 개입이 선제적으로 이루어져야 한다. 학교가 부모에게 상담을 진행할 때에는 상담이 단순한 위로에 그치거나 부모의 책임만을 강조하는 데 머물러서는 안 되며, 반드시 자녀의 본질적인 문제 해결로 이어질 수 있도록 안내되어야 한다.

일부 부모는 자녀의 문제를 진정으로 해결하기보다는 가정에서 최선을 다하고 있다는 인상만을 주기 위해 상담을 이용하기도 한다. 그러나 이러한 태도는 상담의 본래 목적을 흐릴 뿐 아니라, 아동에게 상담에 대한 부정적 인식을 심어 상담 내성을 키우고 심리적 결핍을 더욱 심화시킬 위험이 있다. 진정한 변화로 이어지기 위해서는 아동의 발달 수준과 문제 행동의 맥락을 정확히 이해하고 이를 기반으로 한 체계적인 상담 계획이 반드시 필요하다. 이를 위해 교사와 부모는 아동의 일상적 행동과 정서 반응을 세심히 관찰·기록하며, 상담의 출발점이 되는 핵심 문제와 관련 맥락을 정확히 이해해야 한다. 학교는 문제 행동의 배경과 양육 환경의 개선점을 부모와 긴밀히 공유하고, 아동·청소년의 발달에 대한 부모 교육을 함께 진행하여 부모가 자녀의 행동을 객관적으로 바라보며 학교와 일관된 지도 방향을 모색할 수 있도록 지원해야 한다.

이때 무엇보다 중요한 것은 학교와 가정의 협력적 관계이다. 최근 교육 현장에서는 일부 학부모의 자기중심적인 민원 제기로 인해 교사들이 정서적 소진을 겪고 교육 활동에서 위축되는 사례가 늘고 있으며, 이로 인해 학생 지도에 있어 기준이 약화되거나 소극적인 교육으로 이어지는 부작용이 나타나고 있다. 교사와 부모는 모두 아이의 건강한 성장을 바라는 공동 목표를 지닌 동반자임을 잊어서는 안 된다. 학교는 단순한 일방향 서비스 제공 기관이 아니며, 가정도 수동적으로 지원과 서비스를 받기만 하는 위치에 머물러서는 안 된다. 아동의 정서적·사회적 발달은 학교와 가정이 공동으로 책임지고 실천해야 할 과제이며, 이를 위해 상호 신뢰와 긴밀한 파트너십이 전제되어야 한다. 부모는 교사와의 작업동맹과 같은 관계 속에서 아동의 변화를 함께 관찰하고 조율하며, 교육은 제공자와 수혜자의 일방적 구조가 아닌 공동 양육자 간의 협력을 통해 완성되는 공동 작업임을 기억해야 한다. 상담자가 내담자와 함께 목표를 향해 나아가듯, 교사와 부모 역시 아동의 성장을 위한 협력자로서 서로의 입장을 존중하고 진정성 있는 소통을 지속할 때 아동은 외부의 혼란 속에서도 자신만의 건강한 삶의 기준과 정체성을 안정적으로 형성할 수 있다.

사춘기에 대한 준비와 청소년 비행 예방에 대한 능동적인 교육

청소년 비행을 근본적으로 예방하고 아동이 건강하게 성장하도록 이끌기 위해서는 무엇보다 올바른 가치관의 내면화와 정서적 안정성의 형성이 조화롭게 이루어져야 한다. 특히 초등학교 3, 4학년 시기는 아동이 자아 개념을 형성하고 도덕적 판단 능력을 발달시키는 핵심 시기이다. 이때의 다양한 경험은 이후 청소년기의 정체성 확립과 행동 양식에 직접적이며 장기적인 영향을 미친다.

교사, 부모, 또래와의 상호작용을 통해 나와 사회의 관계를 배우는 이 시기는 실질적으로 청소년 비행을 예방할 수 있는 최적의 시기이다. 이 시점의 개입은 문제 발생 이후의 교정이 아니라, 발달의 기초 구조를 적응적으로 형성하는 예방적 준비로서 기능한다. 그러나 사춘기에 가까워지는 초등학교 5, 6학년 시기에는 문제 행동이 보다 구체적이고 외현적인 양상으로 드러나기 시작하며, 이때의 개입은 이미 나타난 행동의 결과를 우선적으로 다룰 수밖에 없다.

이처럼 조기 예방이 가능한 결정적 시기를 놓치면, 이후의 개입은 더욱 복잡하고 제한된 방식으로 이루어질 가능성이 높다. 그럼에도 불구하고, 현실의 초등학교 교육 현장에서는 이러한 예방적 접근이 충분히 정착되지 못하고 있는 실정이다. 초등학교는 다양한 발달 수준의 아동이 공존하는 공간으로 전반적으로 아기자기하고 평화로운 분위기가 지배적이기 때문에 고학년에서 나타나는 문제 행동조차도 전체 분위기에 묻혀 사소하게 여겨지거나 일시적인 반항으로 축소되는 경우가 많다.

실제로 '초등학생은 청소년이 아닌 아동'이라는 인식은 뿌리 깊게 박혀 있어 '청소년 비행'이라는 개념을 초등학교와는 무관한 것으로 간주하기도 한다. 그러나 인간의 발달은 단절이 아니라 연속적인 과정이다. 아동은 곧 청소년이 되며, 청소년 역시 과거 아동이었음을 간과해서는 안 된다. 초등학교 고학년은 사춘기를 앞둔 전환기 직전의 정서적·인지적 과도기로, 자율성에 대한 갈망과 불안정한 정체감, 또래·부모와의 관계 갈등이 서서히 복합적으로 작용하고 있다. 따라서 이 시기의 교육과 지도는 반드시 이후 청소년기로 이어질 정서적 성장과 사회적 적응을 고려하여 연속적인 관점에서 접근해야 한다.

최근 초등학교 고학년 학생들 사이에서도 욕설, 절도, 사이버폭력, 왜곡된 성 인식, 거짓말 등 다양한 문제 행동이 은밀하게 확산되고 있다. 특히 SNS를 통한 집단 따돌림과 조롱, 협박 등 사이버 부적응은 더 이상 중·고등학생만의 문제가 아니다. 그럼에도 표면적으로 드러났을 때만 단편적으로 대응하는 방식의 일시적 조치는 문제의 본질을 건드리지 못한 채 상황을 임시로 봉합하는 데 그칠 뿐이다. 이로 인해 문제 행동은 점차 고착화되고 재발 위험은 높아지며, 결국 그들만의 세상을 중심으로 한 준거집단 형성으로 이어질 수 있다.

중학교 진학을 앞둔 초등학교 고학년은 이미 인근 중학생들과 비공식적인 연결망을 형성하고 있는 경우도 대단히 많다. 이러한 연결은 단순한 친분을 넘어 또래 간 우월감 형성, 위계적 문화의 재생산, 위협과 일탈의 경로로 작동하기도 한다. 따라서 초등학생의 문제 행동은 개인의 특성이나 내부 요인으로만 해석해서는 안 되며, 지역 내 또래집단 간의 구조적 상호작용 결과일 가능성도 함께 고려해야 한다. 실제로 중학교 현장에서는 특정 초등학교 출신 학생들의 유입에 대해 학기 초부터 경계하거나 우려를 표하는 경우가 적지 않다. 이는 과거 해당 학교 출신 학생들 사이에서 반복된 문제 행동이나 지역 내 부정적 평판 때문이기도 하다.

반대로 초등학교 또한 인근 중학생들로부터 자교 학생들이 부정적 영향을 받을까 우려하며, 보이지 않는 위협으로부터 보호해야 한다는 긴장감을 안고 생활 지도를 이어간다. 이처럼 학교 간 물리적 경계를 넘나드는 비공식 연결망은 문제 행동이 특정 학교에 국한되지 않고 지역 전체 교육 환경에 영향을 미치는 구조적 문제로 확산될 수 있다.

문제 행동은 겉으로 드러난 현상이 아니라 보이지 않는 결핍과 왜곡된 관계에서 비롯된다. '산불은 불이 나기 전에 대비해야 하고, 지진 대피 훈련도 지진이 나기 전에 이루어져야 하듯', 아동과 청소년의 건강한 발달을 위한 사춘기 준비와 비행 예방은 반드시 문제 발생 이전부터 선제적으로 이루어져야 한다. 문제가 발생한 이후의 조치는 해결이지만, 예방은 그 이전에 준비된 대비에서 출발한다. 문제 해결이 지도의 연속선상에 있음을 이해하고, 초등학교와 중학교가 이를 공동의 과제로 인식해 긴밀히 협력하며 함께 대응해야 한다.

이때 단일 학교 차원의 노력만으로는 한계가 있으므로, 교육청이 중심이 되어 학교 간 협력 구조를 체계적으로 구축하고 학교장과 실무자가 참여하는 상시 협의체를 운영할 필요가 있다. 나아가 지역사회와의 긴밀한 네트워크를 기반으로 한 통합적 개입 체계를 마련해, 단순한 정보 공유를 넘어 아동·청소년의 발달 과정을 중심에 둔 연속적 공동 대응 전략으로 자리매김해야 한다. 이를 통해 초등학교와 중학교의 교육과정이 유기적으로 연계되어야 하며, 인근 학교 간 생활 지도와 교육이 단절되지 않고 일관성 있게 지속될 수 있도록 해야 한다.

'준거집단'으로 변화되는 '참조집단'

사춘기의 가장 큰 특성 중 하나는 참조집단의 변화다. 초등학교 저학년 시기까지 아동에게 절대적인 영향력을 미치는 집단을 참조집단이라 부른다. 이 시기의 아동은 자신이 되고 싶은 미래를 상상하며 부모, 교사, 태권도 관장과 같은 자신에게 영향을 미치는 성인들을 참조집단으로 삼는다.

참조집단은 도덕적 기준과 성취 모델, 삶의 방향성을 제시하는 이상적 자아 역할을 수행하며, 아이는 이를 통해 행동 규범을 내면화하고 어떤 사람이 되고 싶은지를 구체화한다. 그러나 사춘기가 시작되면 신체적 성장뿐만 아니라 인지적·사회정서적 발달이 급격히 이루어지면서 청소년은 이상적인 미래보다 현재의 정체감과 소속감에 더 큰 관심을 갖게 된다. 이 과정에서 참조집단은 성인 중심에서 또래 중심의 준거집단으로 이동한다. 이제 부모가 아닌 또래 친구들이 '지금의 나'를 정의하는 기준이 되며, 이들과의 관계 속에서 행동 규범과 정서적 안정, 사회적 정체성을 새롭게 구축한다. 또래는 단순한 놀이 상대를 넘어 개인이 '자신이 누구이며 어디에 속해 있는지'를 인식하고 평가하게 하는 사회적 거울로 작용하며, 그 과정은 정체성 형성과 사회적 적응에 중요한 기반이 된다.

사춘기 시기의 부모 역할은 참조집단으로서의 권위를 고집하기보다 준거집단으로 전환된 자녀의 사회적 맥락을 이해하고 조력자로서 새로운 위치를 정립하는 데 있다. 그럼에도 불구하고 사춘기 자녀에게 여전히 일방적인 지시나 통제 중심의 과거형 훈육 방식에 머문다면, 청소년은 자신의 영역을 지키기 위해 관계 단절과 반항으로 반응할 수밖에 없다. 아동기를 지나 청소년기로 접어드는 신호는 사춘기이며, 이 시기 부모는 더 이상 자녀를 직접적으로 통제하고 행동을 지시하는 존재가 아니라, 자녀를 존중하는 태도로 스스로 해낼 수 있는 기회를 제공하고 이를 인내심 있게 기다려주는 지지자이자 지원자여야 한다.

참조집단이 준거집단으로 변화하는 것은 청소년기 발달 과정에서 자연스럽고 반드시 필요한 발달이다. 부모가 이러한 변화를 이해하고 새로운 관계 맥락에서 소통하려는 태도를 가질 때 청소년은 자율성과 주도성, 독립성을 지키면서 스스로 정체성을 확립해 가고, 그 과정에서 심리적 안정감과 신뢰의 기반을 형성할 수 있다. 청소년기는 부모와 자녀가 단순히 멀어지는 시기가 아니라 관계의 형태가 한 단계 더 성숙해지고 서로를 이해하는 깊이가 달라지는 중요한 전환의 시기이다. 부모 또한 자녀의 변화에만 머무르지 않고, 새로운 발달 단계에 적응하며 함께 성장해 나가야 한다는 사실을 잊지 말아야 한다. 건강한 성인으로의 도약을 준비하는 사춘기 자녀와의 관계를 지켜 가기 위해서는 참조집단으로서의 과거 권위를 고집하기보다 변화된 준거집단의 의미를 이해하고 이를 존중하며 소통하려는 노력이 꼭 필요하다. 부모의 이러한 변화 인식과 태도 전환이야말로 청소년기 자녀에게 건강한 정체성을 형성할 수 있는 가장 중요한 출발점이 된다.

문제 행동 중심의 단계별 개입 요령

B단계: 초등학교 5, 6학년 ~ 중학교 1학년 후반 _ 2학년 초반

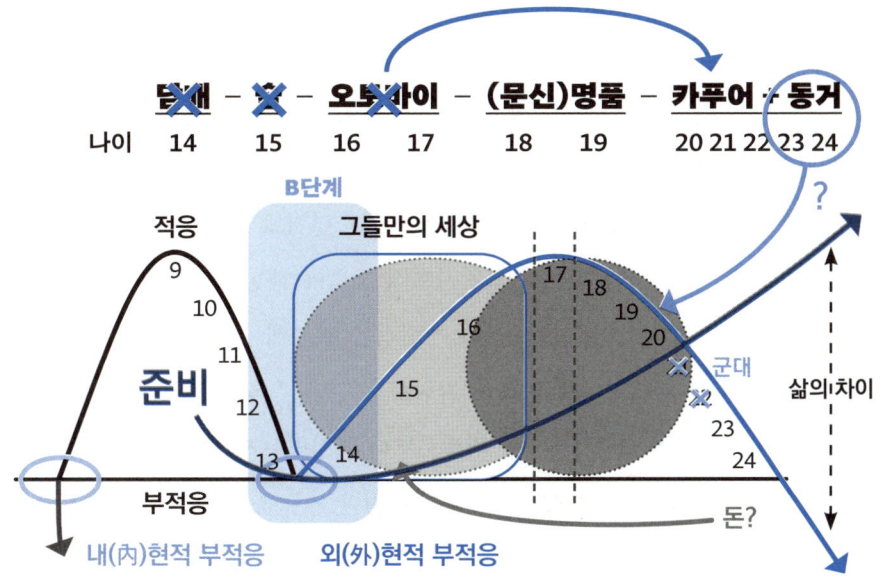

[초등학교 5, 6학년 ~ 중학교 1학년 후반 _ 2학년 초반]
위험 징후 및 주요 키워드

부모와의 갈등(가정불화)	여학생 사설 놀이기구
사이버 몰입	PC방
욕설과 패드립	코인 노래방
자전거 폭주 / 전동 킥보드	이중생활 시작
흡연	서열화
학교폭력 / 사이버폭력	늦은 귀가
절도	학교와 학원 부적응
남학생의 스포츠웨어 및 화려한 옷	학업 성취 하락
여학생의 야한 옷차림과 짙은 화장	규칙 위반
광범위한 인맥 형성과 이동	생활교육위원회 회부

B단계는 초등학교 5, 6학년부터 중학교 1학년 후반에서 2학년 초반에 해당하는 시기로, 사춘기에 접어든 청소년이 본격적으로 그들만의 세상에 진입하는 과도기적 단계이다. 신체 발달이 급격히 이루어지는 이 시기에는 정체성 혼란이 시작되며, 가정 내 정서적 결핍과 부적절한 훈육 경험이 복합적으로 작용해 청소년이 가정과 외부에서 서로 다른 정체성을 보이는 이중생활을 시작하는 결정적 시발점이 된다.

사춘기는 몸의 성장과 함께 아동기에서 청소년기로 이행하는 심리·사회적 전환기로서, 자아정체감 형성과 사회적 소속에 대한 욕구가 크게 증대된다. 이 시기의 청소년은 주도성과 독립성을 강하게 주장하며 또래를 중심으로 한 준거집단의 형성에 높은 관심을 보인다. 특히 또래의 시선과 평가에 대한 민감성이 두드러지며, 외부로부터 인정받는지 여부는 정서적 반응과 행동 전반에 직·간접적으로 영향을 미친다.

신체적 성숙에 따라 자율성을 향한 욕구가 커지면 청소년은 부모로부터의 심리적 독립을 자연스럽게 추구한다. 동시에 아동기 동안의 양육 경험은 청소년의 시선에서 주관적으로 다시 평가되며, 이는 부모와의 관계를 새롭게 정의하고 조율해 나가는 중요한 계기가 된다. 아동기 동안 습득한 사회화 능력과 정서 조절 능력은 또래 관계 속에서 실제로 검증되며, 특히 준거집단을 본격적으로 형성하는 시기에는 이러한 역량이 더욱 철저히 시험되고 청소년은 새로운 사회적 환경 속에서 자신을 재평가받게 된다. 이 과정에서 청소년은 다양한 정서적 긴장과 행동적 일탈을 표출하게 되며, 충동적 반응과 반항적 태도, 권위에 대한 도전은 학업 스트레스와 또래 경쟁, 사회적 비교의 맥락에서 더욱 심화될 수 있다. 이는 궁극적으로 자기효능감 저하와 자아존중감 위기로 이어지며, 가정과 학교에서 반복적으로 경험되는 부적응은 청소년의 비행을 촉진해 이후 삶에 장기적이고 심대한 영향을 미치는 중요한 전환점이 된다. 특히 이 시기는 청소년 비행이 본격적으로 표면화되는 시기이자, 그들만의 세상으로 진입하는 과정을 조기에 차단하고 현실 세계와의 연결을 회복하며 적응의 영역 안에서 성장할 수 있도록 돕는 결정적 시기이다.

사춘기부터 나타나는 비행의 초기 징후는 표면적 문제 행동을 넘어 누적된 심리·정서적 불균형을 조명할 수 있는 기회로 기능한다. 이 시기를 놓치지 않고 근본적인 양육 환경의 개선과 회복을 지향하는 지원이 이루어질 때, 청소년은 안정적으로 현실에 뿌리내리며 성장할 수 있다.

주요 행동 양상

가정 내 일관성 없는 양육 태도와 약화된 통제력은 청소년의 심리적 불안을 방치하거나 심화시키는 요인으로 작용한다. 정서적 지지가 부족하거나 훈육 방식이 일관되지 않으면 청소년은 부모나 교사 중심의 세계에서 점차 멀어지며, 비슷한 정서를 공유하는 그들만의 세상에 더욱 몰입하게 된다. 이로 인해 현실과 괴리된 이중적 삶의 방식이 형성되기 시작하고, 이러한 양상은 자아정체성의 왜곡을 초래할 수 있는 심리·사회적 위험 요인이 된다.

누적된 결핍은 단순한 장난이나 호기심을 넘어 내면의 불안을 외현적으로 드러내는 심리적 반응으로 나타난다. 부모가 자녀의 정서적 욕구를 간과한 채 입시 중심의 기대만을 강조할 경우, 청소년은 자기 과시나 권위에 대한 도전, 과장된 독립성 표현으로 반응하며 기존 질서에 대한 저항을 강화한다. 이러한 반응은 점차 또래집단 내에서 정체성 확보와 위계질서 구축으로 이어진다. 일부 청소년은 욕설과 반사회적 언어를 통해 존재감을 드러내며, 자전거·전동 킥보드를 이용해 활동 반경을 넓히고 지역 간 인맥을 확장해 집단 내 영향력을 키우기도 한다. 이는 단순한 모험심이 아니라 소속 집단 내 존재감을 드러내며 자신의 지위를 공고히 하려는 전략적 시도로 볼 수 있다.

이렇게 형성된 위계 구조와 과시적 행동은 학교생활 전반에도 영향을 미쳐 교칙 위반, 수업 방해, 교사와의 반복적 갈등과 교권 침해, 나아가 학교폭력 가담으로까지 발전한다. 그 결과 학업에 대한 내재적 동기와 학교 소속감은 약화되고, 기존 가치 질서에 대한 무시는 반복되면서 학교 부적응 양상이 점점 심화된다. 이렇게 비롯된 또래 관계의 단절, 학교 부적응, 가족과의 현실적 갈등은 청소년의 사회적 연결감을 약화시키고 부정적인 자아상과 심리적 고립감을 심화시킨다. 반복적인 거절과 좌절의 경험은 자아정체감 탐색의 실패로 이어져 무력감과 자기효능감의 붕괴를 초래할 수 있다.

이 시기의 청소년은 이러한 정서적 공백을 메우기 위해 현실로부터 도피하려 하고 사이버 공간이나 유사한 처지의 또래집단인 그들만의 세상에 진입하며 대안적 정체성을 구축하려는 시도를 보인다. 이러한 흐름은 반사회적 언어의 습득과 과시적 행동, 그리고 사회 규범에 대한 도전으로 외현화되며, 나아가 학교 내에서 무법자로 자리매김하려는 행동으로까지 이어질 수 있다.

특히 사춘기 초반의 급격한 신체 발달은 남성성 또는 여성성에 대한 인식을 크게 고양시켜 성인처럼 보이고자 하는 행동과 태도로 구체화 된다. 또래보다 앞선 신체 발달은 성장 속도 차이에 따른 위력 관계를 형성하게 만들고, 신체적으로 성숙한 청소년은 이를 자신감의 근거로 삼아 집단 내 영향력을 행사하려 한다. 이러한 과정은 집단 내 우월감의 정서적 기반이 되어 위계질서를 재편하려는 동기로 작용한다. 청소년은 명품 브랜드로 건재함을 과시하고, 여학생은 짙은 화장이나 노출이 있는 복장으로 성숙함과 독립성을 표현하려는 경향을 보인다. 이러한 그들만의 세상에서의 삶은 무단 외출과 늦은 귀가로 이어지고, 학교 차원의 제재나 생활교육위원회 등 제도적 개입이 뒤따르게 된다.

이 시점을 기점으로 청소년은 가정에서는 평범한 학생으로 비치면서도 외부에서는 또래 문화와 행동 양식을 내면화해 서로 다른 모습을 보이는 이중생활을 본격화하며 점차 제도권으로부터 멀어진다. 사춘기에는 신체적 변화로 인한 외모 불만족이나 조숙함이 1차 문제로 나타나며, 이는 스트레스와 자아존중감 저하 같은 2차 심리·정서 문제로 이어지고, 나아가 대인 관계 갈등이나 학교 부적응, 비행으로까지 확대될 수 있어 예방과 다차원적 개입이 특히 중요하다.

▌심리적 기제 (독립성, 자율성, 주도성 + 존재감)

청소년기의 자율성, 독립성, 주도성을 주장하려는 경향은 정상적인 발달 과정의 일부이다. 이 시기의 청소년은 부모나 교사 중심의 보호적 환경으로부터 점차 벗어나 자신의 삶을 스스로 선택하고 주도하며 독립된 자아를 형성하고자 한다. 이는 사춘기에 자신만의 영역을 만들고자 하는 자율성·주도성·독립성의 발달로, 정체성 탐색을 포함한 필수적인 심리적 과정이다.

건강한 환경에서는 이러한 욕구들이 통합되어 안정된 자아정체성과 원만한 적응으로 이어진다. 문제는 이러한 심리적 욕구가 왜곡된 방식으로 충족될 때 발생한다. 비행청소년은 자율성과 주도성을 현실에서 건강하게 실현할 기회를 충분히 갖지 못한 채, 반복된 좌절과 가정 내 갈등, 정서적 지지의 부재를 겪는다. 그 결과 현실로부터 점차 심리적으로 이탈하며 그들만의 세상이라 불리는 또래 중심의 폐쇄적 집단 속에서 왜곡된 방식으로 자율성과 존재감을 재구성하려 한다.

그들만의 세상은 위계가 분명하고 자극적이며, 적응의 영역에 있는 또래와 비교했을 때 무엇보다 스스로 독립할 수 있다는 착각을 불러일으킨다. 그들만의 세상은 현실에서 충족되지 못한 욕구가 채워지면서, 마치 자신만의 영역을 소유한 듯한 강한 심리적 확신을 갖게 되는 공간으로 경험된다. 그러나 이는 자율성이 건강하게 성숙된 결과라기보다 심리적 회피와 왜곡된 자아 형성의 산물로 결국 더 깊은 고립과 정체성 혼란으로 이어질 위험이 크다.

그들만의 세상에 소속된 청소년은 집단 내에서 자신이 자리 잡기 위해 영향력을 발휘하고 또래로부터 인정받으려는 강한 주도적 욕구를 갖게 된다. 주목받고 있다는 느낌은 이들에게 자신들의 준거집단에 소속되어 있다는 심리적 안정감을 제공하며, 이를 유지하기 위해 그들만의 세상에서 형성된 문화를 더욱 극대화해 드러내고, 욕설 사용, 위험한 행동, 특정 브랜드 착용 등 과시적 행동을 선택한다. 이는 단순한 자극 추구가 아니라 작게는 자신의 준거집단의 소속감, 크게는 그 집단 내에서 주도적인 존재임을 드러내고자 하는 상징적 표현이다. 이 과정에서 청소년은 내면의 결핍과 불안을 일탈적 행동으로 해소할 수 있다고 착각하며, 일시적인 만족감과 통제감을 통해 자신의 욕구가 충족되고 있다고 믿는다. 그러나 이는 결국 불안정한 내면을 덮는 임시방편에 불과하다. 처음에는 존재감을 드러내며 증명하기 위한 수단이었던 일탈 행동은 점차 그 자체로 강화되면서 왜곡된 충족 방식으로 자리 잡고, 결국 더욱 위험한 행동으로 확대된다.

청소년 비행을 이해하고 개입하기 위해서는 겉으로 드러난 행동에만 주목할 것이 아니라, 그 이면에 자리한 심리적 결핍과 왜곡된 욕구 충족 구조를 깊이 살펴야 한다. 청소년 비행은 정상적인 발달 욕구가 부적절한 환경과 만나면서 왜곡된 방식으로 충족될 때 나타나는 복합적 심리 현상이다. 핵심은 자율성·독립성·주도성과 같은 욕구 자체가 문제가 아니라, 그것이 어떻게 충족되느냐와 그 과정이 놓인 맥락에 있다.

비행청소년은 자신이 느끼는 결핍과 만족스럽지 못한 가정환경으로부터 심리적으로 벗어나기 위해 그들만의 세상에 소속되며, 이를 통해 독립된 존재로 인정받고자 하며, 이 과정에서 자율성과 주도성, 독립성에 대한 욕구를 강하게 주장한다. 그러나 청소년의 이러한 행동은 부모나 교사에게 그 숨은 의미와 맥락이 충분히 이해되거나 인정되기 어려우며 통제당하고 거부당한다. 결국 청소년은 점점 더 극단적인 방식으로 자신을 드러내어 주목받으려 하고, 그 과정에서 갈등은 오히려 깊어지고 심화된다.

이는 단순한 규범 위반의 행동 문제가 아니라, 결핍된 존재감 욕구와 정서적 고통이 극단적으로 표출된 심리적 신호이자 관계를 회복하고자 하는 왜곡된 방식의 표현이다. 예컨대 부모가 싫어할 행동을 의도적으로 반복하고 부모가 그것을 비난하면 "봐라, 그러니까 내가 이렇게 된 거지"라고 말하는 것은 청소년이 자신의 심리적 어려움을 드러내며 부모의 관심과 인정을 얻으려는 미성숙한 시도로 볼 수 있다. 직접적인 도움 요청 대신 이런 파괴적이고 반항적인 행동으로 관계를 확인하려 하지만, 이러한 왜곡된 표현은 갈등을 더욱 심화시키고 고통을 해결하지 못한 채 악순환을 반복하게 만든다. 특히 보호자가 이런 신호를 이해하지 못하고 "저 애는 틀렸다"거나 "우리 집안의 수치다"와 같이 존재를 부정하며 아이를 탓하면, 청소년은 더 큰 고립감과 무가치감을 느끼며 비행은 더욱 고착될 수 있다.

주요 지도 및 개입 방법

B단계의 개입은 청소년이 가정·학교·또래집단이라는 서로 다른 사회적 장면에서 드러내는 이중적 정체성과 생활양식을 해소하고, 심리적으로 통합된 자아정체성을 형성할 수 있도록 돕는 데 초점을 맞추어야 한다. 이 시기의 청소년은 정서적 지지와 인정의 결핍 속에서 소속감을 얻기 위해 이중생활이라는 불안정한 방식을 선택한다. 이를 건강하게 통합하기 위해서는 청소년이 일상적으로 접하는 부모와 교사 등 의미 있는 성인과의 관계에서 심리적 안전감과 신뢰 기반의 상호작용을 회복하는 것이 우선되어야 한다.

사춘기의 청소년은 또래집단을 핵심 준거집단으로 삼지만, 여전히 자아가 형성 중인 이들은 실질적으로 완전한 독립 상태라기보다 심리적으로는 의존적인 단계에 머문다. 따라서 과거 참조집단인 부모와 교사가 제공하는 일관된 지지와 이해는 청소년이 혼란스러운 정체성을 통합하고 내면의 방어를 완화하며 자율적 존재로 성장해 가는 중요한 심리적 기반이 된다.

청소년은 자신의 감정과 생각이 있는 그대로 존중되고 수용되는 경험을 통해 방어적 태도를 점차 내려놓게 되며, 그 지점에서 이중생활의 동력 또한 약해지기 시작한다. 이때 부모와 교사는 청소년의 문제 행동을 즉각 통제하려 하기보다 그 이면의 감정과 욕구를 이해하고 공감하려는 태도를 유지해야 한다. 감정적 과잉반응이나 단편적 처벌은 오히려 심리적 고립감을 심화시켜 청소년이 그들만의 세상에 더욱 몰입하도록 부추길 수 있음을 기억해야 한다.

가정과 학교는 안정적인 환경을 바탕으로 일관된 규칙과 명확한 기대 수준을 제시해 청소년이 스스로 선택하고 조절하는 경험을 쌓으며 자율성과 독립성을 건강하게 발달시키고 내적인 질서를 형성할 수 있도록 도와야 한다. 자율성은 방임이 아니라 심리적 경계 안에서 존중받으며 길러져야 하고, 청소년은 자신이 존중받는 동시에 책임을 요구받는 존재임을 실감해야 한다. 부모는 자녀의 갈등과 혼란을 단순한 사춘기 방황으로 축소하지 않고, 그 이면에 존재하는 인정 욕구와 정서적 결핍으로 이해하며 일관된 지지와 감정적 연결을 유지해야 한다. 교사 역시 문제 행동에 대한 명확한 피드백과 함께 선택 가능한 긍정적 행동 대안을 제시함으로써 청소년이 건강한 행동을 구체적 경험으로 내면화할 수 있도록 이끌어야 한다.

비행청소년은 내면의 결핍이 큰 만큼 타인에게 인정받고자 하는 강한 욕구를 지니며, 이는 때로 욕설이나 규칙 위반, 무단결석, 학교 내에서 무법자처럼 행동하는 모습 등으로 표출된다. 이러한 행동은 단순한 문제 행동이 아니라 '나는 주목받을 가치가 있는 존재'라는 존재감 욕구의 즉각적 표현이다. 그러나 이러한 행동은 단기적으로는 주관적인 즉각적 보상을 가져오지만, 장기적으로는 결국 자기 손상과 사회적 고립으로 이어질 수 있다. 따라서 청소년이 이러한 구조적 한계와 위험성을 스스로 성찰하도록 유도할 때, 자신의 행동이 초래할 장기적 결과를 충분히 통찰하기 어려운 만큼 부모와 교사 등 의미 있는 성인의 지속적이고 설득력 있는 피드백이 필수적이다.

청소년 지도의 핵심은 자율성과 존재감을 억누르거나 통제하는 데 있지 않다. 오히려 청소년이 보다 깊이 있고 지속 가능한 방식으로 자아를 실현할 수 있도록 환경을 마련하고, 그 가능성을 일관되게 제시하며 동반해 주는 것이다. 이를 위해서는 청소년의 행동을 객관화하고 성찰할 수 있도록 주도적인 관계를 유지하되, 과도한 개입으로 심리적 저항을 불러일으키지 않도록 섬세하게 조율해야 한다. 특히 청소년이 능동적으로 참여하고 창의적으로 접근할 수 있도록 관계의 중심을 잃지 않으면서 스스로 선택할 수 있게 지지하는 태도가 필요하며, 이러한 태도야말로 실질적인 변화를 만들어 내는 핵심 조건이다.

이때 앞서 설명한 비행의 공식을 활용한 사례개념화는 청소년의 방어를 낮추고 자기 객관화를 촉진하는 효과적인 도구가 된다. 상담자는 청소년이 속한 그들만의 세상에서 작동하는 규칙, 위계, 심리적 기제가 비행을 어떻게 지속하고 강화하는지 구체적으로 설명함으로써, 청소년이 '상담자가 우리들의 세상을 이해한다'는 신뢰를 가질 수 있도록 해야 한다. 이는 단순한 외부의 지시나 통제가 아니라 청소년의 현실을 함께 재구조화하는 협력적 파트너로서 상담자가 자리매김하도록 하는 핵심이다. 이때 전문성이 주는 권위는 단순한 지식 전달에 그치지 않고 사고적·정서적 공감을 바탕으로 신뢰를 형성하며 변화 동기를 자극한다. 청소년은 자신의 생각과 감정을 명확히 정리하고 표현하는 데 어려움을 겪는 경우가 많기 때문에, 상담자가 선도적으로 수행하는 명료화 작업은 내면을 구체적으로 인식하고 표현하도록 돕는 기초적 틀로 기능한다. 이러한 명료화는 상담 장면에서 청소년의 자기 표현과 자기 이해를 효과적으로 촉진하는 실질적 중재 기법이 된다.

B단계에서의 개입은 청소년이 '나는 누구인가, 어디에 속해 있으며 어디로 가고 있는가'를 객관적으로 성찰하도록 돕는 심리적 전환점이 되어야 한다. 이를 통해 청소년은 왜곡된 인정 방식을 벗어나 보다 안정적이고 성숙한 방식으로 자아를 재구성할 수 있으며, 이중생활의 틈을 메우고 새로운 소속감을 만들어 가는 경험은 이후 발달 과정에서도 강력한 보호 요인으로 작용한다. 따라서 단발적 처방에 그쳐서는 안 되며, 청소년의 내면 변화가 누적되고 정착될 수 있도록 정서적 지지와 관계의 연속성을 기반으로 한 전문적이고 체계적인 개입으로 설계되어야 한다.

문제 행동 중심의 단계별 개입 요령

C단계: 중학교 2학년 중반 ~ 중학교 3학년 중반

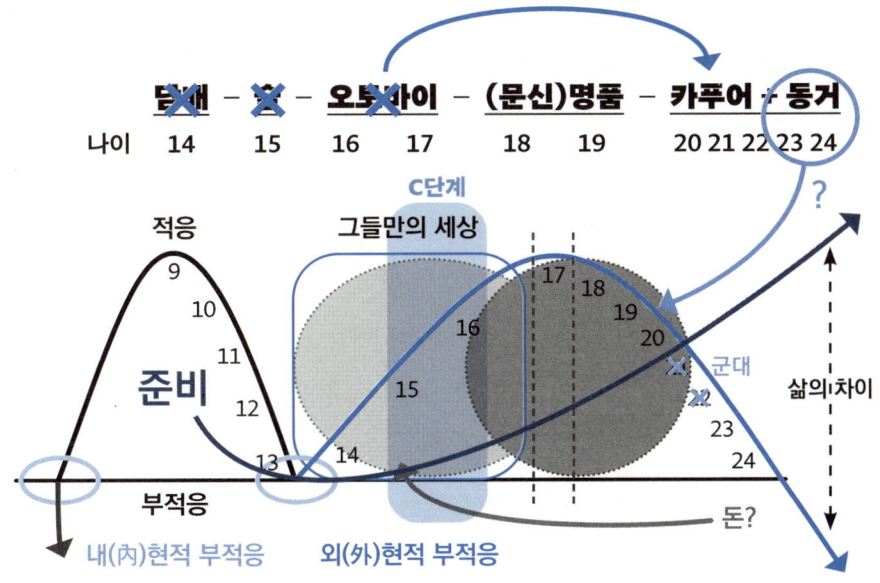

[중학교 2학년 중반 ~ 중학교 3학년 중반] 위험 징후 및 주요 키워드	
특별교육	음주
사랑의 교실	그들만의 세상 속 이성친구
사기	특정 브랜드의 옷 집착
오토바이	내기 문화
가출 / 외박	격투 종목의 운동 관심
성매매	광범위한 지역의 친구 및 인맥 자랑
남성성·여성성의 강조	지각, 조퇴, 결석의 일상화
문신 선망	교권 침해
사복 등교	학교에 친구가 없다고 호소
당구장	그들만의 세상의 문화
택시	출처를 알 수 없는 돈

C단계는 중학교 중반 시기로, 이중생활이 본격화되고 청소년이 그들만의 세상에 깊게 뿌리내리는 과도기적 시기이다. 이 시기의 청소년은 기존의 사회 규범과 제도적 통제를 노골적으로 거부하며, 자신들만의 암묵적 규칙과 문화가 지배하는 그들만의 세상 안에서 주도적 위치를 차지하려 한다. 이는 단순한 반항을 넘어 비행 정체성을 내면화하고, 집단 내 영향력을 강화하려는 전략적 행동으로 발전한다.

또래집단은 기존의 적응적인 영역에서의 준거집단을 완전히 대체하며, 외부 규범에 대한 불신과 불법 세계로의 도전 의식은 더욱 강화된다. 청소년은 이러한 과정에서 자기 정당화, 권위에 대한 거부, 왜곡된 자율성 추구를 통해 독립성을 과시하고, 집단 내 상호작용을 통해 자신이 특별한 존재임을 확인받고자 한다. 학교 안에서 나타나는 수업 방해, 교사와의 반복적 충돌, 지각과 무단결석, 후배에 대한 영향력 과시 등은 청소년이 우월감과 존재감을 드러내려는 심리적 시도로 볼 수 있으며, 이러한 양상은 청소년기 발달 특성인 상상적 청중과 자기중심성에 의해 증폭되어 스스로를 특권적 존재로 인식하고 이를 과시하려는 행동으로 이어진다.

이 시기의 그들만의 세상은 청소년에게 사실상 현실의 전부로 인식되며, 이들은 일탈적 성취를 또래집단 내에서 공유·전파함으로써 소속감을 더욱 공고히 한다. 가출, 절도, 성매매 등 고위험 행동으로의 이행은 물론, 무분별한 이성 관계, 명품 집착, 과시적 외모 등은 또래집단 내 지위 확보와 왜곡된 독립성의 상징으로 자리 잡는다. 문신을 선망하며 교내 사복 착용, 흡연, 택시 이용 등을 온라인상에 과시하는 행위 또한 자신의 비행 정체성을 강화하고 그들만의 세상에서의 존재감을 드러내는 상징적 표현이다. 이러한 반복은 청소년을 점차 더 깊은 비행의 구조와 고립된 정체성으로 몰아넣으며, 이후 청년기와 성인기까지 이어질 수 있는 위험한 행동 양식의 고착으로 발전하게 된다. 하지만, 중학교 중반에 해당하는 현재 시점은 아직 내신 성적 관리 등 현실적 복귀의 기회가 열려 있고, 성장 자원이 완전히 소진되지 않은 결정적 타이밍이다. 따라서 이 시기를 단순히 현재의 문제 상황을 수습하는 데 그치지 않고, 청소년이 적응의 영역으로 복귀할 수 있도록 가용한 모든 자원을 총동원해야 한다.

주요 행동 양상

청소년의 비행화가 본격적으로 견고해지는 중학교 2학년 중반에서 중학교 3학년 중반 시기는 제도권 사회와의 정서적·물리적 연결이 점차 약화되는 시기이다. 이때 청소년은 그들만의 세상 안에서 암묵적 규범과 역할을 내면화하며 비행 정체성을 형성해 나간다. 이러한 과정은 이후 도래할 비행의 정점인 D단계를 준비하는 전 단계로 기능하며, 비행의 조직화와 심화를 촉진하는 발판이 된다.

1. 가정: 훈육 기능의 붕괴와 이중생활의 심화

C단계에 이르면 그들만의 세상 속에서 성장 중인 청소년의 비행은 점차 구조화·고착화되며, 이 과정에서 가정은 본래의 훈육과 양육 기능이 심각하게 약화되거나 사실상 마비된 상태에 이르게 된다. 이 시기의 청소년은 부모에게 욕설이나 신체적 폭력을 서슴지 않으며, 이에 위축된 부모는 자녀에게 더 이상 실질적인 권위나 통제력을 행사하지 못한 채 무력감에 빠진다. 이러한 부모의 무력감과 자녀의 통제 불능 상태는 서로를 강화하며 악순환의 고리를 형성한다. 부모는 자녀의 일탈을 알고도 제지하거나 개입하지 못하고 방관하게 되고, 그 결과 청소년은 가정이라는 최소한의 사회

적 통제 장치로부터조차 완전히 벗어나게 된다. 이때 가정은 행동을 조절하고 인격을 형성하는 안전기지가 아니라, 갈등과 무기력만이 반복되는 장소, 나아가 부모가 자녀의 눈치를 보는 공간으로 전락한다.

『청소년 비행의 모든 것』의 '형제 프리미엄'과 '준거집단의 왜곡된 의리'에서 강조한 바와 같이, 가정 기능이 무력화되면 그 영향은 형제에게까지 확산된다. 특히 그들만의 세상에 깊이 빠져든 형을 둔 동생은 높은 확률로 형의 비행 과정을 그대로 모델링하며, 이는 동생의 또 다른 부적응의 시작점이 될 수 있다. 실제로 비행청소년의 동생들은 학교에 지각하거나 등교를 거부하며 "왜 나만 학교에 가야 하냐"며 형제의 비행을 정당화하고 모방하려는 모습을 보인다.

이와 정반대로 일부 청소년은 가정에서 보이는 모습과 실제 삶을 철저히 분리해, 부모에게 이중생활을 완벽히 숨긴 채 살아가기도 한다. 부모 앞에서는 평범한 학생으로 행동하지만, 부모의 시야 밖에서는 전혀 다른 삶을 영위하며 그들만의 세상에 더욱 깊이 몰입한다. 문제는 부모가 이중생활의 존재 자체를 제대로 인지하지 못한다는 데 있다. 부모는 자녀의 실질적인 삶과 내면을 충분히 들여다보지 못한 채, 표면적인 모습만 보고 안심하거나 형식적인 관심과 방임을 오가며 자녀의 현실에 접근하지 못한다. 이러한 모순된 태도는 학교에서 드러나는 자녀의 모습과 가정에서의 모습 사이에 뚜렷한 불일치를 초래한다. 부모는 문제의 본질을 직면하기보다는 교사나 학교에 책임을 돌리며 현실을 회피하려는 반응을 보인다. 그 결과 청소년은 부모와 교사의 통제를 피해 다니며 자신이 속한 그들만의 세상에 더욱 몰입하게 된다. 이 공간은 점차 자신에게 유일한 믿는 구석이자 짜릿한 일탈의 무대로 자리 잡는다.

부모가 전혀 알지 못한 채 지속되는 이중생활은 결국 일탈의 반복과 비행의 고착을 부추긴다. 실제로 부모가 이를 알게 되는 시점은 대부분 사건이 발생해 경찰서로부터 연락이 왔을 때이며, 그제야 자녀의 이중생활을 인지하는 경우가 많다. 그러나 이마저도 일부 부모는 상황을 경미하게 여기고 넘어가 버려, 문제를 제대로 직면하거나 해결하지 못한 채 비행이 반복되는 악순환을 초래하기도 한다. 이는 가정과 학교라는 최소한의 양육·교육 체계의 신뢰와 기능을 무너뜨리는 심각한 구조적 문제로 이어질 수 있다.

2. 학교: 무법자적 정체성과 사회화 실패

『청소년 비행의 모든 것』에서 지적하듯, 반복적으로 효과를 발휘하지 못한 교육과 상담은 청소년에게 상담 내성을 유발하며, 이는 결과적으로 비행 정체성을 더욱 강화시키는 요인이 된다. 학교 교칙을 위반해 생활교육위원회에 회부된 청소년들은 교내·외 봉사나 특별교육 프로그램 등 선도 과정에 참여한다. 그러나 충분한 교육적 지원과 상담적 개입이 배제된 일방적인 제도적 처분은 상대적 억울함으로 가득 찬 청소년이 적응적 규범을 내면화하도록 돕기보다는 자기중심적인 주관적 해석을 통해 학교에 대한 불만과 불신을 키우게 한다. 그 결과 오히려 제도권 밖 그들만의 세상에 대한 소속감이 더욱 공고해져 역기능을 초래할 수 있다.

비행이 본격화되는 단계에 이르면 학교는 더 이상 규범과 성장을 촉진하는 제도적 공간이 아니라, 청소년이 자신의 무법자적 삶을 구현하는 무대로 변질된다. 이들은 반복적인 규칙 위반과 무단결석, 교사의 지시 불응을 일상화하며 수업을 방해하고 교권을 침해하는 등 학교 질서를 구조적으로 흔드는 행동을 보인다. 이러한 행동은 교사와의 갈등을 심화시키고 학교는 점차 그 기능을 상실한 무력한 공간으로 전락한다. 이러한 학교 환경 속에서 청소년은 교내에서 자신과 유사한 또래들과 그들만의 세상을 더욱 응집시키며, 후배들을 끌어들여 자신들만의 규범과 질서를 형성해 나간다. 지역과 학교를 넘나드는 폭넓은 또래·선후배 인맥을 유지하며, 자신이 속한 그들만의 세상이 학교보다 훨씬 더 의미 있고 가치 있다고 여기며, 학교 안에서는 종종 "친구가 없다"고 말한다.

그렇게 갖게 된 왜곡된 소속감은 학교 및 제도권 사회와의 정서적 단절을 심화시키며, 청소년의 이중생활을 더욱 고착화시키는 원인이 된다. 이들은 그들만의 세상 내에서 서로를 기준 삼아 삶의 방향을 설정하고 각자의 선택을 정당화하며, 자신들만의 준거집단을 더욱 견고히 구축한다. 결과적으로 학교는 더 이상 청소년에게 발달적 지지나 사회화를 위한 터전이 아니라, 권위에 대한 도전과 비행 정체성 강화를 가능케 하는 공간으로 변질된다. 학교가 교육 본연의 기능을 회복하지 못한 채 제도적 한계에 부딪히게 된다면, 청소년은 자신을 지지하고 성장으로 이끌어 줄 마지막 보호망마저 잃게 된다. 그 결과 비행은 더욱 고착화되고 사회적 이탈은 불가피하게 가속화된다.

3. 그들만의 세상: 준거집단 내 결속과 심화된 비행화

가정과 학교라는 두 주요 사회화 기관 모두로부터 소속감을 상실한 청소년은 자신을 이해하고 수용해 줄 준거집단인 그들만의 세상에 자리 잡게 된다. 이들은 비슷한 상처와 결핍을 공유하는 또래들과 강한 유대감을 맺으며 그 안에서 독자적인 규칙과 서열 체계를 만들어 간다.

선·후배 관계와 위력 중심의 서열은 자연스럽게 형성되며, 청소년은 그

먹이사슬 안에서 자신만의 지위를 확보하고 영향력을 행사할 수 있는 위치에 오르기를 추구한다. 이들은 자신이 선택받은 존재이며 일반 사회와는 다른 차원에 속한 사람이라는 왜곡된 자아상을 내면화함으로써, 기존 사회로부터의 비판이나 낙인을 스스로 정당화하고 방어하는 심리적 장치를 형성하게 된다. 이 과정에서 돈은 단순한 생계 수단을 넘어 청소년에게 가장 강력한 상징 자원이자 집단 내 위계와 영향력을 가늠하는 핵심 도구로 작용하며, 곧 힘이자 인정의 수단이 되어 이를 확보하려는 욕구는 자연스럽게 사기, 절도, 도박, 성매매 등 불법적인 행위로 이어진다.

이때 돈은 단순한 소비의 대상이 아니라 존재감과 건재함을 매개하는 상징적 자산이 되어, 그들만의 세상 내에서 영향력을 행사하고 소속감을 유지하기 위한 강력한 무기가 된다. 동시에 이들은 『청소년 비행의 모든 것』에서 소개한 '과시하며 보여 주는 삶의 놀이문화'를 적극적으로 생활화한다. 그리고 그들만의 세상 안에서 일탈적 위상을 가진 인물들과 접촉하며, 자신만의 연결망을 점차 확장해 나가려 한다. 택시를 이용해 광범위한 이동을 하고, 다른 지역 친구들과의 인맥을 과시하며 자신이 더 이상 학생 신분에 머물지 않고 독립적이고 자율적인 존재임을 증명하려는 모습은 단순한 모험심이 아니라 자신이 속한 그들만의 세상의 우월성을 확인하고 경계를 유지하려는 전략적 행동이라 할 수 있다.

그들만의 세상 구성원끼리 연애하며 교체가 잦고, 연상이나 다른 학교 학생과의 만남도 흔하다. 또한 문신이나 사복 등교를 자연스럽게 여기며, 명품 브랜드 의류나 고가 액세서리에 집착하는 모습으로 자신만의 독특한 정체성을 드러낸다. 남학생의 경우, 격투 종목의 운동을 통해 신체적 우월성과 공격성을 과시하면서 집단 내 위계를 공고히 하고자 한다.

시간 개념마저도 그들만의 세상에 맞춰지며 늦은 귀가와 새벽 외출이 일상화된다. 이는 단순한 외출이 아니라, 가정을 벗어나 물리적·심리적으로 그들만의 세상에 완전히 귀속되기 위한 과정이라 볼 수 있다. 이때 흡연은 이미 B단계부터 나타난 행동 양식이 지속되는 것이며, 새벽 시간대의 외출 및 이동과 연결된다. 실제로 일부 청소년은 먼 거리에 있는 친구에게 담배를 구하러 가기 위해 늦은 밤 혹은 새벽 외출을 감행하기도 한다. 담배를 구하거나 흡연이 허용되는 공간을 찾기 위해 장거리 이동조차 마다하지 않는 모습은 단순한 일탈이 아니라 친구들과의 유대를 확인하고 관계를 유지하려는 왜곡된 동기에서 비롯되며, 이는 곧 자신의 영역을 굳히기 위한 노력의 일부라 할 수 있다.

또래집단 내에서 이루어지는 술자리는 소속감을 확인하고 결속을 강화하는 연료로 작용하며, 그들은 이를 통해 그들만의 왜곡된 자긍심과 정체감을 굳힌다. 남학생은 오토바이를 타는 등 독립성과 공격성을 상징하는 수단을 통해 자신을 과시한다. 반면 여학생은 이성 교제와 성적 행동을 통해 또래집단 내에서 관계적 위치를 확보하려 한다.

이처럼 그들만의 세상 안에서 청소년의 대부분의 행동은 자신들만의 준거집단에서 소속감과 인정, 주목을 얻기 위한 전략으로 전환된다. 이렇듯 그들만의 세상은 기존 사회에서 채워지지 못한 소외감과 결핍을 보상해 주며, 청소년이 존재감을 확인할 수 있는 대안적 사회로 작동한다. 그러나 그들만의 세상의 문화와 생활양식은 기존 적응적 영역에서의 사회 규범과 필연적으로 충돌한다. 이 충돌은 가정 내 갈등으로 확장되면서 가정 내 이탈을 촉진하고 점차 그들만의 세상의 완전한 정착과 비행 정체성의 고착을 초래한다. 시간이 흐를수록 제도권 사회로의 복귀 가능성은 점점 더 낮아지고, 결국 그들만의 세상은 청소년의 내면에 돌아갈 수 없는 막다른 길을 안내한다. 이렇게 만들어진 단단한 벽은 가정과 학교가 다시는 이들을 완전히 품지 못하도록 하는 심리적 장벽으로 기능한다.

▍심리적 기제(존재감, 우월감 + 특권의식)

청소년기는 자율성과 독립성에 대한 욕구가 급격히 고조되는 시기이며, 특히 C단계에 해당하는 시점에서는 이러한 심리적 욕구가 단순한 행동적 일탈을 넘어 자아정체성의 형성과 깊게 맞물려 작동한다. 이 시기 청소년은 가정과 학교에서 소속감을 상실하고 그들만의 세상으로 깊숙이 들어가며 기존 사회가 부여한 평가 기준이 아닌, 자신이 속한 준거집단 내에서의 인정과 지위를 통해 존재감을 확인하려는 경향을 강하게 보인다. 이로 인해 형성되는 존재감은 단순히 자기효능감이나 자아존중감의 수준을 넘어 자신을 대단하고 특별한 존재로 인식하게 만드는 심리적 과대평가를 수반한다.

참조집단이 부모와 교사였던 시기를 지나, 비행청소년들은 처음으로 자신들만의 영역인 준거집단을 만들게 된다. 이들은 또래 중심의 독자적인 질서와 규칙을 스스로 만들어 간다고 믿으며, 자신이 속한 선택받은 자들이 모인 그들만의 세상이 기존 사회 규범과는 전혀 다른 고유한 질서와 앞선 우월한 가치를 지니고 있다고 착각한다. 이들은 그들만의 세상에서 내에서 인정받고 따르는 경험 자체를 통해 소속감을 넘어 자신이 특별한 존재라는 심리적 확신을 강화하며, 이를 통해 부모와 교사에게서 경험하지 못한 자아존중감과 영향력을 보상받는다.

이들은 성인의 문화를 흉내 내면서도 마치 자신들이 먼저 그 문화를 만들어 냈다고 생각하며, 어른들보다 더 빠르게 세상을 꿰뚫고 진짜 삶을 살아간다고 여긴다. 이런 왜곡된 인식은 또래집단 내 우월감과 결합되어 과장된 자기 확신으로 이어지며, 결과적으로 사회적 영향력에 대한 욕구가 기존의 보편적 기준이 아닌 집단 내부의 규칙과 서열, 지위를 통해 충족되는 방식으로 나타난다.

그들만의 세상 속에서 형성된 먹이사슬 구조는 청소년에게 비행과 일탈을 통해 얻어낸 서열과 과시적 행동이 곧 자신을 특별한 존재로 정체화하는 수단이라는 인식을 심어 주며, 이는 점차 '나는 예외적인 존재'라는 특권의식으로 발전한다. 자신은 일반적인 규칙이나 제약을 초월할 수 있다는 오인된 믿음은 자신들이 소속되어 유지하고 있는 그들만의 세상이 보상해 줄 것이라는 기대감으로 이어진다. 이러한 착각은 어른들이 알지 못하는 자신들만의 영역을 지키기 위해 스스로를 합리화하려는 미성숙한 자기정당화로 이어진다. 이러한 심리적 구조는 부족한 현실 지각 능력으로 이어지며, 학교의 존재를 부정하거나 무의미하게 여기게 된다. 학습은 더 이상 삶을 위한 준비가 아니라 무가치한 강요로 인식되고, 교실은 학업의 공간이 아니라 권위에 도전하고 자신의 존재감을 드러내는 무대로 전락한다. 수업 방해와 규칙 위반은 단순한 문제 행동이 아니라 또래로부터의 인정과 집단 내 지위 유지를 위한 전략적 선택으로 정당화되며, 학교는 점차 일탈 문화가 공유되고 확산되는 중심지가 되어 버린다.

이러한 환경 속에서 청소년은 사회적 기대나 현실적 제약을 무시하고, 탈규범적 행동을 자신의 정체성의 일부로 삼아 이를 방어하려 한다. 이때 외부의 비판이나 개입은 곧 자신이 소속된 준거집단의 존재에 대한 위협으로 인식되며, 변화나 교정에 대해 강한 저항을 낳는다. 실제로 저자가 지도한 사례에서도, 그들만의 세상에 깊이 빠져 있던 한 청소년은 적응의 영역으로 되돌리는 지도 과정에서 자신이 어렵게 쌓아 올린 인맥과 존재감을 모두 잃었다고 여기며 원망하고 강하게 반발한 적이 있었다. 이는 탈규범적 행동이 단순한 일탈이 아니라, 청소년에게는 인정과 생존을 위한 전략이자 정체성의 일부로 자리 잡고 있음을 보여 준다.

비행청소년 지도 과정은 결국 자신이 쌓아 온 그들만의 세상을 붕괴시키고, 적응의 영역으로 되돌리도록 돕는 과정이다. 이 과정에서 청소년은 기존의 왜곡된 소속감과 위계를 잃게 된다는 두려움과 상실감을 느끼기 때문에 강한 저항이 나타날 수 있다. 반복된 실패와 좌절이 누적될수록 이들은 자신이 만들어 낸 그릇된 삶의 기준에 더욱 집착하며 존재감, 우월감, 특권의식이 서로를 강화하는 악순환에 빠지게 된다. 이렇게 형성된 심리적 기제는 청소년이 건강한 사회화 과정을 통해 독립적이고 책임감 있는 성인으로 성장하는 것을 방해할 뿐 아니라, 현실 적응의 실패와 사회적 고립을 심화시키는 요인으로 작용한다. C단계에서 나타나는 이 왜곡된 심리 구조는 단순한 반항을 넘어 청소년의 정체성을 왜곡시키고, 그들만의 세상으로의 몰입을 심화시키며 사회와의 연결 고리를 스스로 끊어내는 위험한 악순환적 구조로 자리 잡게 된다.

주요 지도 및 개입 방법

C단계에서의 개입은 청소년이 깊이 몰입한 그들만의 세상과 그 속에서 점차 고착되어 가는 왜곡된 관점과 삶의 기준, 그리고 이중생활의 구조를 해체하고, 지금까지 왜곡된 방식으로 충족되어 온 자율성과 존재감의 욕구를 보다 건강한 방향으로 다시 구성할 수 있도록 돕는 데 초점을 맞추어야 한다.

이 시기의 청소년은 그들만의 세상의 문화와 준거집단을 중심으로 자아를 형성하며 제도권의 가치와 규범을 명시적으로 거부하고, 또래 중심의 비공식적 서열 구조 속에서 영향력과 자긍심을 과시하려는 경향이 강하다. 이러한 흐름은 단순한 반항의 수준을 넘어 자신이 주도하는 그들만의 세상 안에서 우월감과 특권의식을 내면화하는 구조로 발전하며, 결과적으로 심리적 고립과 사회적 이탈을 심화시킨다. 그렇기 때문에 C단계의 개입에서 가장 시급한 과제는 청소년이 자신이 내면화해 온 비행 정체성과 그로부터 비롯된 삶의 기준이 사실은 매우 불완전하고 불안정한 것임을 스스로 인식하도록 돕는 것이다.

변화는 단절로 이루어지는 것이 아니라, 삶의 연속성 속에서 조금씩 전환되어 가는 과정으로 이해되어야 하며, 이를 위해 지도자는 청소년의 일탈 행동을 단순히 억제하거나 교정하려 하기보다는 그 행동 이면에 숨어 있는 심리적 동기와 정서적 보상 체계를 민감하게 이해해야 한다.

청소년이 스스로 쌓아 올린 그들만의 세상이 실은 허상이자 정서적 결핍과 자기부정 위에 세워진 불안정한 피난처라는 점을 통찰하도록 돕는 일은 외부의 일방적 훈계나 처벌로는 결코 가능하지 않으며, 정서적으로 안전한 관계와 신뢰 속에서 이루어지는 반복적인 자기 성찰을 통해서만 가능하다. 멈춤 작업의 핵심은 청소년이 그들만의 세상에서 인정과 지위를 통해 잠시 누렸던 존재감을 이제는 현실의 삶 속에서의 성취와 책임 있는 행동을 통해 되찾을 수 있도록 길을 열어 주는 데 있다. 변화의 동기를 단발적으로 자극하는 데 그치지 않고, 그 변화가 실제로 어떻게 이어질 수 있는지 구체적인 방향성과 가능성을 함께 제시해 주는 것도 중요하다. 이를 위해 청소년이 적응 영역에서의 일상의 작은 성공 경험을 통해 긍정적인 자기 인식을 조금씩 쌓아 갈 수 있도록 실천 기반을 마련해야 한다.

멈춤 작업이 변화 동기의 강화로 이어져 전환의 계기가 마련되었다면 이후에는 신뢰를 바탕으로 한 장기적인 관계 유지와 정서적 지지, 그리고 현실 적응을 위한 구체적인 실천이 반드시 병행되어야 한다. 비행은 단순한 규범 위반이 아니라 청소년의 심리·사회적 부적응이 외현화된 신호로 볼 수 있으며, 이는 정서적 결핍과 좌절, 통제력 약화, 그리고 왜곡된 자율성의 발현이라는 복합적 맥락 속에서 이해되어야 한다. 그렇기에 가정 내 양육 태도의 불균형, 부모와의 불안정한 애착, 학교에서의 소외 경험, 또래 관계의 결핍은 청소년 비행을 설명하는 핵심 배경이자 개입의 중요한 출발점이 된다.

이 과정에서 상담자는 단순한 문제 해결자가 아니라 청소년의 삶과 마음을 민감하게 공감하며 진정성 있게 관계 맺는 동반자로 기능해야 하며, 청소년이 보이는 저항과 방어의 뒤편에 숨겨진 상처와 욕구를 읽어낼 수 있어야 한다. 변화는 단순한 기술적 개입으로는 이루어지지 않으며, 청소년 스스로 '내가 믿고 기대도 괜찮은 어른이 있다'고 느낄 수 있는 관계적 진정성에서 비롯된다. 진정성은 청소년의 그들만의 세상을 피상적으로 비난하거나 단순히 끌어내리려 하기보다는, 그 안에 담긴 심리적 구조와 생존 논리를 정확히 이해하고 있다는 신호로 전해질 때 비로소 마음 깊이 닿을 수 있다. 바로 그 지점에서 청소년은 자신이 구축한 왜곡된 그들만의 세상을 되돌아보고, 조금씩 다른 가능성을 상상하며 멈춤과 회복의 첫걸음을 내디딜 수 있게 된다.

변화는 결코 단숨에 완성되지 않으며, 일상의 작은 실천이 서서히 누적되면서 자아와 삶의 태도가 바뀌어 나가는 것이다. 지도자는 청소년이 자기중심적이고 방어적인 태도를 반복하더라도 포기하지 않고 꾸준한 격려와 일관된 피드백으로 그들의 중심을 지켜 주는 지지자로 남아야 한다. 특히 중요한 것은 청소년이 변화의 이유를 외부의 강제나 처벌, 보상이 아니라 스스로 납득하고 선택한 내적인 성장 동기에서 찾을 수 있도록 돕는 일이다. 많은 청소년은 상담을 일종의 처벌 연장선으로 오해하거나 자신을 간섭하고 통제하려는 시도로 받아들이기도 한다. 이들이 이러한 왜곡된 인식을 갖지 않도록 상담과 지도 이전에 구조를 충분히 설명하고, 부모와 교사에게 느끼는 부정적 감정이나 거부감이 상담자에게 전이되지 않도록 세심한 배려와 신뢰 구축이 선행되어야 한다. 그리고 청소년이 언제든지 되돌아올 수 있는 자리를 발견하고, 그 자리로 돌아올 수 있도록 따뜻하게 지지하는 일은 결코 한 기관이나 한 사람만의 몫이 아니며, 가정과 학교, 지역사회가 함께 책임져야 하는 공동의 과제라는 점을 잊지 말아야 한다.

문제 행동 중심의 단계별 개입 요령

D단계: 중학교 3학년 후반 ~ 고등학교 2학년 중반

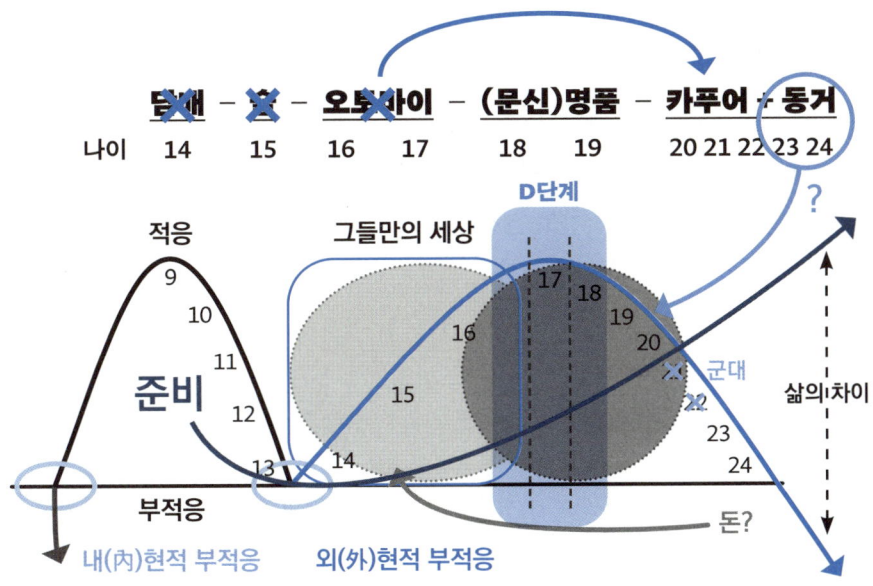

[중학교 3학년 후반 ~ 고등학교 2학년 후반] 위험 징후 및 주요 키워드	
폭행	도박(사이버 도박)
문란한 이성 교제	채무 관계
명품, 악세사리	소년보호처분, 보호관찰, 위탁
문신	인맥, 세력 과시
오토바이 배달	진학에 대한 고민
돈에 대한 집착	아르바이트
학업 포기	그들만의 세상에 대한 소속감, 자긍심
사업가의 꿈	제도권 밖으로의 이탈의 본격화
볼링장	원거리 이동, 친구들과의 여행
스크린 야구장	강제 전학, 퇴학

D단계는 중학교 3학년 후반부터 고등학교 2학년 중반에 이르는 시기로, 비행청소년이 그들만의 세상에서 가장 영향력 있는 위치에 도달하며 비행의 공식에서 정점에 이르는 시기이다. 이 시기의 청소년은 또래와 후배들 사이에서 우월감을 경험하며, 자신이 주도하는 집단 내 질서와 위계 속에서 강한 존재감을 발휘한다. 고양된 우월감은 비행의 과감성과 조직화를 더욱 촉진하고, 그들의 활동 영역은 점차 지역사회 전반으로 확대된다. 그들만의 세상에서의 시간의 흐름은 곧 비행의 지속성을 의미하며, 연차가 쌓일수록 후배 라인이 형성되고 그 안에서 지위와 영향력은 강화된다. 이를 통해 청소년은 자기만의 영역을 확장해 나가며 왜곡된 삶의 기준을 내면화하고, 비행 중심의 생활양식을 고착화하게 된다.

반복되는 실패와 정서적 무기력은 청소년이 사회적 규범과 기대를 점차 외면하게 만들고, 변화에 대한 희망마저 서서히 소진시킨다. 그럼에도 현실을 직접 직면하기보다는 비현실적 기대와 자기합리화를 통해 현재 처지를 부정하거나 정당화하려는 경향이 강화된다. 이는 부인, 회피, 특히 고등학교 진학과 같은 환경적 전환기나 사회적 압박은 현실 지각의 결함을 더욱 심화시키며, 청소년은 그릇된 삶의 기준과 잘못 학습된 대처 패턴에 따라 상황을 해석하고 판단하는 방식에 점점 더 익숙해진다. 그 결과 부적응적 대처 방식은 점차 내면화되고, 일탈적 생활양식은 더욱 정교하게 구조화된다. 이 시기의 청소년에게 그들만의 세상은 단순한 준거집단을 넘어, 현실을 피해 자신을 정당화하고 외부의 비판으로부터 회피할 수 있는 심리적 안전지대로 기능하며, 우월감과 특권의식이 난무하는 근거 없는 희망의 공간이 된다. 그 속에서 청소년은 확증편향을 강화하며 스스로 선택한 삶의 방식을 더욱 공고히 한다.

이 시기에는 법적 개입 또한 본격화된다. 경찰 조사와 재판, 소년보호처분 등의 절차를 거쳐 보호관찰이나 보호시설 위탁 등 다양한 법적 제재가 일상화되면서 청소년은 제도권과 반복적으로 충돌하게 된다. 대안 교육이나 사랑의 교실과 같은 선도 프로그램에 참여하기도 하지만, 대다수의 청소년들은 이를 행동 변화를 위한 기회라기보다는 처벌을 피하거나 상황을 임시로 모면하기 위한 때우기식 순응 전략으로 인식한다. 반복적이고 형식적인 교육 개입은 상담과 교육 자체에 대한 회의감과 또 다른 좌절감을 심화시키며, '무의미한 개입은 견디면 그만'이라는 학습된 무력감과 상담 내성과 또 다른 좌절로 이어진다. 이로 인해 청소년은 더 큰 처벌을 피하기 위해 프로그램에 수동적으로 참여할 뿐, 삶의 방향을 전환하려는 내적 동기는 점점 약화된다. 그 결과, 교육적 개입은 기대했던 행동 변화보다는 회피 전략을 정교화하고 비행 정체성을 강화시키는 부작용을 초래하게 된다.

이와 더불어 청소년은 현실의 삶과 세상은 자신의 삶과 마음에 공감해 주지 못함을 재차 확인하고, 그들만의 세상을 더욱 정당화하며 그 안에 깊이 몰입하게 된다. 이들의 이러한 방어적 태도는 청소년이 자신의 현실적 결핍이나 한계를 직면하기보다는, 비행 집단 내에서 획득한 인정과 지위를 통해 자아존중감을 유지하려는 심리적 기제로 작용한다. 결국 이들은 제도권에서 스스로를 분리하고, 오히려 비행 집단 내 경험과 서열, 영향력을 통해 삶의 의미를 재구성하며 점차 기존 사회와의 연결을 끊어 간다. 그 결과 사회적 이탈은 심화되고, 장기적인 부적응과 성인기 범죄로 이어질 수 있는 또 하나의 위험한 전환점에 이르게 된다.

주요 행동 양상

이 시기의 청소년은 합법적으로 오토바이를 운전할 수 있는 연령에 도달하고 성인에 가까운 신체적 성장을 이루며, 비행화 과정의 연령 기반 발달 모델에서 비행의 공식의 정점에 위치한다. 이러한 특성은 이들이 활동 영역을 크게 확장하고 선·후배 간 원활한 소통을 중재하는 연결 고리로 기능하게 하며, 그들만의 세상 내에서 자신만의 지위와 역할을 과시하고 우월감을 경험하게 만든다.

이러한 신분의 변화는 단순한 충동성을 넘어 조직적으로 대물림되는 비행 양상으로 이어지며, 문신, 유흥, 오토바이 운전, 사이버 도박 등의 행위를 통해 또래집단 내 영향력과 위력을 강화한다. 그들만의 세상에서 비행의 정도와 인맥은 집단 내 존재감 확보와 권력 유지를 위한 핵심 수단으로 자리 잡는다. 학교는 점차 이들에게 무의미한 공간으로 전락하고, 이들은 무계획적인 독립을 시도하거나 막연히 '사업가로 한 방을 노린다'는 꿈을 꾸며, 돈만 많으면 된다는 환상에 사로잡혀 제도권 밖으로 이탈한다. 이들의 일탈 행동은 점점 그 심각성과 빈도가 높아지면서 법적 제재가 개입하지만, 환경 변화나 개인의 결핍 충족과 같은 근본적인 개선 노력 없이 반복되는 피상적인 제재와 처벌은 오히려 부정적 정체성을 더욱 공고히 하고 현실의 실패와 불안을 회피하기 위한 수단으로 변질된다. 결과적으로 사회와의 실질적인 단절 상태에 진입하며 왜곡된 자아상과 정체성이 고착되고, 정상적인 사회화 과정을 충분히 경험하지 못한 채 시간의 흐름에 따라 성인기로 이행하는 양상을 보인다. 이 과정에서 자율성과 독립에 대한 욕구가 강해지는 동시에 소외감과 불안을 경험하며, 사회적 인정에 대한 강한 욕구와 기존 질서에 대한 반발, 과장된 자기 확신과 낮은 자아존중감이 병존하는 양가적 정서가 형성된다. 양가감정은 성인기까지 이어져 정체성의 불안정성으로 연결되며, 적응적인 사회 기능을 형성하는 데에도 지속적인 어려움을 초래한다.

돈은 이들에게 가장 중요한 삶의 가치로 작용하며, 비행의 수단이자 표현 방식으로 변질된다. 이로 인해 고액 현금 거래가 빈번히 이루어지고, 금액이 커질수록 비행의 강도와 빈도가 함께 증가하는 양상을 보인다. 사이버 도박, 갈취, 사기, 사채 등 경제적 이득을 목적으로 한 비행이 활발해지면서, 채무 관계로 인한 갈등이 복잡하게 얽히고 그로 인해 더욱 투명하지 못한 삶과 반복되는 거짓말의 악순환이 심화된다. 청소년들은 일상과 사고 전반에서 돈에 맹목적으로 집착하며, 문신이나 명품 착용, 무면허 자동차 운전 등을 통해 강인함과 우월감을 과시하려는 경향을 보인다. 유흥을 즐기면서 비행 활동의 영역은 사이버 공간과 결합되어 폭발적으로 확장되고, 일부의 경우 아르바이트를 하기도 하지만, 이로 벌게 된 돈 역시 그들만의 세상에서의 스스로의 삶을 유지하기 위한 자금으로 사용된다. 그 결과 학교생활은 점차 의미를 상실하고 강제 전학이나 퇴학 등의 조치로 이어지며, 청소년들은 현실 삶의 부적응과 실패를 부인한 채 확증편향과 미성숙한 방어기제를 반복적으로 사용하며 부족한 현실 지각 능력을 정당화하고 스스로를 합리화한다.

1. 가정: 통제력 상실과 무력감의 고착

D단계에 이르면 부모는 자녀에 대한 통제가 더 이상 가능하지 않다는 냉혹한 현실을 받아들이게 된다. 이 시기의 대다수의 부모는 이미 경찰서 출석, 법원 재판 등 여러 차례의 법적 절차를 겪었으며, 반복된 개입과 중재의 실패는 극심한 무력감과 체념으로 이어진다. 이러한 경험은 자녀를

변화시키려는 의지를 약화시킴과 동시에 최소한의 안정을 유지하려는 소극적 태도로 전환하게 만든다. 부모는 반복된 양육 실패에 대한 깊은 죄책감과 무력감으로 인해 문제를 직면하기보다는 현실을 외면하거나 책임감을 회피하려는 태도를 보인다.

반대로 일부 청소년은 겉으로는 평온함을 가장하며, 은폐해 온 이중적인 생활을 더욱 치밀하게 관리하고 유지한다. 가정 내에서는 갈등이나 사건이 표면적으로 드러나지 않아 문제가 해결된 듯 보이지만, 이는 청소년이 비행을 더 은밀하고 정교한 방식으로 지속하고 있다는 사실을 간과한 해석에 불과하다. 실제로는 부모와 자녀 간의 심리적 단절이 이미 심화된 상태이며, 외적으로 보이는 평온은 내부의 붕괴를 가릴 뿐이다. 이러한 상황에서 청소년은 또래나 사회와의 관계를 차단하고, 제도권에서 벗어난 고립된 공간 속에서 자신의 미래와 정체성을 혼자 고민한다. 그러나 이처럼 은밀한 이중생활과 내면의 혼란은 외부에 쉽게 드러나지 않기 때문에, 부모는 자녀의 상황이 호전된 것으로 오해하고 일시적인 안도감을 느끼기 쉽다.

결국 이러한 오해는 청소년의 왜곡된 정체성과 부적응 문제를 더욱 고착시키고, 가족 내 갈등과 단절은 한층 더 심화된다. 부모는 과거에 비해 현재 문제가 완화되어 보인다는 이유만으로 상황을 넘기지만, 정작 자녀의 미래를 함께 설계해야 할 중요한 양육 과정은 빠져 있다. 이처럼 부모는 자녀의 실제 생활에 대한 정보와 통제 권한을 거의 잃은 채, 외부로 드러나는 표면적 사건의 유무만으로 자녀의 상태를 판단하게 된다. 그 결과 자녀의 내면과 또래 관계, 일탈 행동에 대한 실질적 이해와 개입은 더욱 어려워지고, 가정은 청소년 발달 과정에서 수행해야 할 보호와 사회화의 기능을 사실상 상실하게 된다. 결국 청소년은 부모의 영향권에서 완전히 벗어나 또래 중심의 하위문화인 그들만의 세상에 더욱 깊이 귀속되며, 제도권 사회로부터의 이탈을 더욱 공고히 한다.

이러한 상황은 단지 개인과 가족의 실패를 넘어, 법적 개입조차 실질적 변화를 이끌어 내지 못하는 구조적 한계를 드러낸다. 부모의 체념과 무대응, 청소년의 이중생활은 비행의 종결이 아니라 은폐와 지속의 고도화로 해석되어야 하며, 이는 가정이 더 이상 개입 주체가 아닌 방관자이자 비행을 용인하는 환경으로 전락했음을 시사한다.

2. 학교: 완전한 무가치감과 제도권 거부

비행이 심화된 이 시기의 청소년에게 학교는 더 이상 소속감이나 성취감을 제공하는 공간이 아니다. 많은 경우 이들은 학교에 아예 다니지 않거나, 형식적으로 출석하더라도 수업이나 학교생활에 실질적으로 참여하지 않는다. 교실이라는 공간은 이들에게 정서적으로 불편하고 차별받는 장소로 인식되며, 규율과 구조에 순응해야 하는 환경은 내면의 긴장을 유발하고 신체적 불쾌감까지 동반한다. 특히 흡연과 같은 일탈적 습관이 고착된 경우, 학교 규칙과의 충돌은 금단 증상으로 인한 정서적·신체적 불안정성을 더욱 심화시켜 학습 참여를 어렵게 만든다.

이들에게 학교는 자신의 미래를 설계하고 준비하는 발판이 아니라, 자유를 억압하고 가능성을 제한하는 무의미하며 삶을 방해하는 구조적 장벽으로 인식된다. 교사의 지도와 수업 역시 청소년에게는 간섭과 구속으로 받아들여지고, 학교의 전반적인 질서는 청소년이 추구하는 이상적 자율성과 끊임없이 충돌한다. 특히 그들만의 세상 안에서 비정상적으로 높아진 삶의 역치는 일반적인 또래 청소년의 삶과 학교생활과 괴리되어 있으며, 이 간극은 학교를 더욱 무의미하고 억압적인 공간으로 인식하게 만든다. 이로 인해 학업에 대한 무가치감은 점차 내면화되고, 학습에 의미를 부여하는 과정 자체는 완전히 소멸된다. 그 결과 일반적인 학교생활과는 단절된 그들만의 세상에 대한 집착은 더욱 깊어지며, 학교는 더 이상 현실의 대안이 되지 못한다. 이러한 정서적 거리감은 결국 학업 포기로 이어지고, 성적 부진과 반복된 실패 경험은 현실로부터 도피하고자 하는 욕구를 더욱 자극한다.

진로나 진학에 대한 고민 역시 자기 이해에 기반한 준비 과정과 노력에 기반하기보다는 그들만의 세상 안에서 보여지는 성공 모델로 대체된다. 이는 현재의 부적응적 삶을 오히려 강화하는 역할을 한다. 청소년은 제도권 내에서의 건강한 성장을 통해 사회에 진입하기보다는 자신만의 방식으로 빠른 성공을 이루겠다는 비현실적 기대에 몰입하며, 맹목적인 사업 시도나 한탕을 노린 돈벌이를 미래로 상상한다. 이러한 허황된 기대는 학교 제도에 대한 불신을 더욱 심화시키고, 사회적 성공에 이르는 기존 경로 전반을 부정하는 태도로 이어진다. 결국 청소년은 학교를 단순히 의무적으로 다녀야 하는 공간이 아니라 하루빨리 벗어나야 할 장소로 인식하게 되며, 이는 무단결석과 자퇴로 이어지는 급격한 이탈로 나타난다. 비행의 강도가 비교적 낮은 청소년의 경우, 그들만의 세상에 머물러 있으면서도 '학교에 다닌다'는 사실을 자기방어적 정당화의 수단으로 삼으며, 현실에 제대로 접속하지 못한 채 표면적으로만 일상을 이어 가는 모습을 보이기도 한다. 이들은 형식적으로 등교하지만 교육과정에는 참여하지 않으며, 수업 시간에 쿠션을 들고 다니며 잠을 자거나 밤낮이 뒤바뀐 생활을 지속하는 등 전반적으로 무질서하고 기본적인 학교생활에도 부적응적인 태도를 보인다. 이처럼 D단계에서의 학교는 청소년의 삶에서 실질적 영향력을 상실한 채 점점 더 외면당하는 제도로 전락한다.

3. 그들만의 세상: 정점에서의 우월감과 심리적 방어

청소년의 성장 흐름 속에서 어느 시점에 이르면 그들만의 세상에서 가장 영향력 있는 시기를 자연스럽게 경험하게 된다. 그들만의 세상 안에서 오랜 시간 쌓아 온 인맥과 세력은 점차 확장되며, 자연스럽게 자신보다 어린 B, C단계 후배들이 따르게 된다. 이들은 자신보다 어린 후배들에게 선배 노릇을 하며 또 다른 방패막이가 되어 주고, 자신들을 보호막으로 의지하는 후배들을 부리며 위력을 행사한다. 이러한 과정은 자신의 존재감을 느끼게 하고, 내면의 열등감을 일시적으로 가린다.

이런 경험이 반복되면 D단계에 접어든 청소년은 자신을 성공한 인물로 인식하고, 과거의 고생과 비행 경험이 보상받는다는 감정으로 이어진다. 그들만의 세상 안에서 위력을 휘두르며 힘 있는 사람으로 인정받는 경험은 그동안 사회에서 부정당하고 인정받지 못했던 가치를 스스로 만들어 내는 과정이자, 잘못된 형태의 강한 자기효능감과 만족감을 제공한다. 그들만의 세상 안에서 영향력을 넓히고 인맥을 구축하며 위력을 행사하는 활동은 현실에서 상실된 자아존중감을 대리 회복시켜 주고, 가정과 학교에서 겪었던 열등감과 실패는 우월감과 유대감, 지위 확보로 전환된다. 이러한 경험을 통해 청소년은 자신이 가치 있는 존재라는 확신을 갖게 되며, 외부의 평가나 비난에 맞서기 위한 내면의 논리 체계를 만들어 낸다.

이 논리 체계는 현실의 부정적 평가나 실패를 왜곡하거나 무력화함으로써 스스로를 보호하고 위안을 얻는 역할을 한다. 그러나 이러한 일시적인 정서적 보상은 단기적으로는 자아존중감을 유지하는 데 도움이 될 수 있으나, 결국에는 현실 적응을 회피하는 방어기제로 작동한다. 사회적 좌절이나 적응적 영역에서의 건설적 성취의 부재를 직면하기보다는 청소년은 그들만의 세상 안에서의 인정에 몰입하며 심리적 균형을 유지하려는 경향을 반복한다. 이는 결과적으로 제도권으로의 복귀 가능성을 점차 약화시키며, 그들만의 세상에서 자리 잡았다고 착각하는 주관적인 성공 지각은 현실의 실패를 은폐하고 스스로를 이상화하며 합리화하도록 만든다.

그러나 이러한 자기합리화는 부족한 현실 인식과 책임 회피로 이어져 문제 해결의 동기를 더욱 약화시킨다. 이러한 심리 구조는 사회가 요구하는 규범과 기술, 역할을 정상적으로 사회화할 기회를 상실하게 하고, 현실에 적응하려는 동기와 역량도 점차 약화시킨다. 그 결과 성인기 이후에도 부적응 상태가 지속될 가능성이 높아지고, 이는 때로 조직적 범죄나 고위험 행동으로까지 전이될 위험성을 동반한다. 이 시기의 청소년은 외적으로는 주체적이고 강한 존재처럼 보일 수 있으나, 텅텅 빈 이들의 삶과 실상은 현실로부터 이탈한 채 대체 자아존중감을 확보하려는 방어적 생존 전략 속에 놓여 있다. 이들이 느끼는 그들만의 세상에서의 정점은 사회 일반의 기준에서 바라본 성공이 아니라, 특정 하위문화 내부에서만 유효한 제한된 영향력에 불과하다.

▍심리적 기제(우월감 + 열등감)

D단계에 있는 비행청소년의 심리 구조를 깊이 들여다보면, 겉으로는 상반돼 보이는 우월감과 열등감이 실은 동시에 작용하며 서로를 강화하는 복합적인 기제를 이룬다. 그들만의 세상에 깊이 빠진 청소년은 스스로를 일반 학생과 본질적으로 다른 특별한 존재로 인식하고, 자신이 앞서 있으며 선택받았다는 강한 우월감에 몰입한다. 이들은 제도권 내 일반 청소년을 평범하고 시시한 존재로 폄하하며, 특권의식에 가득 찬 자신은 기존 규범을 초월한 자유로운 인간이라 믿는다. 이러한 오인된 우월감은 단순한 자아존중감 고양을 넘어, 우월감을 누리고 과시하는 데 중독되어 비행 정체

성을 유지하려는 심리 구조로 작용한다.

　이로 인해 청소년은 지속적으로 자신의 특별함을 확인하고 과시적 행동을 더욱 강화한다. 이러한 과장된 자기 확신은 실상 내면 깊숙한 열등감을 은폐하고 보상하려는 방어기제에서 비롯된다. 학업, 가족, 사회적 관계 속에서 반복되는 실패와 무력감은 강한 부적절감과 낮은 자기효능감을 남기며, 이는 자신에 대한 근본적인 의심과 부정으로 이어진다.

　이들은 내면의 열등감을 직면하지 못하고 그것을 과장된 자아상과 왜곡된 자기 확신으로 치환해, 자신들만의 영역인 그들만의 세상에서의 비행을 통해 일시적으로 메우려 한다. 이때 비행은 단순한 규범 위반을 넘어 부정된 현실 자아를 방어하고 왜곡된 이상 자아를 유지하려는 심리적 수단으로 기능하며, 왜곡된 자아존중감의 핵심 자원이 된다. 폭력, 절도, 규칙 위반, 무면허 운전 등 불법적 활동은 존재감을 극대화하고, 그들만의 세상 안에서 인정과 영향력을 얻는 주된 방식으로 작동한다.

　이러한 과정은 청소년의 심리적 불안을 일시적으로 완화시키지만, 일탈이 반복될수록 현실의 실패를 직면하기보다는 확증편향을 강화하여 그들만의 세상에 더 깊이 몰입하게 하고, 결국 현실 적응을 방해하는 미성숙한 방어기제와 부적응적 대처 패턴으로 고착된다. 이들은 학교, 가정, 사회로부터 점차 이탈하며, 그들만의 세상 안에서 일시적 성공과 인정 욕구를 충족하는 방식에 익숙해진다. 겉으로는 자유롭고 자율성이 보장된 영역처럼 보이지만, 실상은 불안정성과 열등감을 기반으로 형성된 취약한 심리 구조에 지나지 않는다.

　일부 청소년은 시간이 지남에 따라 이러한 불안정성을 스스로 자각하기도 한다. 과거에 받은 마음을 움직였던 지도는 시간이 지나 혼란 속에서도 성찰과 회복의 내적 자원으로 작용할 수 있다. 이들은 이전에 경험한 신뢰와 지지의 기억을 바탕으로 변화에 대한 희망을 품고 자신을 돌아보려는 최소한의 정서적 여유를 유지하며, 동시에 그들만의 세상이 결국 부적응적 방향으로 흐르고 있음을 인지한다.

반면 지도 경험이 전무하거나 부적절하고 피상적으로 그쳐 내면의 신뢰를 남기지 못한 경우, 청소년은 스스로의 부정적 정체성을 외부로부터 완전히 분리해 보호하려는 심리를 더욱 강하게 작동시킨다. 이들에게는 양가감정 자체가 충분히 형성되지 못하며, 변화 가능성을 가로막는 내적 방어벽이 더욱 단단해진다. 그 결과 그들만의 세상에 더욱 깊이 매몰되어 현실과의 괴리는 커지고, 외부의 조언이나 개입 시도에 강한 저항과 부정으로 맞서며 왜곡된 자기상을 더욱 고착시킨다. 이러한 지도 여부는 D단계에 이어 마지막 단계인 E단계와 성인이 된 이후의 전체 미래의 삶에 결정적인 변화 요인이 된다.

우월감과 열등감은 독립된 감정이 아니라 하나의 심리적 연속선상에서 순환한다. 현실의 좌절은 열등감을 심화시키고, 심화된 열등감은 과장된 우월감을 필요로 하며 그 우월감은 다시 비행을 통해 유지된다. 이 순환 구조는 현실 적응의 실패와 자기 왜곡, 사회적 고립으로 이어지며 비행의 악순환을 고착시키는 핵심 심리 기제로 작용한다.

주요 지도 및 개입 방법

D단계에서의 개입은 청소년이 그들만의 세상 속에서 형성한 왜곡된 정체성과 우월감 악순환 구조를 해체하고, 제도권 사회와의 단절을 복원하며 현실 기반의 건강한 정체성을 재형성할 수 있도록 돕는 심리적 재구조화의 과정이어야 한다.

이 시기의 청소년은 하위문화 안에서 이미 인정과 지위를 통해 위력을 행사해 왔기 때문에, 외부의 개입은 자신의 위상과 정체성을 부정당하는 불쾌한 일로 받아들여질 수 있다. 한 번 획득한 권력과 영향력을 쉽게 내려놓기 어렵기에, 개입은 곧 방어적 저항과 갈등으로 이어질 가능성이 높다. 따라서 단순한 처벌과 통제보다는 심리적 통찰과 내면적 자각을 기반으로 한 관계 중심의 점진적 개입이 필요하다.

이때 그들의 우월감을 무조건 억제하기보다는 일정 부분 인정하고, 왜곡된 우월감의 방향을 건강하게 전환할 수 있도록 돕는 것이 중요하다. 겉으로 드러나는 우월감을 단순한 과시로만 보거나 열등감을 단순한 결핍으로 환원하기보다는, 두 감정이 어떻게 연결되어 비행을 강화하는지 이해하고 지도해야 한다. 청소년이 내면 깊은 부적절감과 불안을 안전한 환경에서 탐색하고 현실 자아를 긍정할 수 있도록 지원하며, 실제 성취 경험과 의미 있는 관계를 통해 새로운 자기효능감으로 이어질 수 있는 구조적 기회가 마련되어야 한다.

이렇게 형성된 자기효능감과 자아존중감은 청소년이 자신만의 내면 자원을 바탕으로 현실을 딛고 일어설 수 있도록 지지한다. 특히 그들이 지닌 고유한 성장 가능성과 미래 자원을 자각해 나가는 과정이 함께할 때, 청소년은 내적 동기를 높이고 책임감 있는 삶의 주체로 재사회화될 수 있다.

가정에서는 반복된 법적 개입과 중재 실패로 부모가 심리적으로 단념하거나 자녀에 대한 책임감을 상실한 경우가 많기 때문에, 교사와 상담자는 부모가 자녀의 회복 과정에 다시 적극적으로 참여하고 정서적 연결성을 회복할 수 있도록 지지해야 한다. 부모가 무력한 관찰자로 전락할 경우 청소년은 회복의 핵심 기반을 상실하게 된다. 따라서 부모에게는 단순한 감정적 대응과 현실 직면을 넘어, 정서 조절과 청소년의 성장과 발달에 대한 지식을 바탕으로 현실적 양육 기술을 회복하도록 돕는 교육과 지지 체계가 함께 제공되어야 한다. 이 과정에서 부모의 그간 나름의 노력과 고충을 충분히 인정하고 공감하되, 그 노력의 방향성을 점검하고 필요한 부분은 조정할 수 있도록 지원하는 것이 특히 중요하다. 이를 통해 자녀의 변화를 가능케 하는 '되돌아올 자리', 즉 변화 기반이 마련되어야 한다.

학교는 청소년의 일탈을 단순한 규칙 위반이나 교권 침해로만 보지 말고, 그 이면에 자리한 정체성 혼란, 자기효능감의 붕괴, 미래에 대한 불안 같은 이면의 심리를 이해해야 한다. 또한 청소년이 학교에서 경험해야 할 의미 있는 소속감과 역할이 어떻게 비워졌고 현재 어떤 상태인지도 함께 살펴야 한다. 무엇보다 청소년이 학업과 진로를 단순한 부담과 압박으로만 여기지 않고, 이를 삶의 자원으로 다시 통합해 건강한 사회화 과정을 회복하도록 돕는 것이 중요하다. 진로 지도는 건강한 정체성 확립에서 출발한다. 따라서 생활 전반에 대한 탐색과 함께 가용 자원을 바탕으로 진로에 대한 갈증과 욕구를 정확히 파악하고 실현 가능한 경로를 함께 설계해야 한다. 이는 청소년이 왜곡된 우월감이나 막연한 기대에 머무르지 않고, 현실 안에서 의미 있는 성취를 경험하며 자아존중감을 회복해 나가도록 이끈다. 이런 긍정 경험은 새로운 시도가 또 다른 좌절로 이어지지 않도록 하는 안전장치가 되며, 왜곡된 정체성을 해체하고 건강한 자기효능감을 재구성하는 출발점이 된다. 학교는 청소년이 학교생활의 가치를 다시 인식하고, 진학과 미래 계획을 통해 자신의 성장 잠재력을 최대한 실현할 수 있도록 실질적 비전을 함께 제시해야 한다. 지금 이 순간은 이들에게 성장과 발달이라는 대체 불가능한 기회비용이며 다시는 돌아오지 않을 자산임을 분명히 인식시켜, 자신만의 잠재력을 발견하고 발전시켜 나갈 수 있도록 도와야 한다.

합리화, 회피, 부인, 신체화, 행동화, 억압, 부정 등 청소년이 삶의 대처 방법으로 습득해 온 미성숙한 방어기제는 점진적으로 교정되어야 한다. 또한 청소년이 내면에 은폐해 온 열등감과 실패에 대한 두려움뿐만 아니라 불안과 우울 같은 부정적 정서를 심리적으로 안전한 환경에서 단계적으로 직면할 수 있도록 지원하는 정서적 개입이 필수적이다. 이 시기의 청소년은 우월감과 자기 과시를 통해 심리적 불안을 억제하려는 경향이 강하기 때문에 지도자는 그들의 언어와 세계관 속에 숨겨진 심리 기제를 정교하게 포착하고 이를 인지적·정서적으로 해석할 수 있도록 섬세하게 도와야 한다. 단순한 심리 검사의 실시와 해석에만 머무르지 않고, 실제 관계 맥락 속에서 반복적인 피드백과 정서적 지지를 제공함으로써 청소년이 왜곡된 정체성을 내려놓고 보다 현실적인 자아를 점차 수용할 수 있도록 돕는 과정이 중요하다. 이러한 개입은 기존의 미성숙한 방어기제를 대체하여 더욱 성숙한 정서 조절 전략을 형성하고, 비합리적인 사고를 교정하며 현실 지각 능력과 자기 성찰력을 확장하는 것을 목표로 한다.

변화는 청소년 개인의 의지와 노력만으로 이루어지지 않는다. 『청소년 비행의 모든 것』에서 설명한 '준거집단의 붕괴를 막는 비행청소년들의 필사적인 노력'과 같이, 그들만의 세상 속 청소년은 이미 응집력 강한 준거집단을 형성하고 있기에, 변화하려는 개별 청소년은 집단으로부터 심리적 압박과 저항에 직면한다. 변화의 가능성을 보이는 청소년은 그들만의 세상 안에서 배신자로 낙인찍히고, 준거집단 속 친구들은 그를 부모나 교사의 압박에 굴복한 존재로 비하하고 열등감을 자극한다. 이들은 조롱과 비난을 집중하며, 변화하고자 하는 이의 자존심을 더욱 자극해 변화 동기를 빠르게 약화시킨다. 지도자는 이러한 집단의 특수성과 역동을 정확히 이해하고, 변화하려는 청소년이 준거집단 안에서 느끼는 불편감과 불안, 소외, 고립감을 충분히 수용하며 지지하는 관계 기반을 유지해야 한다.

더불어 그들만의 세상이 제공하던 상징성과 유대감의 상실에서 오는 공허함을 건전한 소속감과 삶의 성취로 승화할 수 있도록, 이를 실현할 건전한 준거집단으로의 이행을 돕는 구조적 개입이 반드시 병행되어야 한다. 변화한 청소년이 돌아갈 수 있는 자리는 단순한 처벌의 결과로 주어지는 공간이 아니라, 재도전의 기회로서 존엄성을 부여받는 자리임을 직접 체험할 때 비로소 청소년은 자신이 속해 있던 그들만의 세상으로부터 진정으로 이탈할 동기를 갖게 된다.

문제 행동 중심의 단계별 개입 요령
E단계: 고등학교 2학년 후반 ~ 성인기

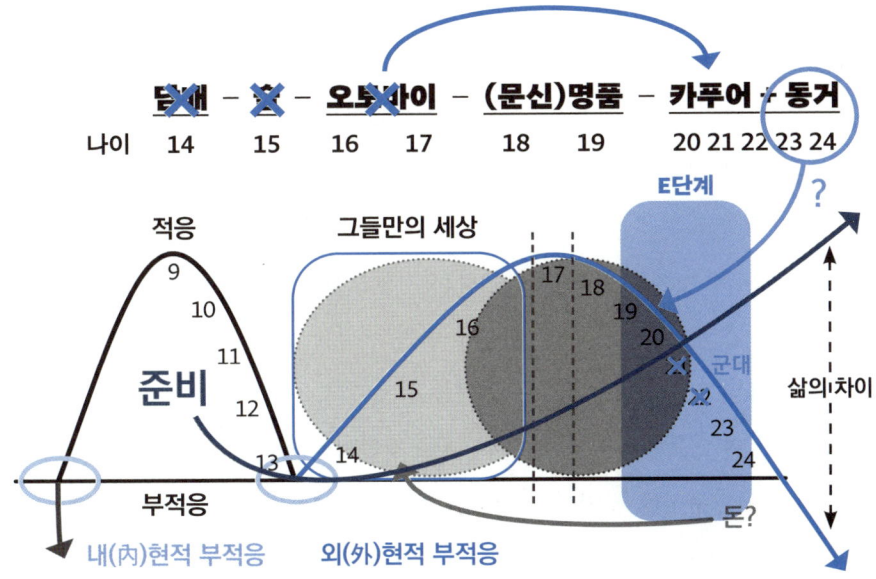

[고등학교 2학년 후반 ~ 성인기] 위험 징후 및 주요 키워드	
자동차(카푸어)	무력감, 절망감
자취	막다른 길에 선 후회
동거(어린 여학생과의 연애)	양가감정
교제 폭력	방황, 진로 고민
검정고시	기회비용, 매몰비용
법무부, 소년원, 교도소	현실 삶의 직면과 회피
심화된 문신 / 성형	학교에 대한 그리움
난잡한 유흥 생활	부정 정서
부정적 자기 개념과 낙인	미성숙한 방어기제

E단계는 고등학교 2학년 후반부터 성인기에 이르는 시기로, 비행청소년이 정점을 지나 성인기의 문턱에서 본격적으로 자신의 현실과 마주하게 되는 전환의 시기이다. 이 시기의 청소년은 오랫동안 속해 있던 그들만의 세상과 앞으로 살아가야 할 냉혹한 현실 사회와의 괴리를 인식하며, 이를 받아들이는 과정에서 큰 심리적 혼란과 양가감정을 겪는다.

그들만의 세상에서 습득된 그릇된 삶의 기준과 부적응적 대처 방법은 성격과 행동으로 고착된다. 비행의 정점을 지났던 이들은 반복된 실패와 좌절, 사회적 배제로 인해 무력감과 자기혐오를 경험하며, 낮은 자기효능감과 혼란스러운 자아정체성 때문에 변화의 필요성을 깨닫더라도 이를 현실에 적용하고 지속하는 데 큰 어려움을 느낀다. 이때 자신을 현실로부터 가려 주었던 그들만의 세상에 계속 머물 것인지, 아니면 그 과거를 딛고 새로운 삶을 재구성할 것인지는 청소년기에서 성인기로 넘어가는 결정적 전환점에서 미래 삶의 방향을 가르는 중요한 분기점이 된다.

긍정적인 방향으로 전환한 청소년은 과거를 성찰하고, 검정고시나 직업훈련 등 자기계발을 통해 변화를 모색하며, 이를 바탕으로 보다 풍부한 삶의 자원과 기회를 만들어 간다. 반면 부정적인 방향에 머물면, 과거 비행 경험을 정체성의 일부로 내면화하여 내면의 열등감을 감추기 위해 더욱 위험하고 자극적인 행동으로 이어진다. 이는 사이버 도박, 무면허 운전, 교제폭력 등으로 더욱 은밀하고 복합적으로 나타나며, 결과적으로 진로 기회 축소, 정서적 불안정, 경제적 어려움 등 심각한 위기로 이어져 또 다른 악순환의 굴레에 빠지게 된다.

주요 행동 양상

성인기를 앞둔 혹은 접어든 비행청소년들은 더 이상 가정에서 실질적인 보호나 관심을 기대하기 어렵다. 부모는 "*성인이 되었으니 이제는 스스로 알아서 해*"라는 명목 아래 무력감과 책임 회피를 합리화하며 자녀에 대한 지지적 개입을 최소화하거나 포기한다. 가정 내에는 "*큰 사고만 치지 않으면 다행*"이라는 소극적 기대만 남아 방임적 구조가 고착되고, 이는 청소년이 제도권 밖에서 살아가게 되는 주요 배경이 된다.

이 시기의 많은 청소년은 그들만의 세상 안에 더욱 깊이 머물면서, 과거와 같은 철없는 비행은 줄었기에 스스로 변했다고 주장한다. 그러나 실제로는 왜곡된 우월감과 내면의 무력감·열등감이 뒤섞여 심리적 균형을 유지할 뿐, 현실을 직면하지는 못한다. 이들은 자신보다 더 과도한 비행을 지속하는 이들과 자신을 비교하며 변화된 듯 합리화하고, 명문대 진학이나 의대 입학 같은 비현실적인 목표를 내세워 불안을 방어한다. 이는 "*아무도 나를 이해하지 못하지만, 나는 잘되고 있다*"는 왜곡된 자기 인식을 유지하게 하고, 책임을 외부로 돌리며 부정적 결과를 회피하려는 미성숙한 태도로 이어진다. 그 결과 공동체적 규범이나 책임 의식은 약화되고, 반복된 실패와 좌절은 자기합리화의 악순환을 더욱 공고히 한다.

후기 청소년기에서 성인기로의 전환기는 자아 통합과 사회적 책임감을 내면화하는 중요한 시기다. 지금까지의 그들만의 세상에서 성장해 온 이들의 삶은 사회 중심부가 아닌 주변부, 즉 '음지 陰地'의 생존 방식 안에서 이해되어야 한다. 이들은 양지 陽地 를 동경하면서도 높아진 삶의 역치와 즉각적 보상에 길들여져, 노동과 절제 같은 성취의 본질적 가치를 내면화하기 어렵다. 단기적 만족은 더 큰 자극과 보상을 요구하게 하고, 이는 돈과 소비에 대한 집착으로 이어져 음지에 머무는 고착 상태를 만든다. 자신이 선택한 삶이 행복과는 거리가 있음을 알면서도, 기존 방식을 벗어나려 할 때 느끼는 불안을 감내할 정서적 안정과 변화의 실질적 자원이 부족해 쉽게 탈출하지 못한다. 결국 탈출을 꿈꾸면서도 음지에 머무는 역설적 고착 상태에 빠진다.

성인기로 접어들어 20대 중후반이 되어도, 이들 대부분은 청소년기에 형성된 그들만의 세상 안에 머물며 제한된 내부 세계에 갇혀 자기 개념을 유지한다. 이들은 성인이 되어서도 자신들의 영역 안에서 타인과 자신을 비교하며 일시적인 위안을 얻지만, 실제로는 우물 안의 개구리처럼 모두 비슷한 한계와 고립 상태에 머문다. 그러나 그들만의 세상을 벗어나 새로운 삶을 준비할 현실적 전략과 자원을 갖추지 못해, 왜곡된 문제 해결 방식과 자기 인식 구조가 고착된다. 이는 정서적 성숙과 사회적 적응을 지연시키고, 자기 강화적 악순환을 통해 삶을 점점 막다른 길로 이끈다. 익숙한 관계와 기억에 매여 과거를 정리하지 못한 채 현실적으로 새출발할 기회를 좀처럼 마련하지 못하고, 쌓여 온 실패와 상실감은 새로운 시도에 대한 두려움과 자기 불신으로 이어지며, 이를 긍정적으로 이끌어 줄 의미 있는 사람조차 만나지 못한 채 내면의 고착은 더욱 단단히 굳어져 간다. 특히 24세 전후에 본격적으로 직면하는 현실 삶의 무게는 진로의 불확실성, 경제적 자립 압박, 사회적 고립으로 나타나며, 반복되는 좌절과 정서적 고통은 극단적 선택으로까지 이어질 수 있다. 이는 결국 현실적 자원과 지지 체계의 부재가 빚어낸 비극적 결과라 할 수 있다.

과거 지도 경험에 따른 상반된 성장 경로

E단계에 이른 비행청소년은 두 갈래의 길에 놓인다. 하나는 '냉혹한 현

실을 부정하고 그들만의 세상에 머무르며 왜곡된 영향력과 우월감을 지속하는 길', 다른 하나는 '현실을 직면하고 발달 단계에서 비롯된 기회를 새로운 변화로 연결하려는 가능성의 길'이다. 이 시기에 어떤 선택을 하고 이를 어떻게 의미 있는 지도와 교육으로 연결하느냐에 따라, 이후 성인기로의 전환 과정에서 청소년의 사회적 적응력과 심리적 안정성에 큰 영향을 미친다.

현실을 직면하고 변화의 길을 선택한 청소년은 반복된 훈육과 자기 성찰을 통해 스스로를 돌아보는 힘을 갖게 된다. 이들은 검정고시나 진학, 취업 준비를 시도하며 과거에 회피하던 무력감과 절망감을 더 이상 외면하지 않는다. 이는 그들만의 세상과 감정적으로 거리를 두고 새로운 관점으로 삶을 재구성하려는 내적 태도의 변화이며, 반복된 실패 속에서도 변화 가능성이 살아 있음을 스스로 확인하는 과정이다. D단계에서도 강조한 바와 같이 과거에 의미 있는 지도를 받았던 경험이 있다면, 그때 내면에 심어진 성장의 씨앗은 양가감정 속에서 되살아나 현실을 성찰하고 극복하려는 힘으로 이어진다. 따라서 청소년기 전 과정을 관통하는 지도의 연속성은 단발성 개입을 넘어 언제든 다시 피어날 수 있는 연속적 성장의 토양을 만드는 데 큰 의미가 있다.

반면, 냉혹한 현실을 부정하고 그들만의 세상에 머무르려는 청소년은 성찰과 내면화 없이 과거에 형성된 왜곡된 우월감을 더욱 과장하며 자극적이고 공격적인 방식으로 자신을 드러낸다. 이들은 과도한 문신, 자동차 무면허 운전, 음주와 유흥 생활 등을 통해 후배들에게 밀리지 않는 모습을 보이려 하며, 이를 위해 더 강화된 비행으로 자율성과 존재감을 과시한다.

또한 이들은 후배들에게 금전을 요구하거나, 어린 여학생과의 관계에서 위계를 행사해 교제 폭력으로 이어지며, 결국 타인을 수단화하는 데 이른다. 그러나 후배들의 따가운 시선과 불안한 미래, 진로에 대한 혼란 속에서 현실을 회피하려는 경향은 더욱 심화된다. 이 과정에서 사이버 도박은 실제 도박 행동으로 발전하거나 사채업과 같은 불안정한 생계 수단으로 확장되어 복잡한 채무 관계를 만들어 낸다. 이러한 채무 관계는 가족 갈등과 또래 간 금전 문제의 얽힘으로 이어지고, 심리적 압박을 가중시켜 결국 자아 통합을 더욱 어렵게 한다.

▎심리적 기제(현실의 벽에서 느끼는 양가감정)

더 나아갈 길 없는 막다른 비행의 판 위에 선 청소년들은 자극적 경험과 일시적인 권력감이 주는 달콤한 누림 속에서 한편으로는 자유를 만끽하지만, 동시에 대학 진학이나 사회 진입 등 또래의 일반적 경로의 삶을 바라보며 깊은 불안과 열등감, 후회와 공허감을 반복적으로 경험한다. 이러한 정서는 내면 깊숙한 갈등과 긴장 구조가 뒤엉킨 복합적 양상으로 나타난다.

이들은 자신이 택한 경로가 미래 가능성을 제약한다는 사실을 어렴풋이 자각하면서도 이를 곧장 자기 성찰과 반성으로 전환하지 못한 채, 오히려 절망과 불안을 잠재우기 위해 기존의 누림에 더 깊이 집착한다. 일탈 집단 내부에서도 새로운 후배 세대의 도전과 무시로 인해 독점적 지위를 유지하기 어려워지면서, 그동안 누려 온 특권이 허상에 불과했음을 깨닫게 되지만, 이는 곧 실망감과 자기 회의로 굳어진다.

문제는 이런 깨달음이 변화의 계기로 작동하지 못하고, 오히려 더 자극적이고 과시적인 행동으로 확대되어 스스로의 존재감을 증명하려는 자기 파괴적 행동으로 이어진다는 점이다. 결국 청소년은 더 이상 나아갈 길이 없음을 어렴풋이 인식하면서도 현실을 직면하지 않고, 불법 세계의 누림과 허황된 자기 과시에 매달려 심리적 균열을 심화시킨다. 자아는 현실 세계와의 괴리 속에 점점 고착되고, 내면에는 불안과 절망이 누적되며, 외면적으로는 과시적 비행이 더욱 극단화된다. 그 결과 변화의 가능성은 차단되고, 왜곡된 정체성과 중독된 누림의 삶은 비행청소년을 막다른 비행의 판 위에 고립시키는 구조로 굳어진다.

이들은 한편으로는 스스로 선택한 삶의 방식에 대한 왜곡된 자부심을 유지하면서도, 동시에 현실의 벽 앞에서 자신의 무력함과 한계 상황을 삶의 여러 장면에서 절실히 느낀다. 이러한 내적 양가감정은 자신이 처한 상황을 벗어나고자 하는 희미한 열망과 끝내 변화하지 못할 것이라는 체념이 뒤엉킨 채 반복되며 내면의 혼란을 더욱 증폭시킨다.

주요 지도 및 개입 방법

E단계에서의 개입은 비행청소년이 그동안 깊이 내면화해 온 비행 정체성과 허위적 자기 강화 방식을 서서히 내려놓고, 성인기로의 전환기에 걸맞은 성숙한 자기통합 과정을 시작할 수 있도록 다층적인 심리·사회적 기반을 조성하는 데 중심을 두어야 한다. 이를 위해 그들만의 세상에 머물러 성장해 온 청소년이 누락되었던 사회화 과정을 회복하고, 현재의 성장 자원을 바탕으로 스스로 미래 비전을 설계할 수 있도록 돕는 것이 중요하다.

이 단계의 진정한 목표는 청소년이 그들만의 세상과 현실 사회 사이의 긴장과 양가감정을 탐색하고, 지금까지 자신을 지탱해 온 그들만의 세상과 왜곡된 삶의 방식이 더 이상 지속될 수 없음을 깨닫는 한편, 새로운 삶의 가능성을 스스로 그리고 현실적으로 그려갈 수 있도록 돕는 것이다. 이를 위해서는 청소년이 누적된 좌절감과 무기력, 미성숙한 방어기제 같은 복합적인 심리 구조를 객관적으로 이해하고, 정서적으로 해소할 수 있는 심리적 안전기반을 충분히 경험해야 한다. 이와 더불어 자기 통찰과 현실 감각을 되찾아 허황된 미래와 부족한 현실 지각 능력으로 쌓여 있는 자아와 결별하고, '나는 충분히 성장할 수 있는 사람'이라는 삶의 희망을 회복하도록 지원해야 한다.

비행청소년의 지도는 행동 수정만으로는 부족하다. 반복되어 온 부인, 회피, 억압, 합리화, 신체화 같은 미성숙한 방어기제를 자각하게 하고, 왜곡된 자아상을 해체해 더욱 현실적이고 수용 가능한 자기 개념을 다시 세울 수 있도록 도와야 한다. 이는 단순히 문제 행동을 멈추게 하는 데 그치지 않고, 청소년이 자기 자신을 다시 만나고, 자신의 고통을 온전히 마주하며 심리적 성장을 경험하도록 돕는 과정이다. 이를 위해 안전하게 복합적 정서를 탐색하고 표현할 수 있는 심리적 공간이 반드시 필요하며, 건전한 성취 경험과 의미 있는 관계, 지속 가능한 인정 구조가 함께 마련되어야 한다.

그동안 왜곡되어 굳어진 그릇된 삶의 기준과 규범을 수정할 수 있도록 지도하는 것도 중요하다. 청소년은 그들만의 세상 안에서 '돈이 최고다', '나만 아니면 된다', '법은 피하면 된다' 같은 규범을 내면화해 왔다. 이 가치가 더 이상 유효하지 않음을 자각하도록 하고, 적응적인 집단 안에서 새로운 소속감과 정상적인 인정, 존중을 경험할 수 있도록 실천적 기회를 만들어야 한다. 특히 준거집단의 변화는 가장 현실적인 개입 지점이다. 변화의 과정에 있는 청소년이 기존 집단 내에서 배척이나 조롱의 대상이 되지 않도록 세심하게 지도해야 하며, 이들이 익숙했던 그들만의 세상을 벗어나 보다 건강한 집단으로 자연스럽게 옮겨 갈 수 있도록 도와야 한다. 이는 결국 적응의 영역에서 성장해 온 사람들과 지속적이고 건설적인 관계를 맺고, 점차 적응적이고 확장된 삶의 영역으로 이동하도록 돕는 핵심적인 디딤돌이 된다.

비행은 되돌릴 수 없는 낙인이 아니라 충분히 전환 가능한 과정이다. 이를 토대로 청소년이 스스로 인생을 재설계할 수 있도록, 가용 자원을 바탕으로 구체적인 전략을 제공하고 왜곡된 우월감과 회피적 태도를 현실 삶에 기반한 작지만 의미 있는 성취로 전환할 수 있도록 돕는 것이 중요하다. 진로 지도는 단순한 직업 정보 전달에 머무르지 않고 청소년의 삶 전체를 설계하는 시야로 접근해야 한다. 각 성장 단계에 맞는 발달 과업은 단계적으로 다룰 수 있어야 한다. 즉 옳고 그름을 분별할 수 있는 가치관과 정서 조절 능력, 자기 이해와 학습의 기초를 다지고 이를 바탕으로 진로 탐색과 사회기술을 익히며, 궁극적으로 자율성과 책임감을 조화롭게 실현하여 스스로의 가치를 실천할 수 있는 성숙한 삶의 구조를 만들어 가도록 돕는 것이 중요하다. 이런 흐름이 청소년에게 '나는 미래를 설계할 수 있는 존재'라는 기본 신념을 다시 심어 주고, 과거의 비행 경험을 승화시켜 성장의 자양분으로 삼게 한다. 아동기에서 청소년기로 전환되며 비행이 시작되던 A단계에서 예방이 중요했던 것과 마찬가지로, 청소년에서 성인기로 전환되는 E단계 역시 청소년이 그들만의 세상을 벗어나 적응의 영역으로 나아갈 수 있도록 교육하며 지원할 수 있는 사실상 마지막 단계이자 중요한 또 한 번의 기회의 전환점이다.

적응의 영역으로의
되돌리는 작업

되돌아갈 자리를 만들어 되돌아가는 작업

'되돌리는 작업'보다 더 중요한 '되돌아갈 자리'

 # 공통적으로 갖춰야 할 현실적 문제

1 개인의 노력: 되돌아보는 시간에서 시작되는 적응과 회복
2 가정의 노력: 회복과 성장을 위한 따뜻한 가정과 양육
3 학교의 노력: 소속감과 기회를 품은 회복적 학교 환경

'되돌리는 작업'보다 더 중요한 '되돌아갈 자리'

청소년 비행에 대한 개입과 재적응 과정에서는 '되돌리는 작업'과 '되돌아갈 자리'가 마치 두 개의 수레바퀴처럼 함께 굴러가야 한다. 그러나 이 가운데 보다 결정적인 것은 다름 아닌 '되돌아갈 자리'다. 변화는 고립된 상태에서는 결코 지속될 수 없다. 청소년은 멈춤 작업을 통해 자신의 삶을 객관적으로 바라보고, 미성숙한 감정 조절이나 대처 방법, 비합리적 신념을 점차 수정한다. 그러나 이러한 개인의 변화만으로는 부족하며, 관계적·환경적 기반이 충분히 뒷받침되지 않으면 그 변화는 쉽게 흔들리고 지속되기 어렵다. 아무리 문제 행동을 멈추고 성찰로 새로운 삶을 선택하려 노력해도, 그 변화가 정서적으로 수용되고 관계 속에서 지지받으며 삶의 구조 안에 안전하게 자리 잡을 수 있는 자리가 없다면 쉽게 흔들릴 수밖에 없다.

되돌리는 작업은 청소년이 내면화한 왜곡된 가치관과 사고방식을 바로잡고 문제 행동을 멈추며 자기효능감을 회복해 가는 과정이다. 신뢰할 수 있는 관계망과 안정적인 환경적 지원이 있어야만 청소년은 되돌아갈 자리를 경험하고, 변화의 불안을 견디며 새로운 정체성을 삶 속에 뿌리내릴 수 있다.

되돌아갈 자리는 단순한 물리적 공간을 넘어, 변화된 청소년이 심리적으로 정착하고 사회적으로 뿌리내릴 수 있는 적응의 영역이다. 실패와 좌절 이후에도 다시 시도할 수 있게 해 주는 정서적 안전지대이자, 누군가에게 여전히 환영받고 수용될 수 있다는 존재적 확신의 터전이다. 청소년은 이러한 관계적 기반 속에서 자신이 단지 문제 있는 청소년이 아니라 공동체 안의 소중한 구성원임을 다시 경험한다. 이처럼 되돌아갈 자리는 상처를 딛고 방황을 마무리하며 자신만의 새로운 삶의 이야기를 써 내려갈 수 있다는 가능성을 확인시키는 희망의 공간이다.

멈춤 작업이 변화의 불씨를 붙이는 일이라면, 되돌아갈 자리는 그 불씨가 꺼지지 않도록 지켜내는 울타리이자 변화의 여정을 지탱하는 뿌리다. 변화는 결코 혼자 만들어지지 않는다. 청소년이 변화된 모습으로 안전하게 소속될 수 있는 관계와 환경 속에서만 그 변화는 비로소 진정한 회복으로 완성된다.

청소년 문제 행동 개입에서 멈춤 작업만큼 중요한 것은 변화의 시작에 그치지 않고, 그 변화가 흔들리지 않고 뿌리내릴 수 있도록 언제든 되돌아갈 수 있는 자리를 마련해 주는 일이다. 변화는 언제나 시작보다 정착이 더 어렵다. 그리고 그 정착을 가능하게 하는 것이야말로 회복의 본질이다. 앞서 '멈춤-되돌림-성장 작업'은 개별적이고 분절된 접근이 아니라 유기적이고 연속적인 통합 과정임을 강조한 바와 같이, 되돌리는 작업 또한 사례개념화와 문제 행동 중심의 단계별 개입에서의 멈춤 작업과 유기적으로 연결되어 지속적으로 이루어져야 한다는 점을 다시 한번 강조한다.

공통적으로 갖춰야 할 현실적 문제

비행청소년을 건강한 삶의 영역으로 되돌리는 작업은 단순한 개인적 노력이나 일회성 개입만으로는 결코 충분하지 않다. 이들은 현실적으로 복잡하고 다면적인 문제 상황에 놓여 있으며, 이에 효과적으로 대응하기 위해서는 보다 구조적이고 다차원적인 접근이 필수적이다.

청소년은 아직 정서적·인지적·사회적으로 완전히 성숙되지 않은 존재이기에, 부정적 환경이나 복잡한 문제를 마주했을 때 이를 적절히 다룰 수 있는 경험과 역량이 부족한 경우가 많다. 그 결과 일탈과 방황을 시작으로 미성숙한 방어기제와 부적응적 대처 방식에 의존하게 되고, 이는 결국 비행을 반복하고 고착시키는 요인이 된다. 따라서 청소년이 건강한 삶으로 전환하기 위해서는 먼저 자신이 처한 현실적 문제를 명확히 인식하고 이를 적극적으로 해결하려는 시도가 선행되어야 한다.

이 과정은 단순한 정서적 지지나 상담에 머무르지 않는다. 청소년의 비행을 지속시키는 유해한 환경과 위험 요인을 차단하고 체계적으로 관리하는 것은 물론, 미성숙한 방어기제의 교정과 부적응적 대처 전략의 수정, 법적 문제 해결, 적응 영역으로의 복귀 기반 마련과 경제적 안정 등 삶의 조건 개선까지 포괄해야 한다.

무엇보다 이러한 현실적 접근을 뒷받침하는 핵심은 가정의 역할이다. 가정은 청소년에게 정서적 안정과 기본 가치 체계를 제공하는 가장 기초적이면서도 중추적인 울타리다. 일관성 있는 양육과 건강한 가치의 내면화,

공감과 지지에 기반한 소통은 청소년의 불안정한 정서를 안정시키고 미성숙한 방어기제 사용을 줄이며 보다 성숙한 대처 방식을 자연스럽게 익히게 한다. 아울러 성장 발달 특성에 맞는 적절한 책임과 자율성을 부여하는 경험은 청소년이 스스로 행동에 책임감을 갖고 자기효능감을 키울 수 있는 심리적 기반이 된다. 이는 비난과 처벌만으로는 결코 이룰 수 없는 변화의 밑바탕이다.

학교는 제2의 가정으로서 청소년이 사회화 과정을 건강하게 경험하고 성장할 수 있도록 전문적이고 체계적인 지원을 제공하는 종합적 역할을 한다. 청소년이 학업과 일상생활에 필요한 적응 기술과 사회적 기술을 익히고, 또래 및 성인과의 긍정적인 관계 형성을 통해 사회적으로 적합한 역할을 수행할 수 있도록 돕는다. 특히 부적응 학생의 경우에는 교사와 전문 상담사를 비롯한 청소년 관련 전문 인력이 중심이 되어 체계적이고 지속적인 개입이 이루어져야 한다. 이를 뒷받침하는 청소년 비행에 관한 제도적 시스템 역시 필수적이다. 이러한 시스템을 통해 청소년이 스스로 문제 행동의 원인을 인식하고, 자기 성찰을 통해 내적 변화를 이끌어 낼 수 있도록 지원해야 한다.

비행청소년이 건강한 삶을 회복하고 안정적으로 정착하기 위해서는 단편적이고 피상적인 개입으로는 부족하다. 현실적 문제 해결, 가정의 정서적 울타리와 가치 교육, 학교의 전문적이고 지속적인 지원이라는 세 축이 긴밀히 연결되고 조화를 이루는 통합적 접근이 반드시 필요하다. 이러한 다차원적 개입만이 청소년의 단기적 행동 변화에 그치지 않고, 장기적이고 지속 가능한 삶의 변화를 가능하게 하는 핵심 기반이 된다.

개인의 노력: 되돌아보는 시간에서 시작되는 적응과 회복

비행청소년이 건강하고 주체적인 삶의 방향으로 전환하기 위해서는 외부의 통제나 일시적인 개입만으로는 결코 충분하지 않다. 변화는 청소년 스스로 내면을 깊이 성찰하고, 자신의 삶에 책임을 지려는 지속적이고 진정성 있는 노력에서 시작된다. 오랜 시간 무의식적으로 체화된 그릇된 삶의 기준과 부적응적 대처 방식, 미성숙한 방어기제는 단순한 지침과 지적만으로는 수정되기 어렵다. 청소년은 그것이 자신과 타인에게 미치는 영향을 자각하고, 이를 의식적으로 수정하려는 주체적 실천이 필요하다.

청소년은 현실의 문제를 회피하지 않고 직면하며 해결하는 능력을 기르고, 그 과정에서 자신 안에 잠재된 긍정적 자원과 강점을 재발견하고 회복해 나가야 한다. 진정한 회복과 적응은 외부의 개입만으로 이루어지지 않는다. 그것은 자신의 상처와 한계를 인정하고 이를 극복하려는 지속적인 자기 실천과 변화의 의지에서 비롯된다. 바로 그 지점에서 청소년은 과거의 비행을 딛고 스스로 삶의 방향을 새롭게 설계할 수 있는 힘과 가능성을 갖게 된다. 그러나 이러한 변화의 의지와 실천이 기존 준거집단에서의 배척과 저항에 부딪힐 때, 청소년은 다시 비행의 영역으로 되돌아갈 위험에 놓인다.

이때 새롭게 형성된 적응적 영역과의 관계에서 얻는 신뢰와 지지는 청소년에게 심리적 안전기지를 제공하며, 변화의 방향을 지켜내는 결정적 토대가 된다. 일방적인 통제와 평가로 억눌리는 관계가 아니라, 따뜻한 관계 속에서의 공감을 통해 청소년은 억눌렸던 감정과 상처, 비합리적 신념, 부정적 자아를 안전하게 언어화할 수 있고, 이는 곧 자기 이해와 수용, 회복으로 나아가는 출발점이 된다. 지도는 지식으로 압도하거나 단순한 훈육과 제재로만 접근하는 것이 아니라, 청소년이 교정적 체험을 실제로 경험하고 이를 관계 안에서 재경험할 수 있도록 하는 과정이어야 한다. 이러한 관계는 단순히 기존 준거집단을 단순 대체하는 것을 넘어, 청소년이 삶의 주체로 다시 설 수 있는 정서적 기반이 된다.

부적응적 대처 방법의 수정과 미성숙한 방어기제의 교정

심리학에서 자아는 스트레스나 두려움 같은 위협적 상황에서 불안을 경험할 때, 무의식적으로 방어기제를 작동시켜 심리적 균형을 유지하고 자신을 보호한다. 방어기제는 개인이 처한 상황과 맥락에 따라 다양한 형태로 나타나며, 그 적응적 가치 또한 달라질 수 있다. 일반적으로 방어기제는 성숙도와 기능에 따라 성숙한 방어기제와 미성숙한 방어기제로 구분된다. 비행청소년들은 자기중심적이고 비현실적인 기대와 사고를 유지하기 위해 주로 미성숙한 방어기제를 사용하는 경향이 있다. 이들은 현실을 객관적으로 직면하고 자신을 성찰하기보다는, 합리화·부인·억압·행동화·신체화 같은 부적응적 방식을 통해 불편한 감정과 상황을 즉각적으로 피하려 한다. 이런 방어기제는 순간적으로는 불안을 덜어 주지만, 장기적으로는 내적 갈등을 해결하지 못하고 문제 상황에 대한 현실적 대응력을 약화시키며 자기 성찰을 어렵게 만든다. 특히 내면의 부정적 정서를 폭력이나 비행과 같은 외적인 행동으로 즉각 표현하는 행동화는 순간적 해소와 만족감을 줄 수 있지만, 결국 문제 행동으로 이어지며, 반복 학습된 부적응적 행동 패턴은 이를 고착시킨다.

미성숙한 방어기제가 반복되어 현실을 부정하고 회피하는 행동이 지속되면 현실과 이상 사이의 괴리는 더욱 커진다. 이로 인한 실패와 좌절의 경험은 현실 삶에서의 부적응으로 이어지며, 자신감과 자아존중감도 점차 저하된다. 이는 곧 내적 공허감과 우울, 불안 같은 부정적 정서를 심화시키고, 과거 비행에서 얻었던 일시적 만족과 현재의 괴로움 사이에서 양가감정을 느끼면서도 실질적인 변화는 이루지 못한 채 정체된 삶을 반복하게 한다. 그 결과 중요한 성장과 발달의 기회를 놓치고 삶의 자원을 소모하며,

결국 큰 기회비용을 초래하는 악순환에 빠지게 된다.

비행청소년의 심리적 회복과 건강한 발달을 위해서는 이들이 반복적으로 사용하는 부적응적 대처 방식과 미성숙한 방어기제를 객관적으로 인식하고 점진적으로 교정해 나가는 과정이 필수적이다. 특히 비합리적인 신념을 면밀히 탐색하고 현실에 맞게 재구성하도록 돕는 동시에, 응어리진 정서가 관계 속에서 고립되지 않도록 신뢰할 수 있는 안전한 환경에서 자연스럽게 해소될 수 있어야 한다. 이를 통해 청소년은 자신이 느끼는 과거와 현재, 그리고 미래에 관한 다양한 감정을 억누르지 않고 인식하며, 이를 건설적으로 표현할 수 있는 힘을 기르게 된다. 정서 조절 능력을 향상시키고 자기 이해의 폭을 넓히며, 성장 과정에서 드러나는 결핍과 상처를 성찰할 때 비로소 근본적이고 실질적인 변화와 회복으로 나아갈 수 있다.

▎비행의 원인이 되는 개인의 결핍과 좌절에 대한 회복

청소년 비행은 단순히 규범을 어긴 행동 그 자체로만 볼 것이 아니라, 그 이면에 자리한 심리적 결핍과 반복된 좌절 경험의 결과로 이해해야 한다. 많은 비행청소년은 어린 시절부터 충분한 애착과 지지를 경험하지 못한 채 감정적으로 불안정한 환경에서 성장해 왔다. 부모나 보호자로부터 안정적인 돌봄을 받지 못하거나, 지속적인 비난과 방임 속에서 자란 이들은 자연스럽게 자기 가치감이 손상되고 세상과 타인에 대한 신뢰를 형성하는 데 어려움을 겪는다. 이러한 초기 결핍은 정서 조절, 충동 통제, 공감 능력과 같은 핵심 사회정서적 기능의 미성숙으로 이어지며, 이는 결국 외현적 부적응의 비행이라는 형태로 표출된다.

성장 과정에서 해결되지 못한 누적된 좌절은 부적응의 중요한 심리적 배경이 된다. 청소년기는 자율성과 성취 욕구가 강하게 나타나는 시기이지만, 정서적으로는 예민하고 주변 평가에 민감하여 작은 실패나 부당한 대우에도 쉽게 상처를 받는다. 이처럼 청소년기는 정서적으로 취약한 시기이기 때문에, 반복적인 실패 경험이나 사회적 소외, 부당한 낙인은 청소년에게 자신에 대한 부정적 인식을 심어 주고 무기력감을 내면화하게 만든다. 손상된 자기효능감과 자아존중감은 즉각적인 보상이나 통제감을 주는 자극에 쉽게 끌리도록 하고, 이는 종종 일탈과 비행으로 연결된다. 상실된 자아존중감과 내면의 열등감은 건설적인 방식이 아니라 잘못된 방향으로 우월감을 추구하게 만들며, 이는 순간적인 만족을 위해 위험한 행동을 반복하도록 부추긴다.

그들만의 세상 속 청소년은 스스로 느끼는 무가치감과 열등감을 방어하기 위해 과장된 자기 과시나 공격적 행동으로 위장된 우월감을 드러낸다. 결핍을 인정하기 어려운 내면의 불안은 반대되는 외현적 태도로 표출되며, 이는 결국 비행으로 이어지는 악순환을 만든다. 특히 학업 성적이 절대적인 기준이 되는 교육 환경, 그중에서도 중학교 시기의 내신과 입시, 진학 중심 체계는 청소년이 자신의 능력을 객관화하는 중요한 계기가 된다.

이 시기에 많은 청소년은 스스로를 '낙오한 사람'으로 인식하고 열등감을 내면화한다. 이러한 자기 비하가 인지적 미숙함과 자아중심적 사고와 결합될 때, 비행이라는 왜곡된 행동 양식으로 쉽게 연결된다.

회복 과정에서 핵심은 청소년 비행을 표면적인 행동 문제로만 보지 않고, 그들이 겪은 결핍과 좌절의 실체를 정서적으로 공감하며 지지하는 관점으로 접근하는 데 있다. 드러나는 문제 행동만을 억제하려 해서는 근본적 회복에 이를 수 없다. 중요한 것은 청소년이 자신의 상처를 안전한 공간 안에서 드러내고 수용받으며, 삶의 의미를 새롭게 발견하고 자기 자신을 긍정할 수 있도록 돕는 일이다.

충분한 이해와 실질적인 지원이 뒷받침된다면, 결핍과 좌절을 안고 살아온 청소년도 충분히 다시 일어설 수 있다. 사회는 이들이 실패를 배움의 자산으로 전환하고 다시 희망을 품을 수 있도록 회복의 여정을 함께해야 한다. 멈춤 작업을 통해 문제 행동을 멈추고 스스로를 객관화하며 변화 동기를 다졌다면, 되돌리는 작업에서는 개인의 성장과 결핍, 환경에 맞춰 다양한 심리 상담 이론이 병행될 수 있다. 정서적 안정감을 바탕으로 한 치료적 관계 형성이 선행된 상황에서 필요의 경우 심리 검사를 기반으로 심층 개입을 진행하고, 이후 정신역동적 접근이나 인지행동적 접근, 실존적 접근, 인간중심적 접근 등 개인에게 적합한 치료법을 함께 활용하면 더욱 효과적이다. 이 과정에서의 긍정적 자기 인식의 회복과 자기효능감의 재건, 안정된 애착 경험은 청소년이 삶을 주체적으로 살아갈 수 있는 중요한 기반이 된다. 이는 단순한 행동 교정이 아니라, 자기 존재에 대한 인식 자체를 회복하는 정서적 재양육의 과정이다.

결국 비행청소년은 결함 있는 존재가 아니라 상처 입은 존재이다. 이들은 자신의 내면적 결핍을 무의식적으로 외면하고 이를 과장된 방식으로 대체하며 살아간다. 우리는 이들을 문제 있는 청소년으로 낙인찍기보다는 회복이 필요한 존재로 이해하고 접근해야 한다. 이들의 상처받은 자아에 다가가려는 섬세하고 지속적인 개입 속에서 비로소 비행의 고리를 끊고, 건강한 자아와 삶의 방향을 재정립할 수 있는 변화의 가능성이 열린다.

▎정상발달과정에서의 건강한 발달과 누락된 사회화 과정의 재교육

청소년기는 자율성, 정체감, 주도성, 사회적 책임감을 형성하는 인간 발달의 핵심 시기이다. 이 시기 청소년은 가정과 학교, 또래집단을 중심으로 다양한 사회화 과정을 거치며 사회적 존재로 성장해 간다. 그러나 비행청소년의 경우 이러한 정상적 발달 경로가 중단되거나 왜곡되어 사회 규범 안에서 적응하기 어려운 상태에 이르게 된다.

비행청소년의 삶에서 가장 근원적인 문제는 초기 사회화 실패, 특히 가정에서 비롯된다. 가정은 아동이 처음으로 사회적 규범과 감정 표현 방식, 관계의 원리를 배우는 가장 중요한 공간이다. 그러나 방임, 정서적 학대, 무관심, 일탈적 부모 행동은 청소년이 사회적으로 수용 가능한 사고방식과 행동 양식을 충분히 학습하지 못한 채 성장하게 만든다. 일부 부모는 자녀의 비행을 정당화하거나 묵인하며, 문제 행동을 단순한 호기심이나 당연한 것으로 여겨 오히려 그릇된 삶의 기준이 내면화되도록 방치한다.

실례로, 교칙을 어긴 한 청소년은 학교 생활교육위원회의 조치로 사회복지기관에서 봉사활동을 하면서 타인을 돌보는 일의 의미를 깨닫고, 사회복지사라는 직업에 관심을 가지게 되어 부모에게 자신도 멋진 사회복지사와 같은 일을 하고 싶다고 말했다. 그러나 부모는 *"그건 돈이 안 되는 일이야"* 라는 말로 청소년의 생각을 단번에 일축했다. 이러한 양육 태도는 단순히 진로의 방향을 제한하는 데 그치지 않고, 청소년이 스스로를 성찰하고 새로운 가능성을 탐색하려는 내적 동기를 꺾는 요인으로 작용하며, 삶의 가치를 왜곡된 기준으로 형성하게 만든다. '돈이 되지 않으면 가치 없는 일'이라는 왜곡된 가치 기준은 청소년이 이를 내면화할 위험을 높이며, 그 결과 진로 선택의 폭을 제한하고, 삶의 의미와 가치를 탐색할 수 있는 경로를 차단하는 주요 방해 요인으로 작용한다.

학교는 중요한 사회화 기관이지만, 외현적 부적응을 보이는 비행청소년들은 학업에서 배제되거나 정상적인 교육과정을 스스로 이탈한다. 지각과 결석, 교칙 위반, 교사와의 갈등은 이들이 교육적 관계망에서 소외되고 있음을 보여 주는 대표적인 징후다. 학교는 단순히 지식을 배우는 공간을 넘어 협동, 질서, 도덕적 판단과 같은 사회적 기술을 익히는 중요한 장이다. 그러나 이러한 교육의 기회를 상실한 청소년은 또래 관계에서도 단절을 경험하거나 정서적 유대감 없이 적응적 영역에서 계속 소외되는 악순환에 빠진다. 이 과정에서 청소년은 정상적인 준거집단이 아니라, 유사한 상처와 경험을 공유하는 또래들과 어울리며 그릇된 삶의 기준을 내면화하고 관련한 행동 양식을 배우게 된다. 그들만의 세상에서는 집단 내부의 생존 논리와 힘의 구조가 중심이 되며, 위력과 부정적 행동이 오히려 정체감의 기반이 되어 청소년은 그 안에서 잠시나마 소속감과 인정 욕구를 충족한다. 그러나 그 결과는 사회와의 괴리를 더 깊게 만들고, 자기 왜곡을 강화하는 방향으로 이어진다. 이렇게 학습된 청소년은 갈등 상황에서 공격적이거나 회피적으로 반응하고, 비판을 수용하지 못하며, 좌절 상황에서는 극단적인 행동으로 대응하는 등 미성숙하고 부적응적인 대처 패턴을 보인다. 현실을 비현실적인 기대나 자기합리화로 외면하면서도, 실제로는 변화를 위한 내적 동기를 갖기 어렵게 되는 것이다. 결국 취약한 사회·정서 발달은 다음 발달 단계에서 대인 관계의 불안정성, 반복적 실패 경험, 낮은 사회적 적응력으로 이어지며 다시 악순환을 심화시킨다.

비행청소년은 가정과 학교라는 사회화의 기본 축에서 반복적으로 배제되거나 실패를 경험하며, 관계를 맺는 가장 기초적인 방식부터 어긋나게 되고 그들만의 세상에서 그릇된 삶의 기준을 학습해 버린다. 이처럼 누락된 사회화 과정은 단순한 교육 부재를 넘어, 한 개인이 사회 안에서 '어떻게 존재할 것인가'에 대한 근본 기준이 형성되지 못했다는 점에서 그 심각성이 크다. 따라서 비행은 단순한 규범 위반이 아니라 아동기 성장의 결과이자, 정상 발달 과정에서 반드시 경험했어야 할 사회화 단계가 결여되거나 왜곡된 결과로 이해해야 한다. 삶의 방향을 스스로 설정하지 못한 채 좌절과 부적응을 반복하며, 왜곡된 준거집단 속에서 잘못된 가치와 행동 양식을 내면화하는 과정은 삶을 이끄는 기준 자체를 비현실적이고 비사회적인 방식으로 고착시키며, 이는 결국 또 다른 실패와 좌절의 악순환으로 이어진다.

이 문제를 해결하려면 단순한 행동 교정에 그치지 않고, 누락된 사회화 과정을 재사회화하는 것을 포함해 문제 해결력, 정서 조절력, 공감 능력 등 심층적 역량의 회복이 반드시 병행되어야 한다. 많은 비행청소년은 성장 과정에서 자율성, 도덕성, 자기 인식과 같은 핵심 발달 과업을 충분히 내면화하지 못한 채 성인기에 접어든다. 이는 단순한 사회 기술의 결손을 넘어, 심리적·사회적 발달 수준이 여전히 아동기에 머물러 있다는 것을 의미한다. 저자는 이를 '성인의 몸을 가진 어린아이'로 비유한다. 겉으로는 성인에 가까워 보여도 발달의 핵심 단계가 충분히 채워지지 않은 채 누락되어 텅 비어 있다는 것이다. 이런 상태에서 자율성과 사회적 책임만을 요구하는 것은 오히려 과도한 요구가 될 수 있다. 따라서 이들이 발달이 멈춘 고착된 지점으로 되돌아가 그 시기의 발달 과업을 다시 수행할 수 있도록 돕는 재양육, 재성장 중심의 발달적 개입이 필수적이다.

단순한 처벌이나 지시 중심의 교육만으로는 결코 이 공백을 메울 수 없다. 비행청소년의 회복에서 가장 본질적인 접근은 정상 발달의 흐름으로 복귀할 수 있도록 지원하는 것이다. 놓친 사회화 경험을 재교육의 형태로 제공하고, 그 과정에서 행동을 수정하되 단순한 외적 순응에 머물지 않도록 해야 한다. 내면의 기준이 변화하고 자기 인식이 회복되어야만 실질적 변화가 가능하며, 현재의 행동만을 교정하는 것을 넘어 과거의 결핍을 메우는 심층적이고 발달적인 접근이 병행되어야 한다.

준거집단의 교체와 사회적 상처의 치유와 회복

『청소년 비행의 모든 것』에서부터 앞선 내용까지 여러 번 강조한 바와 같이, 비행청소년의 긍정적 변화를 가장 강력하게 저지하는 요인은 바로 기존 준거집단의 직접적인 방해, 즉 '이간질'이다. 변화하려는 청소년의 모습은 여전히 그들만의 세상에 머무는 또래들에게는 위협으로 인식되며, 이는 심리적 방어기제를 자극해 변화 시도를 차단하려는 집단적 저항으로 나타난다.

특히 준거집단은 내부 붕괴를 막기 위해 이간질과 자기정당화를 반복하며 집단의 응집력을 더욱 강화한다. 변화하려는 구성원은 곧 집단 붕괴의 징후로 여겨져, 남은 구성원들은 강한 저항과 방해로 그를 다시 집단 내부로 끌어들인다. 이러한 내부 저항의 이면에는 비행청소년들이 오랜 시간 낙인과 자기 부정 속에 살아오며 쌓인 사회적 신뢰의 상실과 낮은 자아존중감이 자리한다. 제한된 관계망 속에서 유사한 처지에 있는 또래들과만 관계를 맺은 이들은 긍정적 역할 모델을 발견하지 못한 채 변화할 기회를 스스로 좁혀 간다. 특히 집단 내 친구가 변화하려 할 때 남겨질 것에 대한 두려움과 상실감은 무의식적으로 시기와 질투로 표출된다. 이는 자신의 결핍된 현실을 직면하게 하는 심리적 불안을 촉발하며, 동시에 자신도 변화하고 싶은 양가감정을 자극한다. 결국 이간질을 당한 청소년은 변화하려는 시도를 포기하고, 다시 그들만의 세상으로 되돌아간다. 그들만의 세상으로 되돌아간 청소년은 손상된 자존심을 보상하고자 더 강한 비행으로 존재감을 드러낸다. 그리고 그러한 또래를 바라보는 변화를 막았던 청소년은 자신의 비행은 '그 정도는 아니라는 식'으로 비교하며 상대적으로 합리화하고 스스로를 위로한다.

비행청소년의 긍정적 변화를 돕기 위해 가장 먼저 필요한 것은 그들이 오랫동안 외면해 온 스스로와 다시 연결될 수 있도록 돕는 일이다. 자아존중감 저하와 무가치감 속에 살아온 이들은 안전한 공간 안에서 자신의 상처를 언어화하고, 깊게 자리 잡은 자기 부정과 마주해야 한다. 이 과정에서 상담자는 단순한 조언자가 아니라 감정의 흐름을 함께 따라가며 정체성 회복을 지지하는 정서적 동반자가 되어야 한다. 변화 과정에서 나타나는 혼란과 불안은 청소년이 익숙한 방식으로 자신을 방어하고 정당화하도록 만들기 때문에, 이를 인식하고 이를 보다 성숙한 방식으로 대체할 수 있도록 돕는 작업이 병행되어야 한다.

무엇보다 청소년이 기존 준거집단의 역동을 뛰어넘어, 우물 안과 같은 그들만의 세상이 아니라 넓고 열린 사회적 관계망과 접촉할 수 있는 경험이 제공되어야 한다. 이는 기존의 부적응적 준거집단에서 벗어나 긍정적인 또래와 신뢰할 수 있는 적응의 영역으로 편입될 수 있도록 돕는 과정이다. 진정한 회복은 상처받은 사회적 신뢰를 다시 쌓는 관계적 경험에서 비롯된다. 오랜 시간 신뢰를 저버리는 어른들만 경험해 온 청소년에게 단 한 사람의 진심 어린 지지는 준거집단 교체의 출발점이자 사회적 상처 치유의 단초가 될 수 있다. 이러한 신뢰 기반의 지속적 관계는 청소년이 세상과 맺는 관계 양식을 새롭게 재구성하도록 이끌며, 왜곡되었던 신뢰의 감각도 점진적으로 회복된다.

가족 내 갈등 회복 및 교사와의 관계 개선

아동·청소년기에 부모와 교사는 단순한 양육자나 교육자가 아니라 정체성 형성에 결정적 영향을 미치는 참조집단이자 절대적 존재다. 이들이 정서적으로 주요 타자들과 화해하고 존중받는 경험을 하는 것은 건강한 자아 형성과 사회적 기능 회복의 결정적 토대가 된다. 청소년이 다시 자기 삶의 주체로 성장할 수 있도록 돕는 길은 교사와 학교가 먼저 다가가 이들을 포용하려는 태도에서 시작된다.

청소년 비행의 가장 핵심적인 원인은 가정환경이다. 물론 학교나 또래 집단, 사회적 환경도 청소년에게 영향을 미치지만, 이는 대부분 가정에서 비롯된 문제를 막지 못한 이차적 요인에 불과하다. 가정은 아이가 가장 먼저 사회화되는 공간이자 인격과 가치관의 기초가 형성되는 삶의 출발점이다. 이 시기에 일관성 없는 양육, 과도한 통제, 정서적 방임이나 억압이 지속된다면 그 결과는 청소년기의 일탈 행동으로 쉽게 이어질 수 있다. 특히 부모가 자녀의 요구에 일관된 기준 없이 끌려다니거나, 자녀의 감정과 의사를 무시한 채 성적과 입시에만 집착할 경우 아이는 정서적 소외를 경험하고 자아존중감이 심각하게 훼손된다.

겉으로는 평범해 보이는 가정이라 해도 정서 표현이 억제되고 소통이 단절된 심리적 폐쇄 환경에서는 내면의 분노와 좌절이 축적될 수밖에 없으며, 이는 결국 비행이라는 방식으로 외현화된다. 또 다른 일부 부모는 자녀를 잘 돌보고자 하는 마음이 지나쳐 과잉보호로 이어지기도 한다. 부모가 삶의 문제를 대신 해결해 주는 상황이 반복되면 청소년은 현실 적응력과 문제 해결 능력, 정서 조절력을 충분히 키우지 못한 채 사회적 무기력에 빠지게 된다.

이처럼 부모와의 관계에서 충분한 이해와 수용을 경험하지 못한 청소년은 점차 가족과 사회로부터 심리적으로 이탈하고, 자신과 유사한 결핍을 지닌 또래들과의 비공식적 준거집단 안에서 왜곡된 정체감과 행동 양식을 형성한다. 이러한 현실은 곧 "가정의 결핍과 잘못된 훈육으로 시작된 청소년 비행은 준거집단 속 이중생활로 강화되며, 왜곡된 삶의 기준이 일관되게 형성되어 삶의 악순환으로 이어진다"는 사실을 잘 보여 준다. 과거형 훈육 방식이나 획일적인 교육관을 고수하기보다 공감적이고 유연한 양육 태도를 갖추고, 정서적으로 건강하고 발달 단계에 맞는 적절한 소통이 이루어져야 한다. 어려운 가정환경에 놓인 경우라면 사회적·제도적 지원 체계를 적극 활용해야 하며, 양육자로서의 책임을 회피하지 않고 스스로 성찰하며 변화하려는 태도가 필요하다.

비행청소년은 결코 태생적으로 문제가 있는 존재가 아니다. 그들은 무관심 속에 방치되었거나, 지나친 통제 속에서 자기 자신을 잃어버린 아이들이다. 결국 이들을 회복시키는 가장 강력한 힘은 건강한 가정으로의 회복이며, 그 시작은 부모의 변화된 태도에서 비롯된다.

학교 역시 비행청소년 회복의 중요한 장이어야 한다. 많은 교사와 학교 구성원에게 비행청소년은 종종 불편하고 부담스러운 존재로 인식되지만, 그렇기에 선입견을 내려놓는 태도가 더욱 절실하다. 실제로 많은 청소년이 가정뿐 아니라 학교와 교사로부터도 상처를 받아 왔다. 이들은 과거에 학교생활을 무너뜨리고 교칙을 어겼을 수도 있다. 그러나 더 중요한 것은 그들이 멈춤과 성찰의 시기를 지나 다시 돌아오려 할 때 학교가 어떻게 반응하느냐다.

이들을 품고 다시 교실 안으로 돌아올 수 있도록 이끌어 정상적인 삶의 궤도에 오르게 하는 것은 비행청소년 교육과 지도의 본질적 역할이다. 그러나 이러한 기회를 박탈당한 청소년은 또다시 사회로부터 소외될 가능성이 높다. 그럼에도 일부 교사들은 자신의 상처나 혼란에 대한 책임을 학생에게 전가하고, 그들의 변화 노력조차 인정하지 않거나 폄하하는 태도를 보이기도 한다. 이러한 교사의 태도는 결국 청소년을 위클래스, 보건실, 대안교육 등 교실 밖으로 내모는 결과로 이어진다.

물론 이는 현실 갈등을 일시적으로 회피하는 하나의 방법일 수 있다. 그러나 그 영향이 장기적으로 해당 청소년의 삶에 어떤 결과를 낳을지에 대한 고민은 반드시 필요하다. 무엇보다도 단 한 명의 학생이라도 교실에서 밀려나 상처받지 않도록 지켜내려는 태도가 학교 공동체에 요구된다. 비행청소년은 그동안 무법자로 학교 질서를 어지럽히고 수업 분위기를 해쳐왔다. 그러나 그렇다고 해서 성장의 기회를 가진 이들을 무조건 교실 밖으로 내모는 것은 바람직한 해결책이 될 수 없다. 한 명의 학생 때문에 다수가 반복적으로 피해를 입는 상황은 반드시 막아야 한다. 그렇기 때문에 비행을 사전에 예방하고, 위기 상황이 발생하더라도 적시에 개입할 수 있는 체계를 마련하는 것은 매우 중요하다. 학교는 단기적인 갈등 회피에 그치지 않고, 장기적인 안전망과 비행 예방 체계를 통해 모든 학생의 안전과 성장을 함께 지켜내야 한다.

▎부정적 정서의 감소와 비합리적 신념의 수정

그들만의 세상 속에서 허우적대는 청소년들이 다시 건강한 정서를 회복하고 왜곡된 비합리적 신념을 수정해 나갈 수 있도록, 섬세하고 지속적인 관계 기반의 개입이 반드시 이루어져야 한다. 이러한 정서 중심의 접근이 충분히 뿌리내릴 때, 청소년은 비행의 악순환을 벗어나 건강한 자아를 재구성하고 새로운 삶의 방향을 주체적으로 설계할 수 있다. 앞서 설명한 바와 같이, 외현적 부적응은 크게 두 가지 경로로 구분될 수 있다. 하나는 외현화된 비행을 중심으로 형성된 또래 준거집단 내에서 정체성을 구축하고, 이를 통해 비행을 정당화하고 강화하며 고착되는 경로이며, 다른 하나는 불안, 우울, 열등감과 같은 정서적 고통이 누적되어 사회적 고립이나 자기 파괴적 행동 등으로 외현화되는 경로이다. 실제 현장에서는 이 두 경로가 분리되지 않고 상호 얽혀 있으며, 이때 나타나는 부정적 정서는 청소년 비행을 더욱 악화시킨다. 따라서 내면화된 정서 문제와 외현화된 행동 문제를 단순히 이분법적으로 나누기보다는, 그 상호작용의 맥락에서 이해해야 한다.

그들만의 세상이라는 준거집단 안에서 자신만의 영역을 형성한 비행청소년들은 초기에는 불안이나 우울보다는, 오히려 과장된 자기 과시와 왜곡된 우월감을 통해 존재감을 확인하려는 경향을 보인다. 그러나 시간이 지날수록 현실과 이상 사이의 간극은 더 커지고, 반복되는 실패와 관계 단절은 결국 자신감과 자아존중감을 무너뜨린다. 그 결과 공허감, 우울, 불안 등 정서적 고통은 더욱 심화된다. 이러한 청소년들은 대체로 건강한 자기 개념을 형성할 수 있는 안정된 환경에서 성장하지 못했다. 가정에서는 충분한 정서적 돌봄을 받지 못하고, 학교에서는 반복적인 지적과 비교 속에서 좌절을 겪는다. "나는 뭘 해도 안 돼요", "스물네 살까지만 살고 죽을 거예요", "나는 쓰레기예요", "우리 인생은 답이 없어요" 같은 그들이 종종 하는 말은, 이들이 품고 있는 깊은 자기 부정과 절망을 여실히 보여 준다. 이는 단순한 감정의 하소연이 아니라, 오랜 시간 누적된 상처가 굳어져 고착된 부정적 자기 개념의 결과다. 더 큰 문제는 여기에 "노력해도 소용없다", "나는 태생부터 결함 있는 사람이다"와 같은 비합리적인 신념이 결합되면서, 변화 가능성 자체를 의심하게 만든다는 점이다. 이는 무력감과 절망감, 극단적 사고로 이어져 자해나 자살 충동과 같은 심각한 위험 요인이 되기도 한다.

부정적 정서를 지닌 비행청소년에게는 단순한 훈육이나 통제 중심의 개입을 넘어 이들이 품고 있는 왜곡된 생각과 부정적인 자동적 사고를 함께 들여다보고, 이를 수정할 수 있도록 돕는 심리적 개입이 필요하다. 특히 부정적 자기 인식이 형성된 배경을 충분히 이해한 뒤, 이를 점진적으로 해체하고 보다 유연하고 현실적인 사고를 형성할 수 있도록 해야 한다. 이들은 현재의 모습만 문제로 볼 것이 아니라, 성장 과정에서 상처받고 멈춰 버린 채 사각지대로 내몰려 충분히 성장하지 못한 존재로 이해되어야 한다. 앞서 저자가 '성인의 몸을 가진 어린아이'로 비유했듯, 교육과정의 누락과 부재로 심리·사회적 발달이 멈춰 있는 이들에게는 훈육이 아니라 돌봄이, 교정이 아니라 재양육이 필요하다. 이들이 멈춰 있는 그 시점으로 되돌아가 다시 건강한 방식으로 성장할 수 있도록 지지하는 관계적 환경이 반드시 마련되어야 한다.

이러한 맥락에서 청소년 비행 장면에서의 상담 개입은 단순한 통제나 지시가 아니라, 관계의 주도권을 바탕으로 한 안정적 돌봄과 심층적 심리 개입이어야 한다. 이를 가능하게 하는 효과적인 방법 중 하나가 바로 앞서 강조한 '단회기 심층 상담'이다. 권위적 개입에 대한 저항과 내성이 큰 비행청소년에게는 장기적이고 통제적인 상담 구조보다는 '오늘이 마지막 상담일 수 있다'는 전제로 관계의 부담을 줄이는 단회기 구조가 초기에는 더 효과적이다. 이를 통해 청소년은 방어적 태도를 덜어내고 상담자와 신뢰를 쌓으며 멈춤 작업을 경험할 수 있다. 변화 동기가 충분히 강화된 시점에는 단회기만으로는 한계가 있으므로, 발달적 재구성과 내면 변화를 지원할 수 있는 심층적이고 장기적인 심리적 접근으로 이어져야 한다.

이러한 점진적으로 확장하는 접근은 청소년의 자율성과 발달 과업을 해치지 않으면서도 상담자가 신뢰할 수 있는 동반자로 기능하며 진정한 변화를 내면화할 수 있도록 돕는다. 이 과정에서 청소년이 겪는 부정적 정서는 단순히 억제하거나 피상적으로 다루는 데 그치지 않고, 그 뿌리와 맥락까지 심층적으로 탐색하여 효과적으로 조절해야 한다. 이를 통해 왜곡되고 비합리적인 신념을 보다 현실적이고 균형 있게 재구성함으로써, 청소년이 자기 존재를 긍정하고 새로운 가능성을 스스로 발견할 수 있는 힘을 길러야 한다. 이를 위해 문제의 표면에 머물지 않고 성장 환경, 애착 경험, 기질과 성격 특성, 감정 표현 양식, 방어기제 등 심층 원인과 개인 자원을 다각도로 평가하고 통합적으로 이해해야 한다. 이러한 토대 위에서 인지적 재구성, 감정 조절 훈련, 자기 인식 확장, 관계 재구성 등 다양한 심리적 접근과 이론을 바탕으로 한 개입을 적절히 적용하여 청소년이 자신의 삶을 자율적으로 성찰하고 변화할 수 있도록 지원해야 한다.

현실적 문제의 개선 및 긍정 자원 탐색

비행청소년의 문제는 결코 개인의 의지 부족만으로 설명될 수 없다. 이는 오랜 기간에 걸친 사회적 배제, 왜곡된 자기 인식, 불안정한 환경이 복합적으로 작용한 결과이기 때문이다. 이 악순환을 끊기 위해서는 무엇보다 청소년 스스로 자신의 현실을 객관적으로 바라보고, 직면한 문제를 주체적으로 개선해 나가려는 노력이 선행되어야 한다. 특히 멈춤 작업을 통해 청소년은 잘못된 행동을 일시적으로 중단하는 데 그치지 않고, 그 행동 이면에 숨겨진 불안과 무력감, 좌절의 뿌리를 직면하며 그 속에서 새로운 가능성을 발견하려는 태도를 길러야 한다.

이 과정에서 중요한 것은 단순한 과거 반성에 머무르지 않고, 현실의 어려움을 하나씩 개선해 나가면서 청소년이 자신의 긍정적 자원과 잠재 가능성을 스스로 인식하고 적극적으로 활용할 수 있도록 돕는 것이다. 이를 위해 상담자나 교사는 충분한 지지와 체계적인 안내를 지속적으로 제공해야 한다. 이와 함께 청소년은 정서 조절 능력, 스트레스 대처 전략, 기초 학습 능력, 현실 문제 해결력 등 다양한 성장 자원을 확보하며 적응 역량을 함께 키워 나가야 한다.

단순히 비행을 멈추는 데 그치지 않고 현실의 다양한 영역에서 의미 있는 성취와 성공 경험을 차근차근 쌓아 감으로써, 부정적인 자기 인식을 긍정으로 전환하고 더 나은 삶을 살아갈 수 있다는 기대와 내적 성장 동기를 더욱 깊게 만들어야 한다. 무엇보다 문제 행동의 멈춤과 변화에 대한 노력이 일회성으로 끝나지 않으려면, 현실의 문제를 개선하는 것과 동시에 청소년이 지닌 긍정적 자원을 지속적으로 탐색하고 활용할 수 있도록 돕는 가정과 학교의 되돌아갈 자리를 마련하는 노력이 반드시 병행되어야 한다.

비행청소년의 악순환을 끊기 위한 현실 인식과 적응 환경 회복

비행청소년들은 종종 자신의 존재 가치를 부정당한 채, 과거의 잘못된 선택에 대한 후회와 부담을 안고 살아간다. 시간이 한참 흐른 뒤에야 비로소 자신의 삶의 방식이 바람직하지 않았음을 깨닫는 경우도 있지만, 이러한 자각조차 현실에 기반하기보다는 자긍심과 왜곡된 우월감으로 무장된 그들만의 세상 속 착각에 머무는 경우가 많다. 한편, 일부는 즉각적인 쾌락과 충동적 만족에만 몰두하여 현재 상황의 문제점을 전혀 인식하지 못한다. 왜곡된 자기 인식은 성장 과정에서 반복적으로 경험한 사회적 소외와 정규 교육 및 사회화 과정의 단절에서 비롯된다. 그 결과 현실을 정확히 인식하거나 자신의 능력과 자원을 객관적으로 평가하는 데 지속적인 어려움을 겪게 되며, 이는 자신을 지나치게 과대평가하거나 반대로 사소한 실패에도 극심한 좌절감을 느끼는 양상으로 나타난다. 이러한 경향은 청소년기의 자기중심성과 결합되어 사고의 융통성을 저하시켜 반복적인 실패와 낮은 자아존중감을 야기하는 악순환으로 이어진다.

교육과정을 벗어난 채 자신들만의 집단에 머무는 이들은 적절한 대처 전략을 학습할 기회를 충분히 얻지 못하며, 유사한 상황에 놓인 또래들과 부적응적 행동을 상호 강화하는 구조 속에 놓인다. 이들의 취약성은 외부 환경에 대한 저항력을 약화시켜, 일부 성인이 이를 손쉽게 악용할 수 있는 틈을 제공한다. 특히 불안정한 청소년들은 자신을 지지해 줄 안전한 울타리가 부족한 상태에서 빠른 돈벌이나 허황된 성공의 유혹에 쉽게 노출되어 범죄에 연루될 가능성이 높아진다. 이러한 과정에서 청소년들은 왜곡된 사회적 경험을 모방하고 이를 반복적으로 내면화함으로써 심리적·사회적 위기를 더욱 심화시키는 악순환에 빠지게 된다.

이들은 성장 과정에서 왜곡되고 미흡한 사회화 과정을 학습하였기 때문에 성인기로의 이행 이후에도 실패를 수용하고 회복하는 능력이 부족할 뿐만 아니라, 새로운 기회를 인식하거나 이를 실질적으로 활용하는 데에도 한계를 드러낸다.

복합적인 악순환적 문제를 해결하기 위해서는 무엇보다 비현실적인 기대를 조율하고, 실패를 견디며 극복하는 회복력과 책임감을 기를 수 있도록 실질적이고 현실적인 교육과 조언이 지속적으로 제공되어야 한다. 단기적 처벌이나 일회성 개입만으로는 근본적 변화를 기대하기 어렵다. 비행청소년 문제는 오랜 기간 누적된 사회적 배제와 구조적 제약의 산물인 만큼, 현실에 교육과 조언이 내면 깊이 스며들지 않는다면 부적응의 영역에 뿌리내린 악순환은 쉽게 끊어지지 않는다.

이들이 현실을 직면하고 새로운 삶의 방식을 선택할 수 있도록 돕기 위해서는 회복과 재사회화를 지향하는 접근 관점에 기반한 통합적이고 다층적인 지원 체계가 반드시 마련되어야 한다. 또한 비행청소년의 변화 동기는 안정적인 생활 기반이 마련될 때 비로소 지속될 수 있다. 이들을 유해한 환경으로부터 보호하고 새로운 관계망을 형성할 수 있도록 실질적인 지원과 체계적인 관리 시스템을 갖추는 것은 필수적이다. 특히 교육에서 장기간 이탈했던 청소년들은 기초학습 능력이 부족한 경우가 많아 스스로의 능력에 대해 부정적인 인식을 갖고 있는 경우가 많다. 따라서 이들의 학습 수준과 속도에 맞춘 기초학습 지원은 물론, 검정고시 대비나 자격증 취득과 연계된 프로그램 등 실질적인 진로로 이어질 수 있는 학습 경험을 세심하게 제공해야 한다. 이는 단순한 학력 회복을 넘어 배움에 대한 흥미와 성취감을 되살리고, 궁극적으로 자기효능감을 회복하는 데 중요한 밑거름이 된다. 아울러 과거의 법적 문제를 극복하고 사회에 재통합될 수 있도록 제도적 기반을 강화해야 하며, 보호관찰 등 법적 조치는 단순한 처벌이 아니라 회복과 성장을 위한 출발점으로 기능해야 한다.

비행청소년들이 비현실적인 자기합리화에 머무르지 않고 실현 가능한 계획을 세워 실천해 나갈 수 있도록 단계별 목표 설정과 현실적인 실행 계획 수립을 돕고 이를 지속적으로 점검·지원하는 체계가 필요하다. 이를 통해 그들만의 세상에 갇히지 않고 건강한 사회 구성원으로 성장하며 새로운 적응 환경을 안정적으로 회복할 수 있다.

자신의 정서를 스스로 조절할 수 있는 능력

신체적·정서적 변화가 급격히 일어나는 청소년기는 외부 자극에 민감하게 반응하고 감정의 기복이 심해지는 특성을 지닌다. 정서 조절은 단순히 감정을 억제하는 것이 아니라, 자신의 감정을 있는 그대로 인식하고 수용하며, 상황에 맞게 적절하고 사회적으로 수용 가능한 방식으로 표현하고, 필요할 때 이를 통제하며 절제할 수 있는 능력을 의미한다. 자신의 감정을 인식하고 조절할 수 있는 능력은 청소년의 건강한 성장과 적응을 가능하게 하는 핵심 심리 역량일 뿐만 아니라, 성인기에도 안정적인 대인 관계 유지와 스트레스 관리, 현실적 문제 해결 등 다양한 사회적 영역에서 긍정적인 기능을 발휘하는 데 필수적인 심리적 기반이 된다.

청소년은 정체감을 형성하고 자율성을 확립하는 발달 과업을 수행하는 과정에서 다양한 정서적 혼란을 경험하게 되는데, 그중에서도 분노와 스트레스는 가장 빈번하고 강력하게 나타나는 부정적 정서 반응이다. 분노는 주로 자신의 기대가 좌절되거나 타인과의 갈등 상황에서 발생하며, 신체적 긴장과 함께 짜증, 억울함 등의 감정을 동반하고, 때로는 폭언이나 폭력 같은 행동으로 표출될 수 있다. 특히 청소년기는 충동을 억제하고 감정을 조절하는 뇌 발달이 아직 완성되지 않았기 때문에, 순간적인 감정에 휘둘려 즉각적인 행동으로 이어지는 경우가 많다. 이로 인해 학교폭력, 가정 내 갈등, 자해 등의 문제 행동이 나타나기도 하며, 이는 장기적으로 더 큰 심리·사회적 어려움으로 발전할 수 있다.

스트레스 역시 청소년기의 대표적인 정서적 어려움이 된다. 학업 부담, 또래와의 갈등, 진로에 대한 불안 등 다양한 요인들이 스트레스를 유발하며, 스트레스 반응은 자극 그 자체보다는 이를 어떻게 인지하고 해석하느냐에 따라 크게 달라진다. 특히 부정적 사고에 빠지거나 판단력이 저하되면 집중력이 떨어지고, 행동적 위축이나 공격성, 회피 같은 부적응 반응이 나타나기 쉽다. 결국 정서적 문제를 적절히 다루지 못하면 이러한 감정들은 내면화되어 정서 불안, 자기비난, 낮은 자아존중감 등의 문제로 이어지며, 이는 청소년의 전반적인 발달과 사회적 적응에 부정적인 영향을 미친다.

이러한 위험을 줄이고 건강한 정서 기능을 형성하기 위해서는 자신의 정서를 스스로 다룰 수 있는 능력을 기르는 것이 무엇보다 중요하다. 정서를 객관적으로 인식하고 상황에 맞게 표현하며 조절할 수 있는 능력을 갖춘 청소년은 갈등 속에서도 자신을 성찰하고 이를 성장의 기회로 전환할 수 있는 힘을 지닌다. 특히 정서 조절은 강한 정서가 폭발하는 순간에만 시도한다고 해서 실질적인 효과를 기대하기 어렵다. 정서가 극도로 고조된 상태에서는 이성적 판단과 자기 통제 기능이 약화되기 때문에, 평소 정서적으로 안정된 상태에서 이를 반복적으로 연습하고 체화해 두는 과정이 필수적이다.

사전에 충분히 연습된 조절 기술은 실제 분노나 스트레스 상황이 닥쳤을 때 자동으로 발휘될 수 있어야 하며, 이는 곧 정서 조절이 단순한 지식이 아니라 일상 속에서 꾸준히 훈련되어야 하는 실천적 심리 역량임을 의미한다. 따라서 청소년 스스로의 의식적 실천과 함께, 이들과 함께하는 부모와 교사 등 주변 어른들의 지속적인 관심과 지지가 균형 있게 이루어질 때 정서 조절 능력은 더욱 공고해지고 실질적인 변화로 이어질 수 있다.

청소년이 변화와 성장을 지속할 수 있으려면, 스트레스 상황에 효과적으로 대응할 수 있는 적응적인 보호 요인들을 사전에 충분히 확보하고 점검할 수 있도록 지도하는 것이 중요하다. 비행청소년의 경우, 현재 정서 조절 관련 심리적 역량이 발달적 관점에서 어느 수준에 도달해 있는지를 면밀히 점검하고, 부족한 부분이 확인된다면 이를 실질적으로 보완할 수 있도록 맞춤형 교육과 훈련을 제공해야 한다. 피상적인 이론 교육에 머무는 것이 아니라, 청소년 스스로가 정서 조절 기술을 실제 상황에서 활용할 수 있도록 단계별로 연습할 기회를 주고 인내심 있게 지도하는 것이 핵심이다.

적응 영역에서의 성취와 성공 경험을 통한 성장 동기 강화

청소년의 변화 과정은 개인차가 매우 크기 때문에 이를 일정한 시간 틀로 단정적으로 일반화하는 데에는 신중함이 필요하다. 그럼에도 불구하고 다양한 청소년 대상의 상담 및 지도 경험에 기초해 조심스럽게 평균적인 경향을 제시하자면, 멈춤 작업을 시작으로 되돌아가는 작업을 거쳐 성장 작업으로 이어지는 회복과 적응의 여정이 가시적으로 나타나기까지는 대체로 약 3개월, 즉 100일 전후의 시간이 소요되는 것으로 보였다. 멈춤 작업은 비행의 일시적 중단이라는 측면에서 비교적 단기간에 나타날 수 있으나, 이를 곧바로 지속 가능한 변화로 보기는 어렵다.

이후의 되돌아가는 작업은 멈춤 작업이 유지되고 지속되는 과정으로 청소년이 그동안 내면화해 온 왜곡된 삶의 양식과 부적응적 행동 패턴을 근본적으로 성찰하고 재구성해 나가는 단계이다. 이 과정에서는 개인의 주체적인 노력뿐만 아니라, 결핍을 보완하고 성장을 촉진하기 위한 정서적 지지, 환경적 구조화, 행동 수정, 심리적 접근 등이 반드시 함께 이루어져야 한다. 이러한 요소들을 충분히 경험하고 내면화하는 데는 일정한 시간이 필요하다. 일반적으로는 초기 변화 행동이 일상생활에 비교적 안정적으로 적용되어 기능하기까지 약 1개월, 그 경험이 외부로부터의 긍정적 피드백을 통해 정서적으로 내면화되기까지 다시 1개월, 마지막으로 이렇게 내면화된 변화가 자발적인 성장 동력으로 전환되기까지 약 1개월 정도가 소요되는 경향이 자주 관찰되었다. 이러한 변화는 단순한 행동 조절의 차원을 넘어, 자기 정체감의 재구성과 자아존중감의 강화라는 심층적인 심리적 전환 과정을 포함한다. 특히 적응 영역에서의 작지만 의미 있는 성공 경험은 자기효능감을 촉진하며, 이는 다시 긍정적인 정체감의 형성과 비합리적 신념의 교정, 부정적 자기 개념의 수정으로 이어져 심리적 회복의 핵심 토대를 이룬다.

청소년의 변화 과정을 효과적으로 지원하기 위해서는 청소년의 연령에 기반한 발달 수준, 정서적 특성, 그리고 사회·환경적 맥락을 충분히 고려한 맞춤형 접근이 필수적이다. 발달심리학적으로 볼 때 청소년기는 자율성 확립과 정체감 형성이라는 핵심 발달 과업이 진행되는 시기로, 겉으로는 성인에 가까워 보일지라도 정서적 자기조절력이나 인지적 통합 능력은 여전히 성장 단계에 있다. 특히 비행청소년의 경우 급속한 신체 성장과 탁월한 운동능력, 조숙한 외모, 성숙함에 대한 강한 열망 등으로 인해 외적으로는 충분한 판단력을 갖춘 것처럼 보이지만, 실제로는 미성숙한 자기 이해와 조절 능력 사이에서 내적 갈등을 겪는 경우가 많다.

그러나 이들이 지닌 잠재력은 결코 적지 않다. 실제로 많은 청소년들이 뛰어난 신체 능력, 예민한 감각, 높은 관찰력, 타고난 리더십 등 다양한 자원을 지니고 있으며, 이는 적절한 환경과 의미 있는 관계 속에서 긍정적인 방향으로 전환될 수 있다면 그 어떤 청소년보다도 강력한 성장 동력으로 작용할 수 있다. 따라서 이들에게 단순히 '하지 말라'고 금지하기보다는, '어떻게 하면 잘할 수 있을까'를 함께 탐색하며 그 가능성을 실현하도록 돕는 태도가 필요하다. 이는 단순한 행동 통제를 넘어 청소년의 자율성과 자기 결정권을 존중하는 치료적 접근이며, 궁극적으로는 지속 가능한 회복과 성장을 이끄는 핵심 기반이 된다.

비행청소년 개입의 궁극적 목표는 이들이 부적응적 영역에서 벗어나 스스로 자신의 삶을 긍정적으로 바라보고, 현실에 기반한 목표를 설정하며 작더라도 실현 가능한 성공 경험을 반복적으로 축적함으로써 자아효능감을 회복하도록 돕는 데 있다. 작은 성공 경험은 단순한 일회성 성취에 머무는 것이 아니라, 청소년이 자신의 현실과 잠재력을 연결하고 자아존중감을 향상시키며, 적응 환경 속에서 자신감을 단계적으로 확장해 나갈 수 있게 하는 심리적 발판이 된다. 이러한 자신감은 적응 영역에서 더 큰 목표에 다시금 도전할 수 있는 내적 성장 동기로 이어지며, 이는 청소년이 변화의 과정을 스스로 지속하고 확장해 나갈 수 있는 중요한 원동력이 된다.

생각 더하기

[청소년 지도]에 관한 질문과 대답
실제 상담 및 지도 장면에서 청소년에게서 받은 질문

- **솔직히 돈이 제일 중요한 것 아닌가요?**

　청소년에게서 종종 들을 수 있는 "돈을 많이 벌면 좋은 것 아닌가요?", "돈을 잘 버는 게 더 중요한가요, 아니면 잘 쓰는 게 더 중요한가요?", "돈을 많이 버는 방법은 뭐예요?"와 같은 질문은 단순한 경제적 호기심을 넘어서, 삶의 가치와 성공에 대한 이해, 더 나아가 자아정체성과 진로에 대한 깊은 고민을 반영한다.

　청소년기의 돈에 대한 관심은 단순한 물질적 욕망이 아니라, 자신의 존재 의미를 확인받고자 하는 심리적 욕구와 연결되어 있으며, 이 시기의 청소년에게 돈은 단순한 수단이나 교환 가치를 넘어 성취와 영향력, 자율성의 상징으로 인식되기 쉽다. 특히 비행을 경험한 청소년일수록 '단기간에 쉽게 돈을 벌고 싶다'는 욕구가 강하며, 이는 비행의 핵심 동기이자 지속 요인이 되기도 한다. 그렇기에 부모와 교사, 상담자는 청소년이 돈에 대해 갖는 생각이 왜곡된 환상에 머물지 않도록 현실적이고 균형 잡힌 시각을 제시해야 한다.

　무엇보다 중요한 것은, 돈이 단순히 많이 버는 것 자체로 행복이나 성공을 보장하지 않는다는 사실을 분명히 인식시키는 일이다. 소득은 상대적이기에 비교가 끝이 없으며, 진정한 만족은 돈의 액수가 아니라 그것을 버는 과정과 사용하는 가치, 그리고 그 일을 통해 살아가는 삶의 태도에 달려 있다.

　청소년기는 아직 경제적 자립보다는 자원 활용과 관리의 태도를 배우는 시기이므로, '돈을 얼마나 버느냐'보다 '어떻게 쓰고, 어떻게 의미 있게 사용할 수 있느냐'에 집중한 교육이 더욱 중요하다. 아르바이트나 사회 경험은 노동의 가치와 시스템을 배우는 좋은 기회가 될 수 있으나, 그것이 학업이나 또래 관계 등 본질적인 성장 과업을 압도하지 않도록 조율이 필요하다. 청소년이 돈을 통해 자아를 증명하고자 하는 욕구를 보일 때, 그 밑바탕에 놓인 삶의 가치관과 심리적 동기를 함께 들여다보아야 한다. 더불어 '돈을 많이 버는 방법'에 대한 질문에는 현실적인 정보 제공과 함께, 청소년이 단기 성과에 집착하지 않고 장기적 삶의 계획을 세울 수 있도록 도와야 한다. 절제와 성실한 노력을 통해 이룬 성취가 지속 가능한 만족과 신뢰를 만든다는 점을 인식시킬 필요가 있다.

결국, 청소년이 돈에 대해 갖는 태도는 곧 삶의 태도이기도 하다. 부모와 교사는 청소년과의 대화를 통해 돈의 의미와 삶의 가치에 대해 함께 고민하며, 태도의 중요성을 알려 주어야 한다. 이를 통해 청소년은 외적 기준에 휘둘리지 않고, 자신만의 기준으로 진로를 탐색하며 돈을 책임 있는 수단으로 다룰 수 있는 성숙한 성인으로 성장하게 된다.

▪ 왜 사업가가 꿈이면 안 되는 건가요?

비행청소년들 사이에서 '사업가가 되고 싶다'는 말은 흔히 들을 수 있다. 『청소년 비행의 모든 것』에서는 그들만의 문화로 '비행청소년들은 돈에 집착하며, 돈을 많이 벌고 싶다고 하고 자신의 꿈은 사업가이며 막연히 사업하는 것을 미래의 꿈이라고 한다'고 설명한다. 이는 구체적인 계획 없이 단기간에 성공하려는 비현실적 기대와 왜곡된 성공 가치관이 결합되며, 결국 준비 없이도 성공할 수 있다는 책임 회피적 태도로 이어진다.

일부 청소년은 "망해 보는 것도 인생에 도움이 될 것 같다"는 식의 말을 막연하게 하기도 하는데, 이는 겉보기에 도전적인 태도로 비칠 수 있으나, 실제로는 청소년기의 자기중심성과 상상적 청중 의식이 작동하여 현실을 객관적으로 인식하기 어려운 특성과 관련되며, 준비 부족과 실패에 대한 감각의 결여, 과도한 자기 확신에도 불구하고 실패를 값진 경험으로 미화하려는 태도는 내면의 불안과 열등감을 회피하려는 방어기제로 해석될 수 있다. 특히 비행청소년의 경우, 현실도피와 또래집단 내 인정 욕구가 결합되며, 무모한 시도를 통해 존재감을 드러내려는 경향이 뚜렷하다. 이때 '사업가가 되고 싶다'는 말은 진로 희망이라기보다는 외적 과시에 가까운 경우도 많다. 따라서 부모나 교사는 청소년의 표현에 즉각적인 평가를 내리기보다는, 그 심리적 배경을 이해하고 현실에 기반한 준비의 중요성을 인식시켜 주어야 하며, 이를 바탕으로 구체적 계획 수립과 실행을 도울 수 있는 지속적인 지도를 이어 가야 한다.

• **공부는 학원에서 다 알려주는데, 학교는 왜 다녀야 하나요?**

"공부는 학원에서 더 잘 알려 주는데, 학교는 왜 다녀야 하죠?"라는 질문은 아동기인 초등학생부터 후기 청소년에 이르기까지 자주 제기되는 물음이다. 이는 단순히 학업 효율성을 따지는 수준을 넘어 학교라는 제도의 존재 이유를 어떻게 이해하고 있는지를 보여 주는 본질적인 질문이다.

성적 중심의 경쟁 환경에서 학원이 지식 전달의 중심이 되는 현실 속에서, 학교의 의미가 흐릿하게 느껴지는 학생도 적지 않다. 그러나 학교는 단순한 지식 학습의 공간에 머물지 않는다. 학교는 또래와의 관계 속에서 규칙을 배우고, 다양한 차이를 이해하며, 존중과 배려의 태도를 익히는 사회화의 장이다. 교실 안팎에서 학생은 지식뿐 아니라 규칙과 역할, 책임감을 경험하며, 이는 장차 사회의 일원으로 살아가기 위한 기초가 된다. 학교는 구조적 한계와 생활 지도 약화 등의 과제를 안고 있지만, 학교생활에서의 갈등과 실패는 청소년이 자기 성찰과 타인 이해, 책임감을 기르는 성장의 기회가 된다. 이를 통해 청소년은 갈등 조정과 타협 능력 등 공동체 생활에 필요한 사회적 역량을 키워 간다. 따라서 부모와 교사는 청소년이 학교를 단순히 지루하고 비효율적인 공간으로 여기지 않도록 도울 뿐 아니라, 학교생활의 어려움에 담긴 교육적·사회적 의미를 함께 해석해 주어야 한다. 이를 통해 청소년은 학교를 지식 학습을 넘어 삶의 기술을 연습하는 관계의 장으로 새롭게 인식하게 된다.

• **제가 예전에 비행을 해서 그런지, 비행청소년들을 더 잘 이해할 수 있을 것 같아서 경찰이 되고 싶어요. 선생님은 어떻게 생각하세요?**

청소년이 과거의 경험을 반추하며 이를 타인의 삶에 도움이 되는 방향으로 전환하려는 태도는 고통스러웠던 시간을 사회에 환원하려는 성숙하고 의미 있는 진로 동기라 할 수 있다. 실제로 진로 지도 현장에서는 과거 비행을 겪은 청소년이 그 경험을 계기로 상담사, 교사, 경찰, 사회복지사 등 타인을 돕는 직업에 관심을 보이는 사례를 종종 접하게 된다. 이는 과거를 단순한 오점으로 남기지 않고 삶을 새롭게 이해하며 방향을 전환하려는 의미 있는 전환점이자, 진로 탐색의 귀중한 계기가 된다.

이러한 기회를 살리기 위해서는 부모와 교사가 청소년의 진로를 단순히 현실적인 조건만으로 판단하기보다 그 선택의 배경과 그 안에 담긴 마음을 함께 살펴보는 태도가 필요하다. 특히 "비행청소년을 돕고 싶다"는 말은 단순한 생각이 아니라, 자신의 경험을 성찰하고 건강한 사회 구성원으로서 공동체에 기여하고자 하는 책임감 있는 표현이다. 따라서 이를 섣불리 평가하거나 제한하기보다, 그 진심을 충분히 공감하고 존중해야 한다. 그 위에서 "어떤 방식으로 돕고 싶은지", "지금 무엇을 준비할 수 있을지", "비슷한 가치를 실현할 수 있는 다른 길은 무엇일지"와 같은 열린 질문을 던진다면, 청소년은 자신의 뜻을 더 깊이 성찰하고 구체화하며 진로의 방향성을 확장해 나갈 수 있다.

　청소년의 진로는 발달과 경험에 따라 언제든 변화할 수 있다. 그러므로 중요한 것은 꿈의 구체성이나 지속 여부가 아니라, 그 꿈을 통해 현재를 성찰하고 미래를 스스로 설계해 보려는 태도 자체의 교육적 의미다. 부모와 교사는 이러한 태도가 싹틀 수 있도록 현실적인 정보와 준비 과정, 직업이 지닌 사회적 가치를 함께 탐색해 주어야 하며, 청소년이 지닌 가능성을 넓힐 수 있도록 지속적으로 격려하고 조력해야 한다. 이 과정을 통해 청소년은 과거를 단순히 부끄러운 기억으로 덮는 것이 아니라, 그것을 타인의 아픔을 이해하고 보듬는 자산으로 승화시켜 자신의 삶을 더 넓고 깊게 확장해 나갈 수 있다.

- **저는 요즘은 담배도 줄이고 도박도 안 하고, 다른 친구들보다 열심히 살고 있다고 생각하는데요. 그런데도 삶이 바뀌는 게 별로 없어서 무기력해요. 왜 그런 걸까요?**

　청소년이 나름대로 최선을 다하고 있음에도 불구하고 변화가 눈에 띄게 보상되지 않을 때 느끼는 좌절과 무력감은 단순한 푸념이 아니다. 이는 "나는 바뀌고 싶은데 왜 내 삶은 달라지지 않을까"라는 간절한 호소로 읽혀야 한다. 특히 흡연을 줄이거나 도박을 멈추는 것과 같은 행동 변화는 결코 쉬운 일이 아니므로, 절제력을 발휘하고자 하는 그들의 노력은 무엇보다 귀중하게 평가되어야 한다. 그러나 이러한 노력이 삶의 전환으로 이어지지 않는 이유는, 여전히 기존의 삶의 틀 안에서 일부 행동만을 조절하는 수준에 머물러 있기 때문이다. 비행은 단지 몇 가지 문제 행동의 총합이 아니라, 성장 환경, 삶을 바라보는 태도, 관계 형성 방식, 미래에 대한 관점 등 전반에 걸친 구조적 문제다. 결국 몇 가지 행동을 줄였다고 해서 삶 전체가 즉시 바뀌는 것은 아니다. 이는 마치 달리는 열차

안에서 자세를 바꾸거나 창밖을 달리 바라본다 하더라도, 열차의 방향이 바뀌지 않으면 도착지는 달라지지 않는 것과 같다.

진정한 변화는 단순히 일부 행동을 조절하는 데서 그치지 않고, 삶의 방향 자체를 근본적으로 다시 설계하는 데서 출발한다. 비행의 삶을 오염된 컵에 비유하자면, 오염된 물을 일부 덜어낸다고 해서 그 물을 마실 수는 없듯이, 컵을 완전히 비우고 깨끗한 물로 다시 채우는 것과 같은 총체적인 전환의 노력이 필요하다. 이러한 상황에서 부모와 교사는 청소년의 변화를 섣불리 판단하거나 그 노력을 과소평가하기보다, 그러한 선택이 얼마나 어려운 일이었는지를 깊이 공감해 주어야 한다. 나아가 그 노력이 실제 변화로 이어지기 위해 무엇이 필요한지를 함께 고민하고, 실천을 도울 수 있는 역할을 해야 한다. 현재 청소년이 느끼는 무력감은 단순히 노력 부족 때문이 아니라, 변화의 방향 전환이 이루어지지 않았기 때문에 발생하는 감정임을 이해하도록 돕는 것도 중요하다.

청소년이 삶의 전환점을 맞이하기 위해서는 '비행의 열차'에서 내릴 수 있는 용기와 결단이 필요하다. 그리고 그 결단은 언제든 돌아올 수 있는 안전한 자리, 현실적인 환경의 개선, 부모의 일관된 지지와 믿음, 그리고 새로운 삶의 가능성을 함께 제시해 주는 관계 속에서 비로소 자라난다는 사실을 잊지 말아야 한다.

- **학교도 안 다니고 소년보호처분도 받았는데, 솔직히 우리 인생은 이제 끝난 거 아닌가요? 제 인생, 다시 갱생할 수 있을까요?**

'갱생'이라는 표현을 입에 올리는 청소년을 마주할 때, 그 말은 단순한 단어를 넘어선다. 자신의 삶을 돌이킬 수 없는 잘못으로 규정하고, 다시 시작할 가능성조차 부정하는 그 한마디에는 깊은 자기 비난과 절망, 그리고 누군가에게 닿고자 하는 미약한 호소가 담겨 있다. 이러한 표현은 비행의 정점을 지나 현실을 자각하기 시작한 후기 청소년에게서 주로 나타난다. 이 시기의 청소년은 자신이 더 이상 어린아이가 아님을 인식하며, 과거 자랑처럼 여겼던 그들만의 세상이 사실상 고립된 삶이었음을 깨닫는다. 그 자각은 곧 "나는 왜 이렇게밖에 살 수 없었을까"라는 자책으로 이어지고, 결국 스스로를 '끝난 인생'이라 단정 짓게 만든다.

비행은 분명 잘못된 행동이지만, 그 선택이 반드시 악의에서 비롯된 것은 아니다. 많은 경우, 청소년은 열악한 환경 속에서 살아남기 위한 방편으로 비행을 선택했을 수 있다. 따라서 상담 장면에서는 그 결과에 대한 책임을 분명히 하되, 그 선택에 이르게 된 삶의 맥락과 내면의 고통을 이해하려는 태도가 필요하다. 이러한 이해가 청소년이 다시 삶을 바로 세울 수 있도록 돕는 출발점이 된다. 무엇보다 "제 인생, 다시 갱생할 수 있을까요?"라는 물음은 이미 변화의 문을 두드리는 행위다. 그 질문은 자책에 가려지고 서툴게 표현될 수 있으나, 그 안에는 여전히 살아가고자 하는 의지가 숨어 있다. 우리는 그 절망을 있는 그대로 받아들이지도, 외면하지도 말아야 한다. 그 대신, 그 말 너머의 가능성을 함께 붙드는 것이 필요하다. 그것이 청소년을 곁에서 지켜보는 어른의 역할이다.

가정의 노력: 회복과 성장을 위한 따뜻한 가정과 양육

　가정은 단순한 보호 공간을 넘어, 인간관계와 책임, 가치 판단 등 삶의 핵심 원리를 처음으로 익히고 내면화하는 교육의 시작점이다. 이곳에서 청소년은 자율성을 부여받는 동시에 그에 상응하는 책임을 경험해야 하며, 자신의 선택이 어떤 결과를 초래하는지를 반복적으로 체득함으로써 점차 자기조절력을 길러 나간다. 이는 강압이 아닌 존중에 기초한 훈육을 통해 가능하며, 부모는 지도자가 아닌 동반자로서 자녀의 삶에 참여해야 한다.
　일관성 있는 양육은 청소년에게 정서적 안정감과 균형 잡힌 경계를 제공하며, 그 안에서 형성된 올바른 가치관은 혼란스러운 사회 속에서도 방향을 잃지 않도록 이끈다. 부모의 말과 행동이 일치하고, 옳고 그름의 기준이 명확하게 전달될 때, 청소년은 내면에 건강한 나침반을 세워 간다. 이러한 가정의 분위기와 부모의 양육 태도는 단지 문제 행동을 예방하는 차원을 넘어, 청소년이 건강하게 성장하고 사회 속에서 의미 있는 존재로 살아갈 수 있도록 하는 가장 강력한 기반이 된다. 청소년 비행을 예방하기 위한 모든 노력은 가정에서부터 시작되며, 그들이 다시 안전하고 건강한 삶의 자리로 돌아올 수 있도록 돕는 데에도 가정이 중심이 되어야 한다. 비행의 첫 뿌리는 가정에 있으며, 그 회복 또한 가정으로부터 시작되어야 하기에, 어떤 제도적 개입도 가정의 부재를 온전히 대체할 수는 없다.

　자신의 영역을 만들고 싶어 하는 사춘기 청소년은 끊임없이 자신이 머물 수 있는 의미 있는 자리를 찾는다. 그러나 그 자리가 가정이 되지 못할 때, 아이는 밖으로 나가 자신만의 방식으로 존재를 증명하려 하며, 결국 그들만의 세상 속에 머물게 된다. 이는 단순한 일탈이 아니라, 지속적으로 배제되고 밀려난 끝에 선택한 하나의 생존 방식이며, 청소년 비행은 그 결과로 나타나는 현상 중 하나다. 이러한 비행은 개인의 일시적 일탈이나 도덕적 결핍으로 축소해서는 안 되는 복합적인 문제로, 그 이면에는 정서적 단절, 소속감의 상실, 그리고 반복된 거절과 배척, 소외의 경험이 자리하고 있다. 머무를 수 없었던 자리와 받아들여지지 않았던 관계 속에서 축적된 상처와 결핍은 결국 아이를 가정 밖의 거칠고 위험한 세상으로 내몰게 된다. 그들만의 세상에서 보여지는 비행은 단순한 일탈이 아니라, 선택의 방식이자 존재의 표현이며, 무엇보다도 그들에게는 살아남기 위한 가장 절박하면서도 최선의 선택이 된다.

가장 안전지대가 되어야 할 '오고 싶은 집'

가정은 청소년의 정체성과 관계 형성의 출발점이지만, 그곳이 안정감을 주지 못할 때 아이는 자신을 지킬 수 있는 다른 영역을 찾아 나선다. 성장 과정에서 충분한 공감과 이해를 받지 못한 채 거절과 배제를 반복적으로 경험하면, 아이는 점차 정서적 고립과 공허함 속에서 가정을 등지고 그들만의 세상으로 진입한다. 이러한 흐름 속에서 비행은 발생하게 되며, 그 뿌리에는 아이가 안전하게 머물 수 없었던 '가정의 역할 부재'라는 근원적 결핍이 자리하고 있다.

가정은 단순히 머무는 공간이 아니라, 존재 자체가 조건 없이 수용되고 존중받는 정서적으로 가장 편안한 '오고 싶은 집'이어야 한다. 집은 청소년이 혼란과 실패를 안고 돌아왔을 때도, 비난이나 판단 없이 있는 그대로를 품어 줄 수 있는 마음의 공간이어야 한다. 그 안에는 실수해도 버림받지 않을 것이라는 확신, 흔들려도 곁에서 지켜봐 줄 누군가가 있다는 신뢰, 그리고 말 없이도 안심할 수 있는 따뜻한 온기가 담겨 있어야 한다. 이러한 정서적 안정감은 부모의 태도와 언어, 그리고 일상 속 사소한 반응 하나하나를 통해 형성된다. 부모의 말 한마디, 표정 하나가 아이에게는 *"나는 이 집에서 받아들여지는 사람인가?"* 라는 물음에 대한 직접적인 답이 되기 때문이다.

오고 싶은 집은 결코 크고 화려할 필요가 없다. 중요한 것은 그 집이 청소년에게 감정의 쉼터이자 존재의 안식처가 될 수 있는가 하는 점이며, 그 시작과 중심에는 언제나 부모의 태도와 역할이 놓여 있다. 사실 많은 문제는 누군가의 특별한 노력보다, 각자가 자신의 자리에서 기본적인 책임과 역할을 성실히 수행할 때 자연스럽게 예방되고 조기에 해결될 수 있다. 우리는 청소년의 변화를 요구하면서도, 그 변화가 시작되어야 할 가정이라는 근본적 기반에 대해서는 충분히 돌아보지 못하는 경우가 많다. 그러나 진정한 변화는 아이를 바꾸려 하기 전에, 부모인 우리가 먼저 자신을 성찰하고 변화할 용기를 낼 때 비로소 시작된다. 부모가 먼저 달라질 때, 청소년은 밖이 아닌 가정 안에서 다시 삶의 중심을 회복할 수 있게 된다. 무엇보다 중요한 것은 따뜻하고 공감받는 정서적 교감의 경험이다. 이는 단순한 언어적 소통을 넘어, 말하지 않아도 전해지는 이해와 지지, 감정의 결을 함께 나누는 깊은 연결감을 의미한다. 청소년은 자신의 감정과 혼란이 존중받는 관계 안에서 비로소 마음을 열고, 스스로 변화하고자 하는 내적 동기를 키워 간다. 감정이 충분히 이해되고 공감받을 때 아이는 부모의 말에 귀 기울이고 그 관계 안에서 자신이 소중한 존재임을 자연스럽게 깨닫게 된다. 반대로, 정서적 교감이 결여된 상태에서 이루어지는 일방적인 훈육이나 조언은 방어적 반응을 유발하며 오히려 아이를 더 멀어지게 만든다.

적절한 욕구 충족과 정서적으로 건강하고 안전한 가정환경

아이의 문제 행동은 단순히 고쳐야 할 결함이 아니라, 정서적 욕구와 관계 회복을 요청하는 하나의 신호다. 이때 훈육보다 우선되어야 할 것은 정서적 연결과 관계의 회복이며, 아이가 자신의 감정을 안전하게 표현하고 진심으로 이해받는 경험을 통해 '나는 존재해도 괜찮은 사람이다'라는 내적 확신을 회복하는 과정이 무엇보다 중요하다.

청소년의 변화는 가정에서 시작되며, 그 방향을 결정짓는 핵심 요소는 부모의 양육 태도이다. 부모가 아이의 감정과 행동 신호에 민감하게 반응하고 진심으로 공감하며 수용하는 태도야말로, 자녀를 위한 가장 근본적이고 중요한 역할이다. 청소년이 표현하는 불안정한 감정과 행동은 정서적으로 안전한 환경 속에서 충분히 받아들여져야 하며, 이후에야 비로소 옳고 그름을 분별하도록 돕는 지지적이고 단계적인 지도가 가능해진다: 그러나 많은 부모들은 자녀의 문제 행동에 직면했을 때 그 해결의 실마리를 훈육이나 행동 교정에서만 찾으려 한다. 반항적 언행, 규칙 위반, 감정 폭발 등은 단지 고쳐야 할 '행동 문제'로 간주되고, 지시와 통제를 통해 바로잡으려는 접근이 일반화되어 있다. 그러나 이러한 방식은 문제의 표면만을 다루기 때문에, 그 이면의 정서적 결핍과 좌절된 욕구를 놓치게 되고, 결국 근본적인 개선은 점점 복잡하고 어려워진다.

아이의 욕구는 단순한 고집이나 변덕이 아니라, 정서적 건강과 정체성 형성의 핵심 기반이다. 이 욕구가 충족되는 방식은 아이의 삶의 방향과 발달 경로에 깊은 영향을 미친다. 사람은 누구나 관계 속에서 이해받고 존중받고자 한다. 특히 아동기와 청소년기에는 그 욕구가 삶의 방향과 정체성에 깊은 영향을 주며, 이 시기의 정서적 안정은 곧 건강한 성장을 위한 토대가 된다. 이 시기의 아이들은 타인, 특히 참조집단과의 상호작용을 통해 자신이 수용받고 존중받는 존재인지 확인하려는 경향이 뚜렷하다. 하지만 이러한 정서적 욕구가 지속적으로 무시되거나 왜곡될 경우, 단순한 반항을 넘어 정서 불안, 자기조절력 저하, 대인 관계의 손상, 부정적 자기 개념 형성, 자아존중감 저하 등 심각한 심리적 어려움으로 이어질 수 있다.

욕구 충족이란 자녀의 모든 요구를 무비판적으로 수용하는 것이 아니라, 그 요구에 내포된 정서적 신호와 발달적 요구를 정확히 파악하고, 이에 적절하고 일관된 방식으로 반응함으로써 건강한 정서 발달을 촉진하는 과정이다. 아이의 요구는 단순히 수용해야 할 내용이 아니라, 정서 인식과 자기 주장 능력이 자라고 있다는 신호이자, 발달 과정에서 정서 조율과 학습이 이루어지며 부모와의 상호작용 속에서 새로운 규범과 문제 해결 방식을 배우려는 시도로 이해할 수 있다. 이처럼 자녀가 분명한 요구를 드러내는 상황은 부모가 개입할 수 있는 적절한 시점이 되며, 교육적으로도 효과적인 순간이 된다. 따라서 아이의 요구를 단순한 고집이나 응석으로 판단하기보다는, 자기 표현이자 관계적 소통의 일부로 이해하고, 그 안에 담긴 정서와 의미에 귀 기울이는 태도가 필요하다. 이러한 양육 태도는 자녀의 정서적 안정과 자율성, 긍정적 자기 개념 및 자기효능감의 형성에 기여하며, 전반적인 발달에도 중요한 영향을 미친다.

공감의 본질을 혼동하지 않는 것 또한 매우 중요하다. 아이가 '공감받았다'고 인식하는 여부는 부모의 의도나 판단이 아니라 전적으로 아이의 주관적 경험에 달려 있다. 공감은 부모가 일방적으로 "*나는 충분히 공감해 줬다*"라고 느끼는 데서 완성되는 것이 아니라, 아이 스스로 "*나는 진심으로 이해받았다*"라고 느낄 때 비로소 의미를 갖는다. 아무리 선한 의도로 충고하거나 문제를 해결하려 했더라도, 그 과정에서 아이가 자신의 감정이 부정당하고 무시되었다고 느낀다면 그 경험은 공감이 아닌 정서적 통제 혹은 감정적 간섭, 부정으로 받아들여질 수 있다.

마음속으로만 상대를 이해하고 생각하는 것은 진정한 공감이 아니다. 공감은 그 마음이 상대에게 명확히 전달되고 서로가 같은 마음으로 느끼고 있음을 확인할 때 비로소 완성된다. 따뜻한 공감은 아이의 언어와 감정을 부모의 기준으로 재단하지 않고, 아이의 시선과 정서적 맥락 안에서 함께 느끼고 머무르려는 태도에서 비롯된다. 이러한 정서적 민감성은 단순한 양육 기술을 넘어, 아동의 건강한 자아 형성, 정서적 안정, 그리고 대인 관계 발달을 뒷받침하는 핵심 기제로 작용한다. 부모가 자녀의 생각과 정서, 행동 이면에 담긴 내면의 메시지를 민감하게 살필 때, 부모와 자녀 간의 정서적 연결은 서서히 복원되기 시작한다. 이 정서적 회복이 이루어지는 순간, 아이의 문제 행동은 통제나 처벌 없이도 자연스럽게 완화될 수 있다. 아이는 더 이상 문제 행동을 통해 자신의 존재를 드러내거나 내면의 고통을 호소할 필요를 느끼지 않게 되며, 안정적인 정서 기반 위에서 자기 존재에 대한 신뢰를 형성하고 보다 자율적이고 건강한 방향으로 성장할 수 있다.

자율성과 주도성, 독립성을 존중해 주는 지도의 타이밍

전달하는 말의 내용만큼이나, 그 시점의 적절성은 자녀의 수용 태도에 중대한 영향을 미친다. 동일한 메시지라도 문제 발생 이전에 전달되면 자녀에게 예방적 기준과 행동의 방향성으로 작용할 수 있지만, 사후에 전달될 경우 통제적 언급이나 잔소리로 받아들여질 위험이 크기에 효과적인 의사소통을 위해서는 자녀의 정서 상태와 상황의 맥락을 고려한 전달 시점의 민감한 판단이 요구된다. 따라서 부모는 평소 자녀와 충분한 대화를 통해 건강한 삶의 기준을 공유하고, 그 안에서 자녀가 스스로 판단하고 행동할 기회를 제공해야 한다.

특히 청소년기에는 아동기와 동일한 방식의 지시나 통제가 오히려 갈등을 심화시킬 수 있다. 아동기에는 부모가 강력한 참조집단으로 기능하지만, 청소년기에는 자율성과 독립성에 대한 욕구가 커지고 권위에 대한 저항성이 강화되면서 이전의 양육 방식이 더 이상 효과적으로 작용하지 않는다. 이 시기에 과거의 훈육 방식을 고수하면, 자녀는 부모의 권위를 거부하고 또래집단에서 정서적 지지를 찾게 되며, 부모와의 정서적 거리는 더욱 멀어진다. 이러한 단절을 우려한 부모가 통제를 더욱 강화할 경우, 갈등은 반복되고 관계의 악순환은 깊어질 수 있다. 이 악순환을 끊기 위해서는 청소년기의 심리·정서적 발달 특성을 이해하고, 그에 맞는 양육 전략으로의 전환이 필요하다.

청소년과의 건강한 관계를 형성하기 위해서는 정서적 안정감을 제공하는 양육 태도가 핵심이다. 비난이나 처벌보다는 감정 수용과 공감이 우선되어야 하며, 반항적 언행 이면에 자리한 좌절감, 인정 욕구, 불안과 같은 복합적인 정서를 이해하려는 태도가 중요하다. 부모가 공감적으로 반응할 때 자녀는 정서적 안전감을 느끼며 자신의 감정을 자발적으로 표현할 수 있게 된다. 이를 위해 대화 방식도 달라져야 한다. 일방적인 지시보다는 질문과 경청을 바탕으로 한 상호적인 소통이 중요하며, 이는 자녀에게 '존중받고 있다'는 인식을 심어 주고, 자기결정권의 경험과 신뢰 형성으로 이어진다.

부모는 자녀가 스스로 생각하고 결정할 수 있도록 자율적 선택의 기회를 제공하되, 그 결과를 함께 성찰하며 책임을 공유하는 조력자의 역할을 해야 한다. 이러한 양육은 자녀가 자율성과 책임감을 동시에 배우며 성숙한 주체로 성장하는 기반이 된다. 또한, 가정이 또래집단보다 더 안전하고 따뜻한 공간으로 인식될 수 있도록 정기적인 가족 활동, 함께하는 시간, 그리고 긍정적 피드백의 강화가 필요하다. 청소년기 양육의 핵심은 '무엇을 해 주는가'보다 '어떻게 함께 있어 주는가'에 있으며, 자녀가 자신의 삶을 주체적으로 설계하고 실현해 가는 여정에서 부모는 통제자가 아닌 신뢰할 수 있는 동반자이자 조력자로 함께해야 한다. 자녀의 정서 상태와 상황의 맥락을 고려하여 민감하게 지도의 시점을 판단하는 것은, 자녀가 부모의 말을 수용하고 내면화하는 데 중요한 역할을 한다. 주도성과 독립성, 자율성이 건강하게 실현되기 위해서는 부모가 단순한 통제자가 아니라, 실패의 가능성까지 포용하며 따뜻하게 지지해 주는 안전한 기반이 되어야 한다. 이러한 관계 속에서 자녀는 책임감 있는 성인으로 성장할 뿐만 아니라, 부모와의 관계에서도 신뢰와 유대에 기반한 긍정적 정서 경험을 바탕으로 건강한 정체성을 확립해 나가게 된다.

청소년의 성장과 발달에 맞는 양육과 성장 환경 조성

청소년기는 신체적 변화뿐 아니라 정서적, 인지적, 사회적 발달이 복합적으로 이루어지며, 자율성, 독립성, 주도성이 점차 강화되고 정체성이 형성되어 가는 중요한 시기이다. 이 시기의 자녀가 자신을 주체적으로 인식하고 삶을 스스로 설계할 수 있도록 돕는 것은 부모의 핵심적인 역할이며, 이를 위해 자율성을 존중하면서도 책임감을 함께 경험할 수 있도록 구조화된 가정환경이 뒷받침되어야 한다.

청소년의 발달 특성과 그에 내재된 성장 욕구를 깊이 이해하고, 이에 부합하는 양육 방식과 환경을 조성하는 일은 부모에게 요구되는 본질적인 과제이다. 부모는 자녀를 하나의 독립된 인격체로 존중해야 하며, 자녀의 욕구가 안전하고 수용적인 환경 속에서 충분히 지지받고 있는지를 지속적으로 점검하고 조율하는 노력을 기울여야 한다. 이러한 존중과 이해를 바탕으로 한 양육은 통제나 억압이 아니라, 자녀가 자신의 필요를 자각하고 문제를 스스로 해결할 수 있도록 돕는 지지적이고 촉진적인 방식이어야 한다. 부모의 개입은 자녀의 자율성을 해치지 않으면서도 발달의 방향성을 제시할 수 있어야 하며, 이는 자기효능감의 형성과 심리적 독립을 위한 중요한 기반이 된다.

사춘기 청소년은 자율성과 주도성이 아직 충분히 성숙되지 않았기 때문에 외부의 간섭이나 강압적인 개입에 예민하게 반응한다. 이 시기의 청소년은 자신만의 심리적·사회적 경계를 더욱 엄격히 설정하려는 경향이 있으며, 어른의 과도한 통제나 무시는 갈등과 저항으로 이어질 수 있다. 이러한 반응은 단순한 반항이 아니라, 정체성을 확립해 가는 과정에서 미성숙한 자율성을 보호하려는 심리적 방어로 이해할 수 있다. 따라서 청소년기의 예민함은 아직 확립되지 않은 자아를 지키기 위한 서툰 표현으로 보아야 하며, 이에 대해서는 세심한 관찰과 존중에 기반한 유연한 접근이 필요하다.

발달 단계에 따라 다르게 나타나는 아이들의 욕구

초등학생에게 크레파스 한 세트는 단순한 미술 도구를 넘어선다. 그것은 자신의 감정과 생각을 시각적으로 표현할 수 있는 수단이자 또래들과 동일한 조건에서 활동에 참여할 수 있게 해 주는 중요한 매개체다. '나도 다른 친구들과 같은 것을 가지고 있다'는 인식은 단순한 소유를 넘어, '나도 존중받고 중요한 존재다'라는 자기 정체감 형성에 기여한다. 반대로, 이러한 기반을 갖추지 못한 아동은 활동에 소극적으로 참여하거나 주변으로부터 소외감을 느끼기 쉬우며, 이러한 경험이 반복될 경우 열등감과 정서적 고립으로 이어질 수 있다. 어른의 눈에는 하찮아 보일 수 있는 물건일지라도, 아이에게는 자기 존재의 의미를 확인하고 또래 관계 속에서 정체성을 구축해 나가는 과정에서 중요한 발달 자원으로 기능할 수 있다.

청소년기에 접어들면, 이러한 상징은 단순한 물건의 차원을 넘어 자율성과 정체성이 묻어나는 관계적 맥락, 곧 자신의 사회적 영역 전반으로 확장된다. 예컨대 친구들과 감자튀김을 나누는 짧은 순간은 단순한 음식 섭취를 넘어 자율성과 상호 존중, 또래집단 내 소속감을 체감하는 정서적 경험으로 작용한다. 이러한 경험은 부모가 제공하는 값비싼 외식보다 더 큰 만족을 주며, 또래 관계 속에서 관계적 동등성과 자기 선택권을 인식하는 기회가 된다.

이처럼 또래 관계 중심의 상호작용은 청소년의 사회·정서적 역량을 길러 주는 핵심 요소이며, 정서적 충족감은 물질적 보상보다 '누구와 함께했는가', '어떤 관계 안에서 이루어졌는가'라는 맥락에서 깊게 형성된다. 아동·청소년이 표현하는 다양한 욕구는 단순한 기호나 물리적 소유에 대한 요구를 넘어, 발달 과정에서 정체감 형성과 밀접하게 연결된 심리적 신호로 이해될 수 있다. 이러한 욕구 표현은 타인과의 상호작용을 통해 자신이 존중받는 존재임을 확인하려는 노력이며, 자율성과 자기효능감의 발달과도 깊은 관련이 있다. 따라서 표면적으로 사소하거나 일시적으로 보이는 아동의 행동이나 요구일지라도, 그 이면에 담긴 심리적 함의를 간과해서는 안 된다. 이러한 욕구가 반복적으로 무시되거나 과도하게 축소·통제될 경우, 아동은 '나는 중요하지 않다'는 인식을 점차 내면화하게 되며, 이는 무기력감과 회피적 행동 양식으로 이어져 자기 가치에 대한 의심을 심화시킬 수 있다.

이러한 심리적 어려움은 갑작스럽게 나타나는 것이 아니라, 반복적으로 충족되지 못한 정서적 욕구가 누적된 결과로 이해할 수 있다. 아동의 욕구는 환경적 맥락과 발달 수준에 따라 다양한 형태로 나타나므로, 이를 개별적으로 민감하게 파악하고 존중하려는 태도는 정서적 안녕과 자기 개념 형성의 핵심 토대가 된다. 아동의 문제 행동을 변화시키는 데 있어 중요한 것은 단순한 훈육이나 제재가 아니라, 정서적 관계 회복과 그 과정에서 욕구가 적절히 반영되고 존중받는 경험이다. 건강한 가정환경이란 갈등이 전혀 없는 상태가 아니라, 서로 감정을 솔직하게 표현할 수 있고, 실수해도 받아들여지며, 가족 구성원 각자의 마음과 필요가 존중되는 관계를 말한다. 이러한 환경은 아동에게 정서적 수용에 대한 신뢰를 형성하게 하고, 그 기반 위에서 자율성과 사회적 적응 능력을 긍정적으로 발달시킨다.

▍ 실제 성장에 맞는 생활 환경의 변화와 개선

자녀가 생활하는 물리적 공간, 특히 '방'이라는 사적 공간을 발달 단계에 맞게 조성하는 일은 양육에서 매우 중요한 요소다. 공간은 단순히 머무는 물리적 장소를 넘어, 그 안에 있는 사람의 정체성, 감정, 욕구, 자율성이 투영되는 심리적 거울이 된다. 청소년기에 접어든 사춘기 자녀는 '나는 더 이상 아동이 아니다'라는 자각과 함께 자율성과 독립성에 대한 욕구가 커지고, 외모나 취향, 생활 습관 전반에서 스스로의 정체성을 새롭게 형성하려는 경향을 보인다.

이 시기의 청소년은 주변으로부터 성숙한 존재로 인정받기를 바란다. 그런데 만약 사춘기 자녀가 여전히 구름과 버스가 그려진 이불을 덮고, 아동기 시절의 장난감과 캐릭터 소품으로 가득한 방에서 지낸다면, 이는 자녀에게 무의식적으로 '아직 어린아이'라는 메시지를 반복적으로 각인시켜 자신의 성장이 존중받지 못하고 있으며 부모가 여전히 미성숙한 존재로 간주하고 있다고 느끼게 할 수 있다. 이러한 불균형은 정체성이 예민하게 형성되는 시점에 자녀에게 혼란과 긴장을 유발하고, 결과적으로 좌절감이나 반항, 부모와의 관계 단절 시도로 이어질 수 있다.

청소년기의 공간은 더 이상 아동기의 연장이 아니라, 자녀가 중·고등학생이자 미래의 성인으로서 발달해 가고 있음을 반영하는 방향으로 조정되어야 한다. 방의 변화는 단순한 인테리어의 교체가 아니라, *"너의 성장을 인정하고 존중한다"* 는 강력한 비언어적 메시지가 된다. 꼭 큰 비용이나 거창한 변화가 필요한 것은 아니다. 사용하지 않는 아동기 장난감이나 책을 정리하고, 책상 위치를 바꾸거나 현재의 취향과 발달 수준을 반영한 작은 소품, 자녀가 직접 고른 벽지나 침구를 함께 선택하는 것만으로도 충분하다.

이와 함께 성장한 체형에 맞는 책상과 의자를 마련해 주는 것도, 자녀의 변화와 성장을 존중한다는 메시지를 전달하는 중요한 방법이 될 수 있다. 중요한 것은 자녀가 그 과정에 주체적으로 참여하고, 자신의 의견이 존중받고 반영되었다고 느끼는 것이다. 부모가 자녀의 동의 없이 물건을 무단으로 정리하거나 방을 일방적으로 바꾼다면, 이는 청소년에게 '심리적 침입'으로 받아들여질 수 있다. "내 의견은 중요하지 않다", "부모는 내 의사와 상관없이 내 삶을 바꿀 수 있다"는 부정적인 인식은 자율성과 통제감에 민감한 청소년기 특성상 강한 반발과 저항으로 이어질 수 있으며, 부모-자녀 간의 정서적 거리를 오히려 더 벌어지게 만든다.

성장하는 자녀의 공간을 함께 재구성하는 경험은 단순한 환경 정비가 아니라, 부모와 자녀가 서로의 변화를 인정하고 조율해 가는 심리적 동행의 과정이다. 부모가 자녀를 독립된 주체로 인정할 때, 자녀는 자신의 선택이 존중받고 있다는 것을 직접 체험하며, 그 과정 속에서 정서적 안정감과 따뜻한 소속감을 얻는 동시에, 이는 부모가 자녀에게 점진적으로 책임을 위임하고 소통과 공감, 신뢰를 쌓아 가는 소중한 계기가 된다.

일관성 있는 양육으로부터 시작되는 가정교육

　가정은 청소년이 사회 구성원으로 성장해 나가는 데 필요한 규범과 역할을 처음으로 습득하는 기본 사회화 기관으로, 인간됨과 사회적 정체성의 기초를 형성하는 중요한 기반이다. 부모는 가정이라는 최초의 학교에서 자녀가 처음 만나는 교사이며, 자녀는 부모가 일상에서 보여 주는 말과 행동을 통해, 삶을 대하는 태도와 가치관을 자연스럽게 배워 간다. 자녀의 일상, 학교생활, 또래 관계에 꾸준히 관심을 기울이며, 일관된 규칙과 따뜻한 정서적 지지를 제공하는 가정에서 성장한 아동과 청소년은 사회적 규범을 자연스럽게 내면화하고, 안정적인 대인 관계를 형성할 가능성이 높다. 문제 행동의 조기 발견과 개입은 가정에서 시작되어야 하며, 대부분의 비행, 품행 문제, 심리적 어려움은 그 뿌리를 가정 안에서 찾을 수 있음을 인식해야 한다.

　수도꼭지에서 물이 새는 것을 겉만 틀어막아선 해결되지 않듯, 청소년의 문제 행동 역시 표면적인 통제로는 일시적 효과에 그칠 뿐이다. 근본적인 문제 해결을 위해서는 잘못된 양육 방식과 왜곡된 가치 기준을 점검하고 바로잡는 노력이 반드시 선행되어야 한다. '밥상머리 교육'이라 불리는 가정교육은 일상 속에서 자연스럽게 이루어지는 예절, 배려, 소통을 통해 아동과 청소년의 사회적 조절력과 관계 형성 능력을 길러 주는 가장 기본이자 핵심적인 교육 경험이다. 가정은 아이가 처음으로 사회적 규범을 배우고 타인을 배려하는 방식을 익히는 출발점이자 중심지이며, 이때 부모의 일상 속 본보기는 그 어떤 말이나 지침보다 더 강력한 메시지가 된다. 결국, 자녀에게 가장 깊이 각인되는 교육은 말이 아니라 태도, 규범이 아니라 실천으로 드러나는 가정에서의 살아 있는 본보기다.

일관성 있는 훈육이 만드는 건강한 삶의 기준

인지·정서적 변화가 두드러지는 발달 시기에 부모로부터 일관되지 않은 양육을 경험하면, 자녀는 규칙이나 원칙보다 부모의 감정 변화에 맞춰 행동하는 경향을 보이기 쉽다. 동일한 행동이 어떤 날은 허용되고 다른 날은 금지된다면, 자녀는 '옳고 그름'이라는 도덕적 기준이 아닌 '부모의 기분'을 기준으로 행동을 결정하게 된다. 또한, 부모 간 양육 기준이 서로 다르거나 자녀의 문제 행동에 대한 정보가 충분히 공유되지 않으면, 자녀는 그 불일치를 민감하게 감지하고 이를 활용해 자신의 욕구를 기회주의적으로 관철하려는 경향을 보일 수 있다. 이 과정에서 자녀는 상황적 유리함을 추구하며, 점차 왜곡된 가치 체계와 대처 방식을 학습하게 된다. 이러한 방식은 단기적으로는 원하는 결과를 얻는 전략처럼 보일 수 있으나, 장기적으로는 도덕성 및 자기조절력의 약화, 부모에 대한 신뢰 상실, 정서적 불안정뿐 아니라, 건강한 삶의 기준을 내면화할 기회 자체가 저해될 수 있다.

실제로 청소년 비행을 겪는 많은 가정에서는 부모 간 정보 공유의 단절로 인해 비일관적인 양육이 나타나는 경우가 많다. 한쪽 부모만 자녀의 문제 행동을 인지하고, 다른 한쪽은 모른 채 방치되는 상황이 반복되는 경우가 있다. 이는 대개 주로 문제를 먼저 인지한 배우자가 부부 갈등이나 책임 소재에 대한 비난을 피하려는 심리로 인해 상황을 은폐하거나 축소하려 하기 때문이다. 이처럼 자녀의 문제 행동에 대한 정보가 한쪽으로만 집중되고, 부모 간 소통이 단절된 상태가 지속되면, 문제 행동이 드러났을 때 부부 간의 신뢰는 약화되고, 자녀 문제에 대한 공동 대응 체계는 무너지게 된다. 자녀는 자신의 문제 상황을 축소하고 회피하기 위해 부모 중 만만한 사람에게만 사실을 털어놓고, 다른 한 사람에게는 의도적으로 숨기려는 이중적 관계 전략을 강화하게 된다. 이러한 상황이 반복되면, 자녀는 가족 내 권력 구조를 조작하거나 정보의 비대칭성을 이용해 문제를 일시적으로 회피하는 방법을 학습하게 된다. 이 과정은 자녀와 부모 사이의 심리적 거리감을 키우고, 통제에 대한 반발심, 모순된 행동 양상을 더욱 강화시킨다. 시간이 흐를수록 자녀의 가치 판단 기준은 왜곡되고, 가족 구성원 간의 신뢰와 정서적 유대는 점차 약화된다. 이는 가정 내 갈등을 심화시키는 동시에, 자녀의 도덕성 형성과 정서적 안정감에도 부정적인 영향을 미친다. 이러한 환경이 장기화되면 자녀는 정서적 지지와 일관된 양육이라는 발달적 보호 요인을 상실하게 되고, 이는 자기조절력과 심리적 안정감 형성에 심각한 장애를 유발할 수 있다.

청소년의 문제 행동을 억제하는 가장 근본적인 힘은 외부의 통제나 처벌이 아니라, 가정에서 이루어지는 일관된 양육과 따뜻한 정서적 지지이다. 부모의 태도, 언어, 양육 방식이 일관성을 가질 때, 자녀는 단순히 규칙을 따르는 것을 넘어 그 속에 담긴 가치와 의미를 내면화하게 된다. 이러한 경험은 청소년이 옳고 그름의 기준을 외부가 아닌 자신의 내면에서 찾을 수 있도록 도와주며, 타인의 시선에 휘둘리지 않고 스스로 판단하고 그 결과에 책임지는 성숙한 태도를 형성하는 데 중요한 토대가 된다.

부모의 위력으로 자녀에게 절대 하지 말아야 할 말

사춘기 청소년은 자율성과 독립성, 주도성에 대한 욕구가 뚜렷해지며, 자기 삶의 주체로서 외부 세계와 관계를 맺고 자신만의 영역을 확장해 나간다. 그러나 성장 과정에서 충분한 애정과 지지를 경험하지 못한 아동과 초기 청소년은 신체적으로 힘을 갖게 되었다는 자각이 형성되는 시기에 내면의 정서적 결핍을 왜곡된 방식으로 드러낼 가능성이 크다. 이처럼 정서적 기반이 불안정한 상태에서 청소년이 자기주도성을 추구할 경우, 문제 행동이나 비행으로 표출될 수 있으므로, 부모와 보호자는 청소년의 외현적 행동만을 단순히 억제하려 하기보다 그 이면에 자리한 정서적 결핍과 미충족된 욕구를 민감하게 인식하고 반응할 수 있어야 한다. 특히 자녀가 실수하더라도 다시 시도할 기회를 얻고, 자신이 존중받고 이해받고 있다는 감각을 느낄 수 있는 환경은 자율성과 책임감을 함께 길러 주는 핵심적인 토대가 된다.

부모는 자녀를 성과 중심으로만 평가하지 말고, 그들의 감정과 삶의 맥락을 함께 이해하려는 관계적 태도를 지녀야 하며, 이러한 정서적 소통은 청소년의 자기 이해, 자기조절력, 회복탄력성, 자아존중감의 발달을 돕는다. 청소년이 외부의 인정보다 자기 내면의 기준에 따라 삶을 주도해 나갈 수 있도록 돕는 힘은 무엇보다 부모의 공감 어린 지지와 일관된 양육 태도에서 비롯되며, 때로는 따뜻한 말 한마디가 그 시작이 될 수 있다. 반대로, 부모가 무심코 던진 말 한마디는 자녀에게 평생 지워지지 않는 상처가 될 수 있으며, 부모 자신의 감정 상태에 따라 말과 태도가 달라질 경우 자녀는 혼란과 불안을 느끼고, 사랑받을 자격이 부모의 기분에 좌우된다는 왜곡된 신념을 내면화할 수 있다. 청소년은 경제적·사회적·심리적으로 부모에게 깊이 의존하는 시기에 있기 때문에 부모가 감정적으로 위력을 행사하거나 일방적인 통제로 관계를 이끌 경우, 이는 단순한 갈등을 넘어 자녀의 심리적 위축과 무력감을 초래할 수 있으며, 비행의 직접적인 원인이 되기도 한다. 부모의 일방적 지시와 통제, 감정적인 언어 사용은 자녀로 하여금 '통제받는 존재'라는 왜곡된 자아상을 형성하게 하고, 이는 자율성과 자기효능감을 약화시키며 결국 좌절과 분노가 문제 행동으로 표출될 위험을 높인다.

부모의 "나가!"와 같은 말은 단순한 감정 표현을 넘어 자녀를 심리적으로 밀어내는 강력한 언어적 폭력으로 작용할 수 있으며, 실제로 가출이나 관계 단절의 직접적인 계기가 되기도 한다. 이후 부모가 죄책감과 자녀의 가출에 대한 불안감에 압도되어 저자세로 다가가는 과정은 자녀의 부정적 행동을 무의식적으로 정당화하거나 묵인하는 결과를 낳으며 문제 행동을 더욱 강화하는 악순환으로 이어질 수 있다. 이러한 말은 부모 입장에서 일종의 충격요법으로 사용되었을 가능성이 있지만, 변화된 청소년 문화와 비행 구조 속에서는 오히려 역효과를 초래한다. 가출한 청소년은 SNS를 통해 "가출했으니 도와달라"는 메시지를 남기고, 이는 곧 그들만의 네트워크를 통해 공유되며 실제적인 도움으로 연결된다. 처음에는 낯선 환경에서 다양한 어려움을 겪지만, 점차 익숙해지면서 거리에서의 생존 기술을 습득하고 새로운 관계망을 형성하게 되며, 그 과정에서 부모에 대한 심리적·현실적 의존은 점차 약화되고 왜곡된 형태의 자립 기반이 마련된다. 반복된 가출 경험은 더 이상 부정적인 사건으로 인식되지 않고, 통제에서 벗어난 자유롭고 해방된 상태로 받아들여지며, 청소년에게 왜곡된 자율성과 독립에 대한 환상을 심어 주는 결과를 초래한다.

이러한 방식으로 밀려나듯 이루어진 가출은 마음 깊은 곳에 정서적 상처로 남게 되고, 청소년은 결국 유사한 경험을 공유하는 또래집단에 의존하며 도움을 요청하게 된다. 이 과정에서 상처받은 자아존중감과 감정을 방어하기 위해 부모를 비난하거나 그 존재 가치를 스스로 평가절하하고, 자신의 선택과 행동을 정당화하려는 심리적 방어기제가 작동한다. 이러한 반항은 단순한 감정의 분출을 넘어 기존 가족 체계를 벗어나 자신만의 생존 기반과 독립 구조를 구축하려는 심리적 전환점이 되며, 결과적으로 부모와의 관계 회복을 더욱 어렵게 만든다. 이 같은 경험은 청소년에게 가정이라는 공간에 대한 애착과 신뢰를 약화시키고, 보호와 소속의 의미를 제공해야 할 가정을 오히려 필요 없는 공간으로 인식하게 만든다. 이러한 인식이 반복될수록 가정의 기능과 정서적 의미는 점차 퇴색되며, 청소년은 비행을 지속하거나 또래집단과 같은 대체적 관계에 더 깊이 의존하게 된다.

"네 돈으로 해!"라는 말은 단순한 훈육이 아니라, 관계를 물질 중심으로 규정짓는 왜곡된 가치를 메시지에 내포하고 있다. 부모는 자녀의 행동을 제지하거나 특정 행동을 억제하기 위해 이러한 표현을 자주 사용하지만, 실제로는 효과적인 통제 수단이 되기보다 청소년의 욕구를 억누르고 일시적으로만 그 행동을 지연시키는 결과에 그친다. 청소년은 이 과정에서 공감이나 지지를 받지 못한 채 치사함과 불신만 경험하고, 부모와 자신 사이의 경제적 조건을 비교하거나 자신이 돈을 가져야만 자유와 권리를 누릴 수 있다는 왜곡된 믿음을 형성하게 된다. 이는 곧 '돈이 곧 힘이며 자유'라는 왜곡된 가치관으로 이어지며, 청소년은 인간관계마저 대가와 조건을 전제로 맺는 것이라 인식하게 된다.

이러한 신념은 자녀가 부모와의 관계조차 정서적 유대가 아닌 계산적 교환 관계로 받아들이게 만들고, 돈만 있으면 원하는 것을 얻을 수 있다는 도구적 사고를 강화한다. 그 결과, 청소년은 자기 존중감과 타인에 대한 배려, 공동체적 책임감 등 정상적인 발달 과정에서 형성되어야 할 핵심 가치들을 내면화하지 못한 채, 왜곡된 기준에 따라 삶과 관계를 이해하게 된다. 이러한 도구적 사고는 청소년이 비행의 공식이라 불리는 '담배-술-오토바이-(문신)명품' 등의 행위를 실현하는 데 있어 '돈'을 핵심 수단으로 인식하게 만들고, 그 선택에 정당성까지 부여하게 한다. 이들은 점차 세상의 모든 가치를 금전으로 환산해 판단하려는 성향을 보이며, 자신과 타인의 존재

가치마저 경제적 능력에 따라 평가하는 왜곡된 태도를 강화하게 된다.

낮은 성적이나 문제 행동을 이유로 자녀의 존재 자체를 문제 삼거나, "너는 도대체 왜 이 모양이냐", "내 인생에 네가 가장 큰 오점이다"와 같은 가치 절하의 언어를 사용하는 것은 단순한 꾸지람을 넘어 청소년에게는 존재 자체를 부정당하는 깊은 상처로 받아들여질 수 있다. 이는 자아정체감이 형성되는 시기에 치명적인 영향을 미치며, '나는 부족하고 실패한 존재다'라는 왜곡된 자기 인식을 내면화하게 만든다. 그 결과, 자아존중감의 손상뿐 아니라 자기효능감의 저하, 심리적 위축, 대인 관계 회피, 가족 내 소외감 등 다양한 심리·사회적 어려움으로 이어질 수 있다.

이처럼 언어적 상처가 반복되면, 청소년은 자신을 방어하기 위해 반항, 무기력, 비행과 같은 부적응적 방식으로 반응하게 되며, 이는 부모와의 정서적 단절을 더욱 고착화시킨다. 이러한 상처는 단지 일시적인 감정의 흔들림에 그치지 않고, 정서적 안정성과 행동 발달은 물론, 삶에 대한 기본적인 신뢰감에까지 장기적으로 깊은 영향을 미칠 수 있다. 부모의 말은 단순한 꾸지람을 넘어, 청소년이 '나는 어떤 존재인가', '나는 사랑받을 만한 사람인가'라는 근본적인 질문에 대해 스스로 답을 찾아가는 거울이 된다. 부모의 언어는 자녀의 내면에 깊이 각인되어 자아정체감의 형성과 자아존중감의 핵심 기준으로 작용한다. 따라서 청소년기 자녀와의 소통은 단순한 정보 전달을 넘어서야 하며, 감정적 언행을 자제하고 존중과 공감, 신뢰를 바탕으로 한 언어적 상호작용에서 출발해야 한다. 이때 겉으로 드러나는 말이나 행동뿐 아니라, 그 이면에 담긴 감정과 사고의 흐름, 그리고 청소년의 내적 갈등과 의미 해석의 과정을 함께 고려하는 태도가 중요하다.

아동과 청소년은 말의 내용보다 그 안에 담긴 정서적 메시지에 더욱 민감하게 반응한다. 부모의 한마디는 자녀의 정서적 안정과 행동 전반에 지대한 영향을 미치며, 그들의 삶의 방향에까지 영향을 줄 수 있다. 특히 비행청소년은 처음부터 일탈을 선택한 것이 아니라, 기존의 참조집단으로부터 신뢰를 상실하거나 정서적 상처를 경험하면서 그들만의 세상인 준거집단으로 이동하게 된 것이다. 결국, 사춘기 시기의 아이가 어떤 집단을 자신의 준거집단으로 선택할지는 초기 참조집단으로부터 얼마나 신뢰를 경험했으며 또 어떤 정서적 상처를 받았는지에 달려 있다.

그들만의 세상에 대한 정확한 이해의 필요성

많은 부모들은 비행청소년의 삶, 그리고 그들만의 세상에서 작동하는 독특한 패턴과 심리적 기제를 제대로 이해하지 못하고 있다. 특히 부모는 자녀가 가정 밖에서 무법자적 문화를 공유하며 살아가고 있다는 현실을 부정한 채, 그들의 가치관이나 행동 기준을 제대로 이해하지 못하고 일방적인 훈육과 통제만을 시도하려 한다. 이 과정에서 아이의 문제 행동을 단순한 일시적 일탈이나 사춘기의 방황으로만 치부하며, 그 본질적 원인을 들여다보려 하지 않고 회피하거나 외면한다. 더 나아가 '비행'이라는 단어가 주는 거부감으로 인해, 누가 보더라도 비행청소년의 전형적인 행동을 하고 있음에도 불구하고 '우리 아이는 그렇지 않다'며 부인과 부정, 합리화를 반복하는 경우도 적지 않다. 그러나 이러한 태도는 자녀가 그들만의 세상에서 형성한 정체성과 삶의 방식을 전혀 인정하거나 반영하지 않고, 이를 회피한 채 오직 부모의 관점과 일방적 기준에서만 평가하고 통제하려는 접근에 불과하다.

자녀가 비행청소년의 준거집단인 그들만의 세상에 소속되어 있음을 무조건적으로 부인하고 인정하지 않기에, 정작 그 안에 숨겨진 문제 행동의 원인과 이면의 심리적 기제에는 제대로 접근조차 할 수 없다. 표면적인 행동만을 다루려다 보니 근본적인 문제는 그대로 남아 있고, 아이들은 더 깊이 그들만의 세상으로 숨어들 수밖에 없다. 이러한 겉도는 상호작용은 청소년으로 하여금 이중생활을 더욱 강화하고, 스스로를 더 깊이 방어하게 만들며, 자신의 삶이 공감받지 못한다는 주관적인 불평 속에서 부모나 어른들과의 관계를 단절시키게 한다. 그 결과, 청소년은 그들만의 세상 내에 더욱 몰입하며 그 속에서 인정받고 소속감을 확인하려는 심리를 더욱 굳히게 된다. 실례로, 부모의 말을 전혀 듣지 않던 자녀가 선배의 말에는 순응하는 모습을 보고, 정작 그들만의 세상에서 작동하는 역동과 구조를 이해하지 못한 부모가 오히려 자녀를 조종하고 부정적인 영향을 미치고 있는 선배들에게 용돈을 주거나 식사를 제공하며 "우리 아이 잘 부탁한다"고 말하는 경우가 적지 않다. 이는 마치 위험의 본질을 인식하지 못한 채, 자녀를 더욱 위험한 관계망 속에 노출시키는 결과로 이어질 수 있다.

아이의 반복된 일탈과 문제 행동에 답답함을 느낀 부모가 교사에게 자녀의 상황을 묻기도 하지만, 청소년의 이중생활과 폐쇄적인 또래 문화, 그리고 강한 집단 응집력으로 인해 교사조차 그들만의 세상 안에서 실제로 어떤 가치와 규칙, 상호작용의 역동이 작동하고 있는지를 충분히 파악하지 못하는 경우가 많다. 이는 비행청소년의 삶과 문화가 제도권 밖에서 형성되며, 외부에 쉽게 노출되지 않는 은폐성과 강한 내부 결속성을 특징으로 하기 때문이다. 단편적인 행동 관찰만으로는 교내의 무법자적 삶을 넘어, 오직 그들만의 세상 안에서만 드러나는 고유한 문화와 관계의 역동 속에 살아가는 청소년들의 심층적 맥락이나 심리적 기제를 제대로 이해하기 어렵다. 그들만의 세상은 학교 안에서는 좀처럼 포착되지 않는 또 다른 얼굴과 행동 양식, 그리고 또래집단 내에서만 통용되는 언어와 규칙들로 구성되어 있어 외부에 드러나는 단편적 정보만으로는 그들의 현실을 제대로 파악하기 어렵다. 이러한 특성 때문에 교사조차 청소년의 삶을 표면적인 행동만으로 판단하고 문제시하는 데 그치는 경우가 적지 않다.

그들만의 세상의 원리와 독특한 관계 역동은 가정이나 학교가 제시하는 일반적인 질서나 기준과는 모든 것이 근본적으로 다르다. 이를 충분히 이해하지 못한 채 접근한다면, 청소년에게 의미 있는 지도나 변화를 기대하기는 어렵다. 청소년 비행은 단순히 규칙을 어기는 행위가 아니라, 그들 내부의 집단 규범과 관계 맥락 속에서, 나름의 정체성을 지키고자 하는 방식으로 나타나는 복합적인 심리·사회적 현상이다. 따라서 부모와 교사가 자녀의 겉으로 드러난 문제 행동만을 보고 이를 단순히 교정이 필요한 일탈로만 규정하고 대응한다면, 청소년은 자신이 진심으로 이해받지 못하고 있다는 감정에 사로잡히게 되며, 그 결과 강한 저항감을 표출하거나 점점 더 깊은 고립감 속으로 빠져들 수밖에 없다. 이때 청소년은 자신의 내면과 경험을 방어적으로 감추고, 관계 속에서 마음의 문을 닫으며 스스로의 행동을 정당화하게 된다. 이처럼 축적된 심리적 단절은 청소년이 가정과 학교 등 제도권 내 주요 관계망으로부터 점차 소외되게 만들며, 그로 인해 기존에 형성되어 있던 사회적 지지 체계 역시 점진적으로 붕괴된다. 반면 그들은 자신과 유사한 경험을 공유하고, 판단 없이 받아들여 주는 그들만의 세상 속 또래집단 안에서 인정과 소속감을 더욱 강하게 경험하게 되며, 그 안에서의 행동 규범과 정체성에 더욱 몰입하게 된다. 결국, 비행은 일시적 일탈이 아니라, 이해받지 못한 채 밀려난 청소년이 자신의 존재 가치를 확인받기 위해 선택한 대안적 삶의 방식으로 자리 잡는다.

이처럼 자녀의 행동 이면에 존재하는 갈등 구조와 그들만의 세상에서 형성된 고유한 가치관과 심리적 기제를 깊이 이해하지 않은 채 행해지는 통제 중심의 접근은 결과적으로 비행 문화를 더욱 공고화시키고, 변화의 가능성을 차단하는 악순환으로 이어진다. 이러한 악순환을 끊기 위해서는 『청소년 비행의 모든 것』에서 설명된 그들의 삶의 패턴, 심리적 기제, 그리고 관계적 역동을 정확히 파악하고 깊이 있게 이해하려는 노력이 반드시 선행되어야 한다. 청소년의 실제 삶의 맥락을 고려하지 않은 채 이루어지는 일방적 훈육, 통제, 교육, 상담은 결국 겉돌 수밖에 없으며, 어떠한 실질적인 변화도 이끌어 낼 수 없다는 점을 부모, 교사, 그리고 전문가들은 분명히 인식해야 한다.

MEMO

생각 더하기

[가정의 노력]에 관한 질문과 대답
실제 상담 및 지도 장면에서 부모에게서 받은 질문

- **사춘기 아들에게 뭐라도 도와주고 싶은데, 아이는 자꾸 '괜찮다, 알아서 한다' 해요. 부모가 나서야 할까요, 기다려야 할까요?**

  사춘기 자녀가 "괜찮다", "알아서 하겠다"는 말로 부모의 도움을 단호히 거절할 때, 많은 부모는 당혹감과 무력감을 느끼게 된다. 자녀를 돕고자 하는 마음은 지극히 자연스럽지만, 이 시기는 단순한 보호보다 자율성과 독립성을 획득해 가는 중요한 발달 시기임을 잊지 않아야 한다.

  심리학적으로 사춘기는 '제2의 분리-개별화 시기'로, 청소년은 외부의 개입보다는 스스로 해보는 경험을 통해 자신의 존재감을 확인하고자 하는 욕구가 강하게 나타난다. 아동기까지는 부모의 직접적 개입이 효과적일 수 있지만, 사춘기에 이르면 이러한 방식은 자녀의 자율성과 자기효능감을 저해할 수 있다. 따라서 부모는 자녀의 "괜찮다"는 표현을 단순한 거절로만 받아들이기보다, 감정을 명확히 드러내지 못한 신호일 수 있음을 이해하며 한 걸음 물러나 조용히 지켜보는 태도를 가져야 한다. "혹시 나중에라도 도움이 필요하면 꼭 이야기해 줘"라는 한 마디는 간섭이 아닌 신뢰와 선택의 여지를 전달하는 중요한 메시지가 된다.

  사춘기 자녀에게 필요한 것은 과도한 통제가 아니라, 스스로 판단하고 결정할 수 있도록 환경을 설계해 주는 부모의 지지적 역할이다. 이는 방임이나 무관심과는 본질적으로 다르며, 자녀가 필요할 때 언제든 기대고 도움을 청할 수 있는 안전한 관계를 의미한다. 청소년의 자기결정성을 기르기 위해서는 일방적인 지시보다 최소한의 기준을 제시하고, 그 타당성을 충분히 설명해 주는 태도가 필요하다. 대부분의 청소년은 논리적 사고와 상황 판단 능력을 갖추고 있으며, 정당한 근거에 대해서는 수용적인 태도를 보인다. 이러한 과정은 자녀가 부모로부터 존중받고 있다는 심리적 경험을 쌓게 하고, 이는 안정된 애착과 정서적 안전감으로 이어져 자기조절력과 책임감 발달의 튼튼한 토대가 된다.

- **아이에게 상담을 권했는데 단호하게 거부하더라고요. 이런 경우엔 어떻게 접근하는 게 좋을까요?**

　품행 문제를 보이는 아동·청소년이 상담을 단호히 거절하는 것은 매우 자연스러운 반응이다. 이들은 스스로도 자신의 행동에 문제가 있음을 인식하고 있으며, 상담이라는 과정을 통해 통제받거나 제한당할 것이라는 두려움을 느낀다. 더불어, 외부에 드러내고 싶지 않은 은폐된 행동들이 많기 때문에 이를 타인에게 노출해야 하는 상황 자체를 본능적으로 회피하려는 경향도 강하다.

　많은 비행청소년은 자신의 변화보다 부모가 실제로 변화하려는지를 끝까지 지켜보며 확인하려는 태도를 보인다. 이는 문제 행동의 근원이 가정 내 환경과의 상호작용에 깊이 뿌리내리고 있음을 시사한다. 자녀가 상담을 완강히 거부할 경우, 부모가 먼저 상담을 통해 변화를 시작하고, 이를 통해 문제의 원인을 점차 줄여 나가며 자녀가 다시 돌아올 수 있는 심리적 여지를 마련해 주는 것이 필요하다. 특히 상담을 거부하는 청소년 중에는 과거 상담 경험에서 충분한 공감이나 실질적인 도움을 받지 못했거나, 여러 차례의 시도에도 불구하고 변화가 이루어지지 않았다는 깊은 좌절감을 지닌 경우가 많다. 이러한 경험은 '상담'이라는 단어 자체에 대한 심리적 거부감을 유발하거나, 상담을 단지 형식적인 절차로 인식하게 하여 방어적으로 반응하도록 만든다.

　품행 문제와 관련된 상담 장면에서는 자녀와 부모 중 한 사람만 상담을 받을 수 있다면, 오히려 부모가 상담을 받는 것이 실질적인 변화를 유도하는 데 더 효과적일 수 있다. 부모가 변화하지 않으면 자녀 또한 쉽게 변화할 수 없기 때문이다. 자녀가 상담을 거부한다고 해서 부모가 개입을 미루거나 책임을 회피하는 근거로 삼아서는 안 된다. 오히려 이러한 상황일수록 부모가 먼저 자녀 문제를 중심에 두고 상담을 적극적으로 수용하며, 변화의 출발점을 주도적으로 만들어 가는 자세가 무엇보다 중요하다.

- **자녀가 아침저녁으로 감정 기복이 심한데, 어떻게 대응해야 할지 모르겠어요. 어떻게 도와줘야 할까요?**

　청소년기의 감정 기복은 단순히 성격이 까다롭거나 예민해서 생기는 문제가 아니다. 이는 뇌가 새롭게 재구조화되는 과정, 호르몬의 급격한 변화, 또래 관계와 학업 스트레스 등 다양한 생물학적, 심리·사회적 요인이 함께 작용하면서 나타나는 매우 자연스러운 발달 현상이다. 이러한 이유로 청소년은 스스로 느끼는 감정을 완전히 이해하지 못하거나, 감정이 치솟을 때 이를 적절히 조절하기 어려운 경우가 많다.

이런 상황에서 부모가 "왜 그러냐", "왜 그렇게 예민하냐"는 식으로 반응하면, 청소년은 자신의 감정을 잘못된 것으로 받아들이고 마음을 더 닫아버릴 수 있다. 이는 결국 감정을 표현하는 것 자체가 부정적인 경험으로 남아, 정서적으로 위축되거나 억압된 감정을 쌓게 되는 원인이 된다. 따라서 부모는 자녀의 감정 기복을 통제해야 할 문제로만 보지 않고, 청소년기라면 누구나 겪을 수 있는 자연스러운 성장 과정으로 이해해야 한다.

중요한 것은 아이가 자신의 감정을 무조건 억누르거나 숨기도록 만드는 것이 아니라, 스스로 감정을 인식하고 표현하며 점차 자율적으로 조절할 수 있는 힘을 기를 수 있도록 곁에서 따뜻하게 지원하는 것이다. 이 시기를 감정을 배우는 훈련의 기회로 삼을 수 있다면, 청소년은 결국 자신을 더 깊이 이해하고 감정을 건강하게 다룰 수 있는 성숙한 어른으로 성장할 수 있을 것이다.

- **아이 친구 중에 좀 거리를 두었으면 하는 친구들이 있는데요. 부모가 이 관계를 자연스럽게 떼어놓을 수 있는 방법이 있을까요?**

부모 입장에서는 자녀의 친구 관계나 소속 집단이 불안하게 느껴져 속이 타들어 갈 수 있다. 그러나 청소년에게 그 준거집단은 때로 세상에서 가장 소중한 존재일 수 있기에, 부모가 이를 섣불리 평가절하하거나 무시하는 태도를 보일 경우 자녀는 정서적 지지를 가정 밖에서만 찾으려 하며, 이는 곧 이중생활을 강화하는 계기로 작용할 수 있다. 특히 초등 저학년부터 사춘기 이전 시기까지는 부모의 개입이 어느 정도 효과를 발휘할 수 있지만, 중학교 시기 이후부터는 또래집단의 영향력이 절대적으로 커지기 때문에, 부모가 그 집단을 잘못 건드릴 경우 오히려 집단에 대한 응집력과 소속감이 더 강해질 수 있다. 따라서 자녀에게서 이와 같은 징후가 관찰된다면, 문제의 원인을 외부에서만 찾기보다 가정 내부의 요인을 함께 점검하고, 자녀가 언제든 편안히 돌아올 수 있는 정서적으로 안전한 가정환경을 조성하는 것이 최우선 과제가 되어야 한다.

아울러 학교생활을 포함한 자녀의 일상 전반을 객관적으로 살펴, 그들만의 세상에 대한 과도한 동일시와 몰입이 고착되기 전에 멈춤 작업을 통해 다시 현실로 돌아올 수 있도록 도와주는 개입이 필요하다. 이때 부모가 특정 친구 관계를 직접적으로 끊으라고 지시하거나 통제하기보다는 자녀 스스로 자신의 친구 관계 속에서 어떤 감정과 영향을 받고 있는지를 돌아볼 수 있도록 대화를 유도하는 것이 중요하다. 나아가 자녀가 긍정적인 또래 관계를 자연스럽게 형성해 갈 수 있도록 새로운 환경과 활동의 기회를 함께 마련해 주는 것이 바람직하다.

- **아이에게 SNS 사용을 제한하고 있어요, 계속 막는 게 맞는 건지 아니면 언제쯤부터 허용해도 될지 고민돼요. 기준이 있을까요?**

　현실적으로 SNS 사용을 완전히 차단하는 데에는 분명한 한계가 있다. 설령 부모가 자녀의 사용을 일시적으로 통제한다 하더라도, 이미 대부분의 또래가 SNS를 사용하고 있는 환경에서 시간이 지남에 따라 자녀가 몰래 사용하는 가능성은 높다. 실제로 비행청소년 사례에서도 부모가 휴대전화를 압수해 통제하려 하지만, 자녀는 별도의 기기를 구하거나 친구의 기기를 빌려 SNS를 몰래 사용하는 방식으로 이중생활을 이어 가는 경우가 매우 흔하다.

　이처럼 차단 중심의 접근은 오히려 자녀의 통제 회피 행동을 강화하고, 부모에 대한 신뢰 손상과 갈등을 심화시킬 수 있다. 특히 휴대전화나 SNS 사용을 강제로 제한할 경우, 자녀는 연락 수단이 없다는 점을 일탈 행동의 정당화 명분으로 삼거나, 통제에 대한 반발심을 내면화할 위험이 있다. 그 결과, 부모나 교사는 자녀와 원활히 연락되지 않아 더욱 큰 불안과 답답함을 느끼게 되고, 자녀는 그 과정에서 책임감을 배우기보다는 통제를 회피하는 전략만 익히게 되어, 결국 부모-자녀 간 신뢰 기반의 소통을 약화시키는 주요 원인이 된다.

　따라서 SNS와 스마트폰 사용은 단순히 차단하거나 연령 기준만으로 허용 여부를 결정할 것이 아니라, 자녀의 성숙도와 책임감을 중심에 두고 접근해야 한다. 특히 중요한 것은, 단순히 '사용을 허락할지 말지'를 고민하기보다 '어떻게 잘 사용할 수 있는지를 가르치는 일'이 선행되어야 한다는 점이다. 자녀와 함께 SNS의 긍정적인 활용 방법과 잠재적 위험성에 대해 충분히 논의한 뒤, 명확한 사용 규칙을 설정하고 이를 기반으로 점진적으로 허용해 나가는 것이 바람직하다. 이 과정에서 부모는 일방적인 통제자가 아니라, 자녀가 디지털 공간을 책임감 있게 활용할 수 있도록 돕는 신뢰할 수 있는 등대 역할의 동반자가 되어야 한다.

- **만약 친구 중에 담배를 피우는 아이가 있다면, 우리 아이는 어떻게 대처해야 하고 부모는 어떤 이야기를 해 줘야 할까요?**

　청소년기의 흡연은 단순한 호기심이나 일탈 행동을 넘어 그들만의 세상에 이미 진입했거나 그 영향을 받고 있음을 시사하는 중요한 신호일 수 있다. 따라서 부모는 자녀가 그들만의 세상에 얼마나 노출되어 있는지를 점검하기 위해 『청소년 비행의 모든 것』에서 제안하는 '흡연 여부와 과거 경험, 그리고 주변인의 영향'을 중심으로 한 세 가지 질문을 활용해 보는 것이 효과적이다. 이 중 하나라도 '그렇다'는 답변이 나온다면, 자녀가 이미 또는 잠재적으로 비행적 환경과 밀접한 영향을 주고받고 있을 가능성이 높다는 점을 인식해야 한다.

　특히 본인이 흡연하지 않더라도 주변 친구들 중 흡연자가 많다면 자녀는 그들만의 세상의 문화에 쉽게 동조하거나 동경하게 되어, 흡연뿐만 아니라 사이버도박, 성性 관련 문제 등 다른 고위험 행동으로도 확장될 위험이 내포된다. 따라서 부모는 자녀의 직접적인 행동만을 단속하는 데 그치지 않고, 보다 거시적인 관점에서 자녀를 둘러싼 사회적 환경 전반에 주목해야 한다. 단순한 제재나 감시만으로는 이러한 행동의 뿌리를 해결하기 어려우며, 실질적인 변화를 유도하기에도 한계가 있다. 올바른 가치관 형성과 정체감 발달을 함께 지원하는 교육적 접근이 반드시 병행되어야 한다.

　아울러, 자녀가 가정 내에서 충분히 존중받고 정서적으로 연결되어 있다는 안정감과 소속감을 느끼고 있는지 점검하는 것도 중요하다. 이러한 정서적 유대와 안정된 애착 관계는 청소년이 또래의 부적절한 유혹과 압력 속에서도 자기 기준을 지켜낼 수 있도록 돕는 강력한 보호 요인이 될 뿐 아니라, 건강한 가치관과 정체감을 형성해 가는 데 필요한 든든한 심리적 기반이 된다.

- **중학교 2학년 남학생인데 이성 교제를 하는 것 같아요. 아직은 이른 것 같아 헤어지게 하고 싶은데, 방법이 있을까요?**

　청소년기 자녀가 이성 교제를 시작하는 것은 사춘기 이후 나타나는 정서적·사회적 발달의 자연스러운 과정이다. 이를 단순히 '이르다'고 여겨 무조건 중단시키려 하기보다는, 또래 관계 속에서 사회적 기술과 정서적 소통 능력이 자라고 있다는 긍정적인 신호로도 이해할 수 있어야 한다.

부모가 자녀의 이성 교제를 무작정 금지하거나 강제로 관계를 끊으려 하면, 자녀는 부모와의 신뢰 관계에서 심리적 거리를 느끼게 된다. 그 결과 겉으로는 관계를 정리한 듯 보이더라도 실제로는 몰래 만남을 지속하거나 이후에도 부모 몰래 또 다른 관계를 형성하며 이중생활이 강화될 가능성이 높다. 따라서 부모의 역할은 자녀의 선택을 일방적으로 막고 통제하는 것이 아니라, 자녀가 이성 교제를 통해 무엇을 배우고 어떤 정서적 경험을 하고 있는지를 함께 이해하고 탐색하며 대화하는 데 있다.

이 과정은 단순히 교제의 허용 여부를 넘어서, 자녀와의 깊이 있는 소통의 기회가 되어야 한다. 특히 책임 있는 관계, 존중과 배려, 건강한 경계, 성인지 감수성과 같은 성교육의 핵심 요소를 자연스럽게 전달하면서, 청소년이 타인과의 관계 속에서 자신의 감정과 행동을 성찰하고 조절할 수 있는 힘을 기를 수 있도록 돕는 것이 중요하다. 부모는 자녀의 발달과 성장을 자연스럽게 인정하고, 이성 교제를 통해 자녀가 경험하는 감정과 관계의 의미에 대해 열린 마음으로 이야기 나누어야 한다. 이러한 대화는 단순한 훈육이나 통제를 넘어, 자녀의 내면을 깊이 이해하고 함께 성장해 가는 상호적인 소통의 계기가 될 수 있다.

- **아이가 또래 친구들과 어울리지 못하게 하려고 캠핑이나 여행을 자주 다니며 가족 시간을 많이 보내고 있는데, 일탈 행동은 그대로예요. 뭔가 다른 접근이 필요할까요?**

가족 중심의 활동을 통해 자녀와의 유대감을 회복하려는 부모의 노력은 분명 의미가 있다. 그러나 문제의 본질을 비껴간 채 부수적인 부분에만 무게를 두어 접근한다면, 오히려 자녀의 비행을 더욱 강화하거나 회피하도록 만드는 결과로 이어질 수 있다.

특히 청소년의 일탈 행동이 이미 심각한 수준에 이르렀다면, 단순한 외부 활동이나 일시적인 분위기 전환만으로는 근본적인 변화를 기대하기 어렵다. 일부 부모들은 실제로 교사의 가정 지도 요청이나 주변의 권유를 피상적으로 받아들이며, 자녀를 데리고 캠핑이나 사찰 체험 등을 반복하며 상황을 개선해 보려 한다. 그러나 이는 본질적인 문제를 다루지 않는 '시간 때우기'에 그칠 뿐만 아니라, 오히려 더 큰 문제가 발생할 틈을 벌려 놓을 위험이 있다. 이러한 표면적 접근은 자녀로 하여금 부모의 반응 패턴을 학습하고 이를 이용해 상황을 조종하려 들게 만들 수 있으며, 결국 근본적 해결이 아닌 문제 회피와 악순환으로 이어질 가능성이 높다.

이는 마치 무릎이 아픈데도 소화제를 처방받는 것과 같아서, 아이를 그들만의 세상과 잠시 단절시키는 등의 방식이 단기적으로는 일시적인 위안을 줄 수 있을지 몰라도, 근본적인 변화에는 아무런 힘을 발휘하지 못한다. 자녀와의 관계 회복을 위한 가족 활동은 반드시 일탈 행동에 대한 본질적인 원인 접근과 병행될 때에만 실질적인 효과를 발휘한다. 부모는 자신의 관점에서 최선을 다하고 있다는 자기 확신이나, 자녀의 문제를 직면하지 않으려는 무의식적 회피에 머무르기보다, 자녀가 실제로 필요로 하는 것이 무엇인지에 대해 진지하게 성찰하고, 그 요구에 부합하는 방식으로 양육 태도와 접근 전략을 재고할 필요가 있다.

▪ 자녀의 용돈은 어느 정도가 적당할까요? 너무 적어도 걱정이고, 너무 많아도 문제일까 봐 고민돼요.

용돈은 단순한 경제적 지원이 아니라, 자녀가 돈의 가치를 실질적으로 이해하고 올바른 소비 습관과 자기조절력을 길러 가는 데 중요한 교육적 도구이자 기회로 바라보아야 한다. 따라서 자녀의 나이와 생활환경, 필요를 종합적으로 고려하여 보편적인 상식 수준에서 적절한 금액을 정하고, 그 기준을 자녀와 함께 논의하며 투명하게 공유하는 태도가 필요하다. 무작정 적게 주거나, 반대로 자녀의 요구에 따라 그때그때 달라는 대로 주는 방식은 용돈이 가진 교육적 의미를 쉽게 흐릴 수 있다. 특히 부모 중 일방이 배우자와 상의 없이 자녀에게 비밀리 혹은 수시로 금전을 제공하거나 기분에 따라 액수를 임의로 바꾸는 행동은 자녀의 금전 감각 형성을 혼란스럽게 할 수 있으므로 주의해야 한다. 용돈은 의식주를 해결하기 위한 생계 비용이 아니기에, 학교나 학원에서 돌아오는 길에 간단한 간식이나 음료를 사 먹을 수 있을 정도의 범위라면 충분하다. 핵심은 얼마를 주느냐가 아니라 한정된 금액을 어떻게 계획하고 사용하는지를 통해 소비와 절제, 선택과 계획이라는 기본 경제 개념을 자연스럽게 익히게 하는 데 있다.

특히 최근에는 현금보다는 카드나 계좌를 통해 결제하는 경우가 많아지면서, 자녀가 실제 돈의 무게와 흐름을 직접 체감하지 못하는 일이 빈번해지고 있다.

이러한 결제 방식은 돈의 사용에 대한 현실감을 떨어뜨려 계획적 소비와 자기조절력을 기르기 어렵게 만들 수 있다. 따라서 일정 기간은 소액이라도 현금을 직접 사용해 보도록 하고, 카드나 계좌를 사용하기 전에는 철저한 금융·경제 교육을 반드시 병행해 주어야 한다. 이는 자녀가 디지털 결제 환경에서도 자신의 재정을 주체적으로 관리할 수 있는 기초 역량을 쌓도록 돕는 중요한 과정이 된다.

- **물질적으로는 부족함 없이 원하는 걸 다 해 주고 있는데, 정작 아이는 학교생활에 전혀 의욕이 없어요. 이유가 뭘까요?**

많은 부모는 "해 달라는 것은 다 해 주었는데, 도대체 무엇이 부족한 걸까?"라는 의문을 품는다. 그러나 청소년기의 동기와 성장은 단순한 물질적 충족이나 외적 보상만으로는 결코 충분히 형성되지 않는다. 물질적 지원만으로 양육의 의무를 다했다고 여기는 일부 부모의 태도는 자녀의 정서적 욕구와 내면의 성장을 위한 본질적인 양육의 목적을 쉽게 간과하게 만든다.

자녀가 학교생활에 적응하지 못하거나 무기력한 모습을 보인다면, 단순히 의욕이 없다고 단정하기보다는 그 이면에 숨어 있을 수 있는 정서적 결핍이나 심리적 갈등의 원인을 함께 탐색해야 한다. 건강한 양육의 핵심은 관계 속에서 이루어지는 정서적 지지에 있다. 자녀의 감정과 관심사에 귀 기울이고, 삶 속에서 성취감을 경험할 수 있는 활동을 함께 모색하며, 자녀가 스스로 자신을 이해하고 표현할 수 있는 안전한 심리적 공간을 마련해 주는 것이 무엇보다 중요하다.

따라서 지금 부모에게 필요한 것은 더 많은 물질적 지원이 아니라, 자녀의 내면을 깊이 이해하고 그 가능성을 함께 열어 주는 태도다. 부모의 정서적 민감성과 관계 중심의 양육은 청소년이 정서적으로 건강하게 성장하며, 삶의 방향성을 스스로 정립하고 자발적 동기를 형성해 가는 데 가장 중요한 기반이 된다.

학교의 노력: 소속감과 기회를 품은 회복적 학교 환경

비행청소년을 되돌리기 위한 학교의 노력과 역할은 단순한 훈육이나 처벌에 그치지 않는다. 가장 중요한 출발점은 청소년을 따뜻하게 편견 없이 포용하는 기회의 공간을 조성하는 데 있다. 학교는 비행이라는 낙인에서 벗어나 청소년이 자신을 새롭게 바라볼 수 있도록 돕는 안전한 울타리가 되어야 하며, 실패를 단죄하기보다 그들의 가능성을 믿고 지지하는 환경을 제공함으로써 변화의 첫걸음을 내딛게 해야 한다.

학교는 무너진 학업과 일상을 회복하도록 돕는 사회화 과정이 이루어지는 장이기도 하다. 비행청소년은 종종 학업에서 소외되고 일상에서도 혼란을 겪는 경우가 많기에, 이들이 다시 규칙적인 생활 리듬을 찾고 학습 동기를 회복할 수 있도록 체계적이고 지속적인 지원이 필요하다. 이러한 과정을 통해 청소년은 자아존중감을 되찾고, 건강한 타인과의 관계 속에서 안정된 소속감을 경험하며, 점차 건강한 사회 구성원으로 성장해 나갈 수 있다. 학교는 청소년의 과거 실수에만 초점을 맞추는 것이 아니라, 현재와 미래를 이끌어 주는 진취적 지도를 통해 청소년의 가능성을 바라보고, 그들의 강점과 잠재력을 발견·계발하며 미래에 대한 희망을 심어 주는 교육을 함께 제공해야 한다.

무엇보다 중요한 것은 그들만의 세상에서 방황하던 청소년들이 다시 사회 적응의 영역으로 돌아와 건강한 사회화 과정을 경험할 수 있도록 돕는 일이다. 정서적 고립과 단절의 위험 속에 있던 이들이 학교라는 공동체 안에서 관계 맺기, 협력, 책임감을 배우며 점차 사회적 존재로 회복되는 과정은 학교가 수행해야 할 사명이자 중요한 역할이다. 이는 단순히 비행을 억제하는 것을 넘어, 청소년이 삶의 방향을 새롭게 설계하고 진정한 회복과 성장을 이루도록 이끄는 길이다. 이처럼 학교는 포용, 회복, 교육과 지도라는 핵심적 역할을 통해 비행청소년에게 다시 시작할 수 있는 기회를 제공하고, 이들이 건강한 성인으로 성장해 나갈 수 있는 든든한 사회적 디딤돌이 되어야 한다.

따뜻하고 편견 없이 품어 주는 기회의 공간

도박, 절도, 폭행, 사기, 오토바이 폭주 등 불법 세계에서의 비행을 일삼으며 드러내는 청소년을 마주할 때, 많은 어른들은 놀람과 충격 속에서 즉각적인 훈계와 교정을 통해 상황을 바로잡으려 한다. 그러나 이러한 직선적이고 권위적인 반응은 오히려 청소년의 마음을 더 굳게 닫게 만들며, 변화보다는 저항과 반항을 강화하는 결과로 이어질 수 있다. 비행청소년에게 어른의 훈계는 자칫 또 하나의 지시나 통제로 인식되기 쉬우며, 반복되는 통제 경험은 이미 상처 입은 자아존중감을 더욱 위축시키거나, 반대로 공격적인 방식으로 표출되게 만들 수 있다.

하지만, 그렇다고 해서 청소년의 행동을 정당화하거나 무조건 받아들이라는 것이 아니다. 지도에 앞서 그들이 처한 삶의 맥락과 정서적 배경을 먼저 이해하고 수용하려는 태도가 필요하다. 충분한 라포가 형성되어야만 청소년의 말과 행동 속에 내재된 위험 요소나 왜곡된 인식을 함께 짚어 볼 수 있고, 그래야 비로소 그들의 잘못된 행동을 제대로 지도할 수 있는 실질적인 기회가 열리기 때문이다. 신뢰를 형성하는 과정 또한 단순한 가르침이나 일방적인 설득으로는 접근할 수 없다. 변화는 강요에서 시작되지 않으며, 청소년 스스로 자신의 선택을 돌아보고 그 결과를 자각할 때 비로소 가능해진다.

실제로 특성화고등학교 학생들과의 교육 현장에서 이러한 경험은 자주 목격된다. 물론 자신의 미래를 향해 성실히 노력하는 학생들도 많지만, 동시에 하루 대부분을 잠으로 보내거나 무기력하게 시간을 흘려보내는 학생들도 적지 않다. 이는 단순한 무관심이나 태만이 아니라, 반복된 좌절과 인정받지 못한 경험 속에서 점차 삶의 동력을 상실한 결과로 이해할 수 있다.

많은 아이가 자신을 쓸모없고 기대받지 않는 존재로 여기며, 이러한 내면의 무력감은 교육에 대한 거부감과 저항적인 태도로 드러난다. 교육 초기에는 특히, 자신들이 또다시 평가받고 통제당할 것이라는 불안 속에 강한 방어를 보인다. 초등학교와 중학교 시절부터 누적된 부정적 경험들이 그들의 내면에 깊게 각인되어 있어, 어른의 말조차 쉽게 받아들이려 하지 않는다.

이처럼 청소년의 외면적 태도 뒤에는 반복된 상처와 누적된 무기력이 자리하고 있으며, 이를 섣불리 판단하기보다 그 이면의 맥락을 읽어 주는 태도가 필요하다. 라포가 형성되기 전까지는 상담과 교육 장면에서도 냉소적이고 비협조적인 태도가 두드러지지만, 시간이 흐르고 어른이 진심으로 자신들을 믿고 기다려 줄 때, 오히려 아이들이 먼저 다가와 속마음을 열기 시작한다. "우리 그렇게 나쁜 애들 아니에요", "다들 저희 보면 싫어하는데 선생님은 그러지 않으시잖아요"라는 말은, 단순한 감사의 표현이 아니라, 자신을 있는 그대로 바라봐 주는 어른을 향한 조심스러운 신뢰의 표현이다. 하지만 그다음에 이어진 말은 더욱 가슴 아프다. "우리는 미래가 없는 애들이에요." 이 짧은 한마디에는 이들이 성장 과정에서 얼마나 많은 무력감과 좌절을 축적해 왔는지가 담겨 있다. 그들은 자신의 삶이 거부당하고 사회로부터 뒤처졌음을 누구보다 명확히 인식하고 있으며, 그렇기에 어른들의 조언이나 관심조차 '어설픈 도움'으로 간주하며 스스로를 방어하려 애쓴다. 결국 이들에게 필요한 것은 지시나 통제가 아닌, 있는 그대로의 존재를 존중해 주고 진심 어린 기다림으로 응답하는 어른의 태도다. 그 기다림 속에서 비로소 청소년은 자신을 있는 그대로 바라보는 눈과 마주하게 되며, 그제야 변화의 문이 조심스럽게 열리기 시작한다.

진정한 지도란 청소년에게 일방적인 훈육을 하는 것이 아니라, 그들이 변화와 성장의 길을 선택했을 때 그 여정을 함께 걸어 주는 동반자가 되어 주는 것이다. 여기서 말하는 수용은 동의나 허용이 아니라, 비판 없이 귀 기울이고 판단 없이 존중하는 관계적 공감을 의미하며, 나아가 신뢰를 바탕으로 변화의 가능성을 함께 만들어 가는 성숙한 태도다. 청소년에게 "내 이야기를 들어주는 어른이 있다", "나는 이 공간에서 거절당하지 않는다"라는 단 한 번의 경험은 정서적 안정감을 회복하고 신뢰의 문을 열며, 자기 성찰로 이어질 수 있는 결정적인 계기가 된다. 이러한 비난 없는 관계와 평가받지 않는 시간 속에서 청소년은 더 이상 자신을 방어할 필요 없이 감정을 풀어낼 수 있고, 그 안에서 삶을 다시 바라보는 새로운 시야를 얻게 된다.

우리가 해야 할 일은 훈계를 통해 청소년을 통제하려는 것이 아니라, 그들이 자신의 언어로 삶을 다시 정의하고 실수를 인정하며 다시 시작할 수 있는 내적 동기를 회복하도록 돕는 것이다. 청소년에게 가장 절실한 것은 평가받지 않고도 존재할 수 있는 공간과 있는 그대로의 자신이 존중받을 수 있는 관계다. 그 안에서 청소년은 비로소 자기 자신을 다시 만나며 자율성과 정체성을 회복할 수 있는 기반을 마련한다.

▎비행청소년의 학업 거부와 그 이면의 심리적 구조

저자의 과거 실제 지도 경험 중에는 중학교 2학년 학생이 학교를 다니는 내내 수행평가를 단 한 번도 제출하지 않은 사례가 있었다. 이를 마주한 많은 교사와 상담자들은 당혹감과 답답함을 느꼈지만, 정작 왜 그 학생이 수행평가를 제출하지 않았는지에 대해서는 명확한 이유를 파악하지 못했다. 이 사례를 연수 현장에서 질문해 보면, 대부분의 교사와 전문가들은 '공부가 어려워서', '귀찮아서', '제출 시기를 놓쳐서' 등 과정상의 어려움이나 학업적인 이유에 초점을 맞춰 답변했다. 그러나 이러한 답변은 해당 청소년의 진짜 이유와는 거리가 있었다.

그 학생이 수행평가를 제출하지 않은 진짜 이유는 "선생님에게 지는 것 같아서"였다. 그에게 수행평가나 과제를 제출하는 행위는 단순한 학업 수행이 아니라 학교와 교사의 권위에 굴복하는 것으로 인식되었다. 이는 자신의 방식대로 살아가고 싶고 또래집단과 거리감 없이 어울리고자 하는 청소년기 특유의 정체성 욕구와 연결된 저항의 언어였다. 수행평가를 거부하는 태도는 곧 '나는 교사가 만든 규칙의 질서에 동의하지 않는다'는 상징적 선언이자, 자신은 다른 일반 학생들과는 차원이 다르다는 특권의식의 표현이며, 개인적 자존의 마지막 방어선이었다.

이러한 저항은 시간이 지남에 따라 학교 질서로부터의 이탈로 확장되며, 그들만의 세상의 자신과 적응의 영역에서 규칙을 따르는 또래 사이의 경계는 점차 뚜렷해진다. 그 결과 학생은 학교 공동체와 단절되고 고립된 위치에 스스로를 놓게 되며, 소속감을 부정한 채 그 안에서 외로움과 우월감이 동시에 강화되는 양가적 상태를 경험하게 된다. 이런 상태의 학생에게 점수를 주겠다며 과제를 제출하라고 설득하거나, 유화적인 방식으로 참여를 유도하는 시도는 오히려 '교사를 이겼다'는 왜곡된 우월감을 부추길 수 있고, 반항적 태도는 더욱 단단히 고착된다.

겉으로 보기에는 무기력하거나 게으른 태도로 보일 수 있지만, 그 이면에는 훨씬 더 복잡한 심리적 저항과 구조가 작동하고 있다. 일반적인 학업 부진은 학습 동기 부족, 낮은 자기효능감, 정서적 스트레스 등으로 설명될 수 있지만, 비행청소년의 경우에는 훨씬 더 구조적이고 정체성 중심적인 층위에서 접근할 필요가 있다. 이들의 학업 부진은 보다 구조적이며, 정체성과 깊게 연결된 심리·사회적 맥락 속에서 이해되어야 한다. 자기 개념의 왜곡, 성장 과정에서의 반복된 낙인과 좌절 경험, 주변 환경과의 지속적인 긴장 관계는 이들의 적응적 행동을 저해하는 복합적이고도 역동적인 심리 구조를 형성한다. 따라서 비행청소년을 단순히 문제 행동의 주체로 바라보는 접근에는 분명한 한계가 있다. 겉으로 드러난 행동 너머에 자리한 심리적 저항과 정체성의 혼란을 이해하려는 노력이 반드시 전제되어야 한다. 진정한 개입은 단순한 행동의 교정을 넘어, 청소년의 내면에서 벌어지는 갈등과 방어의 심리적 의미를 해석하고 그것을 존중하는 태도에서 출발한다.

학교 운영 위기와 교사 소진 그리고 마주해야 하는 교육 현장

청소년 비행은 단순히 학급의 질서를 흐트러뜨리는 문제에 그치지 않는다. 그것은 학교 공동체의 안전한 울타리를 허물고, 교사의 권위를 끊임없이 시험하며, 결국 교사를 정서적으로 소진시키는 끊임없는 인내의 공간으로 교실을 바꿔 놓는다. '반 친구들의 시험과 수행평가를 방해하는 학생', '수업 중 휴대폰을 꺼내 노골적으로 사용하며 교사에게 반항하는 학생', '교사에게 욕설을 하며 위협을 가하는 학생', '수업시간에 학교 교문 밖을 무단으로 드나드는 학생' 앞에서 교사는 매번 자신의 인내심과 존재 이유를 재확인해야 한다. 가르치기 위해 준비한 지식을 전달하기도 전에, 아이들을 다루고 감정을 억누르는 데 더 많은 마음의 힘을 쓰게 되며, 교실은 점차 배움을 위한 공간이 아니라 감정을 조절하고 인내해야 하는 긴장과 소진의 현장이 되어 간다.

이러한 상황은 단발적 사건이 아니라 교사의 일상이 되어 버렸다. 한 담임 교사는 아침 인사조차 외면하는 아이들 앞에서 "오늘도 외면당할까 봐 출근길이 무섭다"고 털어놓았고, 또 다른 교사는 상담 중 "선생님도 어차피 나 못 바꿀 거잖아요"라는 학생의 말에 아무 말도 이어 가지 못했다고 한다. 일부 학생은 교사가 정당한 지도를 하려는 순간 "신고할게요"라는 말을 협박의 수단처럼 휘두르며 교사의 권위를 무력화한다. 이러한 학생의 황당한 태도는 교사와의 관계에서 주도권을 빼앗고, 자신의 행동에 대한 통제를 회피하려는 명백한 위협으로 작용한다. 이는 정당한 지도를 차단하기 위한 방어적 공격이며, 그 결과 교사는 한순간에 위축되고, 마치 손발이 묶인 듯한 깊은 무력감에 사로잡히게 된다. 이런 경험이 반복될수록 교사는 '내가 이 아이들에게 정말 도움이 될 수 있을까', '나는 지금 무엇을 하고 있는 걸까'라는 깊은 회의감에 빠지게 되며, 결국 교육에 대한 열정과 소명의식마저 흔들리게 된다.

이는 단순한 갈등을 넘어, 교사와 학생 간 신뢰 형성을 근본적으로 어렵게 만들고, 관계 형성의 가능성 자체를 의심하게 하며, 교육적 관계의 기반을 흔드는 심각한 문제로 이어진다. 교사의 권위는 거듭 도전받고, 그 과정에서 교사는 자신의 역할과 존재감에 대한 혼란을 겪는다. "나는 아이들의 건강한 성장을 돕는 사람"이라는 신념은 점차 희미해지고, 대신 "나는 학생들에게 한마디 말조차 조심해야 하는 무력한 사람"이라는 자기비하적 감각이 자리잡는다. 이러한 현실에서 교사는 더 이상 확신 속에 서 있지 못한 채, 매일의 교육 현장에서 조용히 무너지고 있다.

교사의 소진은 단순한 피로나 업무 스트레스의 문제가 아니다. 그것은 반복되는 관계의 실패와 좌절 속에서 자신이 점점 무가치해진다고 느끼는 내면의 붕괴에 가까운 현상이다. 수업 시간 대부분을 특정 문제 학생을 통제하는 데 쓰다 보면 정작 다른 학생들과의 관계는 소홀해지고 교실 전체의 균형은 무너진다. 무법자 같은 학생과 또다시 충돌이 일어날 때, 교사는 분노를 억누른 채 침묵하는 것 외엔 선택지가 없다. 교사의 훈육에 욕설로 맞서거나 정당한 생활 지도를 아동학대로 신고하고, 전교생이 영어 듣기 평가를 치르는 시간에 방송실에서 소화기를 분사하려 한 사례는 이제 더 이상 이례적인 일이 아니다. 이러한 무법적 행동을 통제하려는 시도가 반복적으로 무력화되면서 교사들 간의 지도 방식에 대한 갈등은 깊어지고 동료 간 연대는 점점 약해진다. 학교 내부에는 책임을 회피하려는 분위기가 팽배해지고 위기관리위원회 같은 회의는 실질적인 해결책을 찾기보다 피로감만 더하는 형식적 절차로 전락한다. 특히 수행평가나 영어 듣기 평가처럼 내신과 직결된 시간에 문제 행동이 발생할 경우, 학부모 민원이 폭발적으로 쏟아지고 그 책임은 고스란히 교사 개인에게 돌아간다. 지도 중 아동학대 신고나 민원에 휘말리면, 교사는 억울함과 해명의 부담, 그리고 인사상 불이익까지 떠안는 이중의 고통을 겪게 된다. 이러한 경험은 교사로 하여금 지도에 대한 두려움을 갖게 만들고, 결국 적극적인 개입을 포기하게 만든다.

이처럼 교사의 개입 기회와 영역이 줄어드는 교육 현장에는 점점 냉소와 비난만이 남는다. 아무도 개입하지 않는 그 빈자리를 향해 "왜 아무것도 하지 않느냐"는 외침만이 메아리칠 뿐이다. 학교 운영의 위기와 교사의 소진이 축적된 이 현실은 더 이상 개인의 열정이나 인내만으로는 감당할 수 없는 구조적 위기를 드러내고 있다. 이제는 우리 사회 전체가 근본적인 인식 전환과 제도적 재편을 통해 교육 현장의 붕괴를 막고 더 나은 교육 환경을 만들어 가기 위한 실질적 행동에 나서야 한다.

건강한 학교 문화를 토대로 한 학교 공동체의 회복과 노력

청소년 비행은 단순한 개인의 일탈이 아니라, 학교와 가정, 그리고 우리 사회 전체가 공동으로 책임지고 해결해야 할 과제이다. 그러나 현실에서는 교사와 부모가 서로를 불신하며 방어적인 태도로 일관하고, 문제 행동이 발생하면 서로를 감시하고 행동을 지적하며 책임을 떠넘기는 구조가 반복되고 있다. 이 악순환을 끊기 위해서는 무엇보다 신뢰 회복이 우선되어야 하며, 교사와 부모가 아이를 함께 키우는 협력자라는 인식 전환이 절실하다. 무엇보다 중요한 것은 학교가 신뢰할 수 있는 교육 문화를 주도적으로 구축하고, 일관된 기준을 유지하는 일이다. 청소년은 규칙 그 자체보다 학교의 전반적인 분위기와 교사와의 관계에 더 민감하게 반응한다. 따라서 단속과 통제, 훈육 중심의 일방적인 대응보다는 지속 가능한 학교 분위기 조성, 학생의 자발적 수용, 그리고 신뢰를 기반으로 한 설득과 대화가 더욱 효과적인 접근이 될 수 있다. 이는 단편적인 지시나 일시적 통제로는 실현될 수 없으며, 학교 공동체가 공유하는 가치와 철학이 실제로 일관되게 실천될 때 가능하다. 학교 문화는 말로만 강조되어서는 안 되며 교사와 학생의 일상 속 관계와 습관으로 자연스럽게 스며들어야 한다. 예를 들어 서로 함께 먼저 인사하기, 사용한 의자를 제자리 정리하기, 복도에서 조용히 걷기와 같은 기본적인 생활 예절이 학교의 보편적 규칙으로 자리 잡고 모든 구성원이 함께 실천할 때 학교 문화는 실질적인 힘과 영향력을 갖는다. 학생들은 이를 통해 규칙을 외부로부터 강요되는 의무가 아니라 공동체 생활의 자연스러운 일부로 받아들인다.

학교 문화란 단순히 규칙의 양으로 결정되지 않는다. 그것은 그 규칙을 둘러싼 정서와 태도의 축적이며, 학교 구성원 모두의 꾸준한 실천과 참여를 통해 완성된다. 비행청소년을 변화시키는 힘은 강한 규율이나 처벌이 아니라, 의미와 존중이 깃든 교실 문화에서 비롯된다. 생활 지도의 목적은 교사의 권위를 세우는 데 있는 것이 아니다. 그것은 학생들이 신뢰와 안전이 보장된 관계 안에서 성장할 수 있도록, 최소한의 울타리를 만들어 주는 데 있다. 이 울타리 안에서 학생들은 학업은 물론 인성, 대인 관계, 문제 해결력 등 다양한 영역에서 교육을 경험하며 건강하게 성장할 수 있다. 한편, 본문에서 사용한 '지도 指導'라는 표현은 단순한 지식 전달을 넘어, 문제 행동으로서의 비행을 개입하고 전환하기 위해 전문가가 관계의 주도권을 갖고 청소년을 적응의 영역으로 이끌어야 함을 강조하는 개념으로 사용되었다. 다만 현재 실제 교육 현장에서는 '지도'라는 용어 대신, 보다 포괄적이고 실천적인 의미를 담은 '교육'이라는 표현이 일반적으로 사용되고 있음을 덧붙여 설명한다.

학교와 교사는 청소년의 부적응 행동을 깊이 이해하고 적절히 대응할 수 있는 역량을 지속적으로 강화해야 한다. 무엇이 문제인지, 어떻게 접근하고 언제 개입하며, 어떻게 예방할 것인지를 체계적으로 이해할 때에야 비로소 효과적인 생활 지도와 위기 개입이 가능해진다. 그동안 비행청소년에 대한 논의가 활발하지 못했던 이유는 관련 예산과 제도적 지원이 부족했던 데다, 정작 대상자인 비행청소년들조차 제도권 밖으로 밀려나 있었기 때문이다. 이로 인해 연구 기반은 자연히 취약해졌고 이를 실질적으로 다룰 수 있는 전문가 역시 절대적으로 부족한 현실이었다. 일부 학교에서는 이들을 공동체 다수의 안정을 위한 희생 대상으로 간주하거나, 집단 질서 유지를 명분으로 손쉽게 포기하는 경우도 있었다. 이러한 현실은 단지 개별 교사나 특정 학교의 문제가 아니라, 교육 현장의 구조적 책임과 지원 체계 전반의 한계를 드러내는 지표다. 따라서 지금 필요한 것은 생활 지도의 전문성을 체계적으로 뒷받침할 수 있는 실질적이고 현장 적용 가능한 연수의 지속적 마련이며, 교사들이 전문성을 공유하고 함께 성장할 수 있도록 지원하는 시스템의 구축이다.

비행청소년에 대한 논의는 학업 성취나 진학처럼 주목받는 인기 주제는 아니지만, 실제 교육 현장에서는 매우 빈번하게 마주치는 대표적인 외현적 부적응 행동이다. 이러한 현실을 분명히 인식하고, 관련 연수의 기회를 적극적으로 마련하며 지도 방법을 공유해 나가는 노력이 절실히 필요하다. 연수 내용은 단순한 피상적 이론 전달에 그쳐서는 안 되며, 현장에서 곧바로 활용할 수 있는 실천 중심의 내용으로 구성되어야 한다. 이러한 연수는 반드시 청소년을 실제로 다뤄 본 임상적 경험과 현장 감각이 뛰어난 전문가가 주도해야 하며, 교사들 또한 지도 실패에 대한 자책이나 책임 회피보다는 전문가와의 협업을 통해 해법을 함께 모색하려는 개방적이고 능동적인 태도가 요구된다. 대학을 비롯한 전문 인력 양성 기관은 청소년의 비행, 품행 문제, 외현적 부적응, 문제 행동 등 실제 현장에서 요구되는 핵심 주제들에 대해 단순한 이론 전달을 넘어, 실제 사례와 임상적 통찰을 아우르는 심화 교육을 체계적으로 제공할 필요가 있다. 이러한 교육은 청소년 행동 문제에 대한 다층적인 이해를 증진시키고, 효과적인 개입 전략 수립을 위한 실질적 전문 역량을 함양하는 데 필수적이다.

외현적 부적응 청소년을 효과적으로 지도하는 방법

외현적 부적응 청소년을 효과적으로 지도하는 길은 문제 행동 제지에 그치지 않는다. 그들의 심리적·환경적 맥락을 이해하고, 공감적 시선으로 관계를 회복하며, 실수를 성장의 자원으로 전환하는 과정은 정서적 상처를 치유하고 회복을 가능하게 하는 가장 본질적인 교육적 접근이다. 교사의 섬세하고 따뜻하며 인내심 있게 지속되는 개입은 변화의 가능성을 현실로 이끄는 중요한 출발점이 될 수 있다.

실제 학교 현장에서 자주 목격되는 장면 중 하나는, 급식 시간과 같은 공개된 장소에서 학생의 부적절한 행동에 대해 큰 소리로 훈육이 이루어지는 경우이다. 학생이 자신의 잘못을 일정 부분 인식하고 있으면서도 상황을 가볍게 넘기려는 방어적인 태도를 보일 때, 교사는 이를 회피나 무시로 받아들이고 더욱 강경하게 대응할 수 있다. 공개적인 자리에서의 강한 지도는 학생의 자아존중감을 위협하고 자존심을 건드려 반발심과 정서적 거리감을 유발한다. 이때 학생은 자존심을 지키기 위해 공격적이거나 반항적인 언행으로 반응하기도 하며, 이러한 행동은 교사에게 교권 침해로 받아들여질 수 있다. 이 사례의 핵심은 지도 내용의 정당성보다는 그것이 실행된 맥락, 특히 장소와 상황에 있다. 문제 행동에 대한 지적은 타당할 수 있으나, 공개적인 공간에서 이뤄질 경우 학생의 사회적 체면을 손상시키고 부정적인 자기 개념을 강화함으로써 오히려 정서적 상처와 반발을 증폭시킬 수 있다.

외현적 부적응 행동을 보이는 청소년을 단순한 문제 행동으로 보기보다는, 그 이면에 자리한 정서적 결핍, 인지적 왜곡, 환경적 제약 등 복합적인 요인을 함께 이해할 필요가 있다. 지도자는 이들의 행동을 공감적으로 바라보며, 그들이 왜 그런 행동을 했는지, 그리고 왜 그렇게밖에 할 수 없었는지를 함께 살펴야 한다. 이러한 접근은 학생과의 신뢰 관계를 형성하고, 긍정적 변화의 동기를 제공하는 데 핵심적인 역할을 한다. 이처럼 관점을 달리하면, 동일한 부적응 행동이라 하더라도 단순히 불쾌하거나 위협적인 모습이 아니라, 오히려 안타깝고 이해받아야 할 신호로 받아들여질 수 있다.

반면, 이러한 공감적 접근이 결여될 경우 청소년은 지도자에게 단지 불편하고 미운 존재로 인식될 위험이 있다. 정서적으로 상처받은 비행청소년은 타인의 시선과 반응에 민감하게 반응하며 반복된 거절과 낙인 경험은 자아존중감을 약화시키고, 그 결과 타인의 평가에 과도하게 예민해지는 경향을 보인다. 이들은 상대방의 말투, 표정, 시선 같은 작은 비언어적 단서조차 부정적으로 해석하며 관계적 위협을 즉각 감지한다. 이러한 특성은 공개적인 훈육이나 다수 앞에서의 피드백 상황에서 더 큰 갈등으로 이어질 가능성이 높다. 사소한 지적도 개인적인 모욕으로 받아들여져 위축되거나 반대로 공격적인 반항으로 표출될 수 있으며, 이는 자기 행동을 정당화하고 부정적인 자기 개념을 강화함으로써 부적응 행동의 악순환을 지속시키는 요인이 된다.

따라서 생활 지도는 단순히 '무엇을' 지적하느냐의 문제를 넘어, '언제, 어디서, 어떻게' 지도할 것인가를 신중히 고려해야 한다. 가장 바람직한 접근은 학생의 행동 패턴과 정서적 반응을 사전에 파악하고, 명확한 기준과 기대를 제시하여 예방 중심으로 개입하는 방식이다. 그러나 부득이하게 지도가 필요한 상황이라면, 조용한 공간에서 진지한 개인 면담을 통해 문제 행동과 그에 대한 개선의 타당한 이유, 변화의 필요성, 그리고 앞으로의 기대되는 모습을 명확히 전달하는 것이 바람직하다. 지도는 단순한 지적이 아니라, 학생이 정서적으로 안전하다고 느끼는 환경에서 스스로 적응적 행동을 내면화할 수 있도록 돕는 과정이어야 한다. 이때 지도에서의 초점은 과거의 실수를 반복해서 지적하는 데 있는 것이 아니라, 현재의 행동과 앞으로의 변화 가능성에 집중하는 데 있어야 한다. 구체적인 기대 행동을 명확히 제시하고, 실제로 긍정적인 변화가 관찰되었을 때 이를 즉시 강화하는 피드백은 실질적인 행동 변화를 유도하는 데 효과적이다. 반면, 실수를 반복적으로 상기시키는 방식은 학생에게 잔소리처럼 받아들여져, 오히려 저항과 위축을 불러일으킬 수 있다.

청소년 지도에서 간식이나 소규모 선물과 같은 물질적 강화물의 활용은 신중해야 한다. 지도와 개입의 핵심 목표는 청소년 스스로의 능동적인 자기 성찰과 성장이어야 하며, 강화물이 참여의 주된 동기가 될 경우 교육적 효과는 오래가지 않는다. 비행청소년의 경우, 시기와 맥락을 고려하지 않은 강화는 지도자의 관계 주도권을 약화시킬 뿐만 아니라, 교육의 본질적 가치마저 훼손할 수 있다. 개인 상담에서는 간식이 라포 형성이나 긴장 완화에 도움을 주는 도구로 활용될 수 있다. 그러나 집단 상황에서 배급하듯 나눠 주는 무분별한 간식 제공은 지도권을 약화시키고 프로그램의 구조를 흐트러뜨린다. 실제로 일부 업체를 통해 파견된 외부 강사들이 학생 참여를 유도하기 위해 치킨 기프티콘과 같은 물질적 보상의 제공을 약속한 뒤, 이후 아무런 후속 조치 없이 연락이 단절되는 사례도 흔히 목격된다. 이러한 부정적 경험은 청소년에게 일회성 보상과 무책임한 관계에 대한 부정적 인식을 심어 줄 뿐만 아니라, 순간적인 기대와 그에 따른 좌절감을 안겨 신뢰 형성과 지속 가능한 지도 기반을 약화시킬 위험이 있다. 따라서 물질적 강화물은 집단 프로그램의 구조와 흐름이 충분히 자리 잡고, 청소년의 긍정적 행동이 자연스럽게 나타나는 시점에 보조적으로 활용하는 것이 바람직하다. 이때에도 간식을 단순한 제공으로 그치지 않고, 간식 배분 후 쓰레기 처리나 자리 정리 등 기본적인 생활 지도를 병행함으로써 책임감과 공동체 의식을 기를 수 있는 교육적 도구로 삼아야 한다. 결국 강화물은 교육의 본질을 대신하는 것이 아니라, 청소년이 스스로의 변화를 경험하고 성찰할 수 있도록 돕는 보조 수단임을 잊지 않는 것이 중요하다.

▎외부 전문가와의 협력에서 주의해야 할 점

　외부 전문가와의 협력은 비행청소년 지도의 효과성을 높이는 데 있어 매우 유의미한 전략적 접근이며, 교내 자원만으로는 한계가 있는 개별 사례 개입에 전문성과 지속가능성을 더하는 중요한 방식이다. 다만, 외부 전문가와의 협력이 실질적 효과를 거두기 위해서는 개입의 목적과 실행 방식, 그리고 전문가의 역량이 핵심 변수로 작용하므로, 해당 전문가가 청소년의 문제 행동 완화와 긍정적 변화에 실제로 기여할 수 있는지를 사전에 면밀히 검토하는 과정이 반드시 선행되어야 한다.

일부 현장에서는 실적 관리, 예산 소진, 형식적 요건 충족을 목적으로 외부 상담을 기계적으로 의뢰하고, 문제 발생 시 책임 분산의 수단으로 활용하는 경우도 있다. 그러나 이러한 준비 없이 이루어지는 해당 분야에 대한 전문성이 결여된 회기 채우기식 상담은 청소년에게 실질적 도움을 주기보다는 오히려 상담 좌절 경험만 누적시키며, 결국 상담에 대한 내성을 강화시킨다. 특히 상담에 이미 방어적이거나 회의적인 청소년에게 비전문적·형식적인 개입은 상담 자체에 대한 신뢰를 무너뜨릴 뿐 아니라, 이후의 향후 개입의 가능성 자체를 감소하며 제한하는 결과로 이어진다. 그렇기에 외부 전문가를 효과적으로 초청하고 협력하기 위해서는 실무자 스스로가 해당 분야의 전문성과 역량에 대해 충분히 이해하고 있어야 하며, 제대로 된 전문가를 초빙하는 것은 단순한 행정 절차가 아니라 청소년의 변화 가능성을 열기 위한 핵심적 준비 과정임을 인식할 필요가 있다.

외부 전문가가 효과적으로 개입하기 위해서는 개입 장면의 자연스러움과 함께 청소년 앞에서 전문가의 권위와 위상이 충분히 존중받는 것이 필수적이다. 예를 들어, 담당자가 "이제 시작하세요"라고 지시하거나 강사료 지급 영수증 서명이나 교육확인서 작성 등 행정 절차를 노출하는 섬세하지 못한 태도는 전문가를 단순한 실행자로 보이게 만들어 청소년의 신뢰를 떨어뜨릴 수 있다. 이러한 장면에서 전문가가 담당자의 지시에 따라 눈치를 보며 자료를 꺼내고 강의를 준비하게 되면, 개입은 청소년에게 기계적이고 형식적으로 비쳐 몰입도가 떨어질 뿐 아니라, 전문가가 관계의 주도권을 확보하는 데 어려움을 겪게 되어 청소년의 방어적 태도를 유발하고 개입의 효과는 현저히 저하될 수 있다. 여기에 사전 협의 없이 담당자가 프로그램 도중 일방적으로 간식을 배분하는 행동까지 더해질 경우, 청소년의 관심은 전문가나 지도 내용이 아니라 보상, 분위기, 그리고 간식을 나눠 주는 담당자에게 쏠리게 된다. 그 결과 개입의 중심은 흐려지고, 구조화된 흐름은 무너지며, 전문가의 주도권 확보와 몰입 유도는 더욱 어려워질 수 있다.

이런 상황에서 비행청소년은 전문가와 담당자 중 누가 실질적인 지도자이며 더 큰 영향력을 가진 인물인지 탐색하게 되고, 그 과정에서 자신은 '서비스를 받으러 온 대상'이라는 인식을 형성한다. 이로 인해 청소년은 관계의 주도권을 스스로 확보하려는 태도를 강화하게 되고, 그 결과 외부 전문가가 주도해야 할 관계 형성과 지도권은 점차 약화되며 개입의 효과 역시 현저히 저하된다. 전문가를 단지 스쳐 지나가는 사람으로 여기게 되면, 청소년은 상담이나 교육을 진지한 개입이 아닌 그저 '때우면 끝나는 시간'으로 인식하게 된다. 이때 관계의 진정성과 개입의 지속성이 모두 약화되며, 개입은 피상적인 만남에 그치고 만다. 실제로 일부 학생들은 "교육 끝나고 강의 평가 잘해 드릴 테니, 그냥 좀 잡시다"라고 말하며, 전문가를 일시적 방문자로 간주하고 최소한의 태도로 버티는 방식을 택하기도 한다. 이는 개입의 의미와 효과를 심각하게 훼손하는 태도이며, 전문가가 관계의 주도권을 확보하지 못한 결과라고 할 수 있다.

많은 정서적 상처를 경험한 비행청소년에게 있어 첫 만남의 분위기와 관계 형성은 개입의 성패를 좌우하는 핵심 요소다. 이들은 관계 내 위계와 진정성을 민감하게 감지하는 경향이 있어, 초기 개입 장면에서 드러나는 전문가의 태도와 상호작용 방식은 신뢰 형성에 결정적인 영향을 미친다. 따라서 외부 전문가와의 협력에는 개입 목적, 청소년의 특성, 접근 방식, 기대 효과 등에 대한 충분한 사전 공유와 철저한 역할 조율이 반드시 수반되어야 하며, 단순한 역할 분담이나 위탁이 아닌 신뢰를 기반으로 한 공동 개입 구조로 정립되어야 한다. 이러한 구조 속에서 청소년은 형식적 만남이 아닌 진정성 있는 관계를 경험하고, 그 관계 안에서 변화와 성장을 위한 심리적 기반을 형성하게 된다.

무너진 학업과 생활을 바로잡는 사회화 과정의 회복

문화는 한 집단이 공유하는 생활양식으로서 구성원들의 사고와 행동을 비롯한 관계 형성에 깊이 작용한다. 특히 청소년기는 또래집단을 중심으로 문화가 형성되고 강화되는 시기이며, 청소년들은 이러한 준거집단 속에서 소속감과 정체성을 만들어 간다. 이 과정에서의 문화적 경험은 그들의 가치관과 세계관에 결정적인 영향을 미친다. 청소년과의 효과적인 소통을 시도하는 과정에서 일부 성인들은 청소년 문화를 이해하고자 유행어를 외워 사용하거나, 표면적인 유행 행동을 어설프게 모방하며 친밀감을 형성하려는 경우가 있다. 그러나 이러한 접근은 오히려 어색함과 거부감을 불러일으키고, 진정성을 의심받는 결과로 이어질 수 있다. 사실 청소년과의 소통에서 중요한 것은 모든 문화를 정확히 알고 따라 하는 것이 아니라, 모르면 모른다고 솔직히 인정하고, 그들의 감정과 경험을 진심으로 듣고 이해하려는 태도다. 청소년은 세대 간 차이를 명확히 인식하고 있기 때문에, 억지로 흉내 내며 맞추려는 형식적 모방보다는 자신의 이야기에 진심으로 귀 기울이고 정서적 진실성과 수용적 태도를 보이는 어른에게 더욱 깊은 신뢰를 느낀다. 실제로 그들은 성인에게 완벽한 이해를 기대하기보다는, 모르는 것을 편견 없이 물어보고 함께 알아 가려는 열린 자세에서 진정성을 감지한다. 이러한 태도는 청소년에게 관심과 존중이 전해지는 방식으로 작용하며, 라포 형성의 중요한 출발점이 된다.

비행청소년을 이해하기 위해 그들만의 준거집단 문화, 즉 그들만의 세상을 들여다보는 일은 매우 의미 있는 접근이다. 『청소년 비행의 모든 것』에서 소개된 바와 같이, 이들은 자신들만의 문화를 통해 정체성을 형성하고 소속감을 유지한다. 이를 제대로 이해하지 못한 채 접근하면 상담이나 교육 현장에서 주도권을 잃거나 오히려 문제 행동이 강화되는 역효과가 나타날 수 있다. 따라서 그들이 살아 온 방식과 중요하게 여기는 가치, 세상을 바라보는 태도를 깊이 이해할 때에야 진정한 관계 형성과 신뢰 구축이 가능해진다. 이러한 문화적 이해는 그들이 추구하던 의미와 소속감을 보다 건강하고 사회적으로 수용 가능한 방식으로 전환할 수 있도록 돕는 출발점이 된다. 이는 단순한 문제 행동 교정을 넘어, 청소년의 삶을 온전히 수용하고 회복의 방향으로 이끌어 가는 본질적 접근이라 할 수 있다.

비행청소년 상담의 본질적 접근과 왜곡된 현실에 대한 고찰

비행청소년과의 상담이 기대한 효과를 거두지 못하는 가장 큰 이유는 그들의 삶의 맥락에 대한 깊은 이해 없이 피상적이고 임시방편적인 방식으로 접근하기 때문이다. 이는 다리를 다친 아이에게 감기약을 처방하는 것과 같은, 표면적이고 본질을 벗어난 대응에 불과하다. 상담은 단순히 유대감을 형성하는 데 그쳐서는 안 되며, 초기 단계부터 명확한 생활 지도와 준법의 기준을 함께 제시해야 한다. 무례하거나 질서를 거부하는 행동을 적절히 제지하여 교육하지 않고 눈치를 보며 방임하는 태도는 결국 비행을 정당화하고 무질서를 확대시킬 수 있다. '바늘도둑이 소도둑이 된다'는 옛말처럼, 사소한 무례나 규범 위반이 반복되면 점차 더 큰 일탈로 이어질 수 있음을 간과해서는 안 된다.

또한 상담자가 학생의 환심을 사기 위해 맥락 없이 음료나 간식을 제공하거나, 과도하게 저자세로 비위를 맞추려는 태도는 상담에서의 관계 주도권을 약화시키고, 상담의 본질적 목적을 훼손할 위험이 있다. 집단상담 프로그램에서도 마찬가지다. 일반 청소년 집단과 동일한 방식으로 친밀감과 상호작용, 집단 응집력 형성을 우선시하는 접근은 비행청소년의 문화적 배경과 집단 역동을 간과한 것이다. 단순한 감정적 위로나 일시적인 유대감만으로는 이들의 실질적인 행동 변화를 이끌어 내기 어우며, 멈춤 작업이 선행되지 않은 상태에서 이루어지는 집단에서의 그들만의 세상을 교감하며 나누는 상호작용은 오히려 부적응적 사고와 행동 패턴을 공고히 하며, 건강한 적응 영역으로의 방향 전환을 방해할 수 있다.

문제는 단순한 상담 기법과 구조화의 한계를 넘어 학교 차원의 접근 방식에서도 드러난다. 일부 학교에서는 문제 학생을 관리한다는 명분으로 청소년 비행의 원인이나 행동 변화와는 직접적인 관련이 없는 놀이공원, 영화관, 볼링장, 만화방 등의 외부 체험 활동을 기획하거나, 공예, 바리스타, 비누 만들기, 꽃꽂이, 풍선 아트, 피자 만들기와 같은 체험 중심의 프로그램을 운영하기도 한다. 실제로는 출석 일수 확보와 관리의 어려움을 이유로 애견 미용 학원이나 네일 아트 학원 등 외부 사설 기관에 학생을 위탁하는 사례도 존재한다. 이러한 프로그램은 겉보기에는 학생들의 적극적인 참여를 유도하며 긍정적인 평가를 받을 수 있으나, 실상은 예산을 투입해 마치 지도가 이루어지고 있는 듯한 외형적 인상을 줄 뿐, 청소년의 문제 행동을 구조적으로 변화시키는 데는 분명한 한계를 지닌다.

이러한 방식은 성실하게 학교생활을 이어가는 다수의 학생들에게 상대적 박탈감과 불신을 유발하여 교육적 역차별의 문제를 초래할 수 있다. 한편, 반복적으로 외형적 활동만을 경험한 비행청소년들은 정상적인 교육과정으로부터 점점 더 멀어지며, 상담과 교육에 대한 신뢰를 상실하고 이를 피상적이고 무의미한 절차로 인식하게 된다. 교사는 점점 더 강한 자극이나 외부 활동 없이는 학생을 일정 시간 교내에 머무르게 하는 것조차 어려운 상황에 놓이게 되며, 이는 지도 과정의 본질을 흐리고 교사의 권위와 교육적 개입의 실효성을 근본적으로 약화시키는 심각한 문제로 이어진다. 문제 행동의 제거와 실질적 개입과는 무관한 단순한 시간 때우기식 프로그램은 교육 효과 없이 보여 주기식 행정에 그칠 뿐이며, 학생의 부적응 문제를 잠시 덮어 둘 뿐 해결하지 못한다. 이러한 방식은 오히려 이후 교육과정에서 누적된 문제 행동이 다시 표면화되면서 교사에게 더 큰 교육적 부담과 정서적 소진을 안기며, 지속 가능한 생활 지도를 어렵게 만드는 구조적 악순환을 초래한다.

비행청소년에 대한 상담과 교육의 본질은 정서적 교감과 내면의 변화에 있으며, 단순히 여가를 제공하거나 참여 자체에 만족하는 시간 때우기식 접근으로는 절대 대체될 수 없다. 지도자 중심의 구조화된 활동을 통해 명확한 행동 기준을 제시하고 생활 습관을 점검하며 준법 의식을 체득할 수 있도록 하는 교정적 환경의 조성이 반드시 필요하다. 감정 위주의 위로나 단기적 보상, 단발적인 체험 활동만으로는 청소년의 근본적인 행동 변화를 이끌어 내기 어렵기에, 실무자와 지도자는 자신이 기획한 모든 활동이 청소년의 삶과 미래에 어떤 실질적 영향을 미칠지 깊이 숙고해야 한다. 피상적 참여가 아닌 실질적인 성찰과 변화를 유도할 수 있는 경험 설계가 중요하며, 이는 단순한 행정 절차에 그쳐서는 안 되고, 학생의 삶과 정서, 행동에 실질적으로 개입할 수 있는 심리·사회적 맥락에 기반해야 한다.

특히 지도자와 실무자는 오늘의 개입이 청소년의 미래 교육과정과 삶에 어떤 영향을 미칠지 깊이 고민해야 하며, 단기적 시간 때우기식 활동이 향후 교육적 동기 저하, 관계 회복의 실패, 그리고 더 큰 부적응으로 이어질 수 있다는 점을 결코 간과해서는 안 된다. 단지 '우리 학교에서만 문제를 일으키지 않으면 된다'는 식의 단기적 회피나 이기적인 태도는 청소년의 삶을 일관되게 지원해야 할 교육 주체로서의 책무를 저버리는 것이다. 그러므로 지도는 근시안적 접근의 일회성이 아닌 지도의 연속성을 고려한 책임 있는 개입이어야 한다. 지금의 무책임한 기획은 장기적으로 더 큰 사회적·경제적 비용으로 귀결될 수 있다는 점을 인식해야 하며, 모든 개입은 학생 개인의 변화와 성장을 중심에 두고, 현재의 교육 공동체와 미래 교육과정 전반을 포괄하는 거시적인 관점에서 설계되어야 한다.

상담자의 전문성은 비행청소년 개입의 성패를 좌우하는 핵심 요소다. 정서적 상처와 복합적인 환경 요인 속에 놓인 청소년을 효과적으로 이해하고 변화로 이끌기 위해서는 단순한 이론 수준을 넘어, 실제 사례에 기반한 깊이 있는 통찰과 실천 역량이 필수적이다. 상담자는 청소년의 발달 특성과 정서 반응, 사회적 맥락 속에서의 행동 의미를 민감하게 포착할 수 있는 감수성을 바탕으로, 신뢰 형성에서 동기 유발, 행동 변화, 그들만의 세상의 문화에 이르기까지 일관된 상담 전략을 구사해야 한다. 이를 위해 상담 교사를 비롯한 실무자의 전문성과 현장 경험은 단순한 부수적 자원이 아닌, 청소년 개입의 중심 축으로서 제도적으로 보호되고 존중받아야 한다. 특히 이들의 판단과 개입이 행정적 형식이나 절차에 종속되지 않고, 자율성과 책임 속에서 유연하게 작동할 수 있도록 하는 체계적 기반이 반드시 마련되어야 한다. 관리자 역시 실무자의 전문적 결정을 신뢰하고, 그 판단이 실제 현장에서 효과를 발휘할 수 있도록 힘을 실어 주는 적극적 조력자로 기능해야 한다. 그래야만 개입의 일관성과 연속성이 보장되고, 청소년의 실질적 변화와 회복을 가능케 하는 지속 가능한 교육적 개입이 현실화될 수 있다.

학교의 적극적 예방과 교사 간의 배려와 협력

비행 문제는 정서, 행동, 환경, 대인 관계 등 복합적인 요인이 얽힌 사안으로, 단일 교사나 전문가의 노력만으로 해결할 수 있는 단편적 과제가 아니라 학교 공동체 전체가 연속적이고 일관되게 대응해야 하는 구조적 문제이다. 예방-개입-회복의 순환 구조가 효과적으로 작동하려면, 교사 모두가 한마음으로 변화 가능성을 지지하고, 일관된 메시지를 전달하는 통합적 교육 환경이 전제되어야 한다.

동일한 기준의 일관된 메시지를 지속적으로 전달하고 예측 가능한 환경을 마련하는 일은 학생에게 정서적 안정감을 제공하며 예방과 개입, 회복의 효과를 극대화하는 핵심 요소다. 이러한 환경은 교사 개인의 철학이나 열정만으로는 실현되기 어려우며, 학교 구성원 전체의 집단적 실천과 협력이 뒷받침될 때 비로소 가능하다. 교사 간의 신뢰와 연대, 상담 교사, 학교사회복지사 등 전문 인력과의 긴밀한 연계는 학생의 회복 여정을 보다 탄탄하게 지지한다. 교육은 본질적으로 관계의 영역이며, 교사 간의 협력적 상호작용은 건강한 교육 공동체의 핵심 기반이다. 단절되거나 고립된 지도는 학생에게 혼란을 야기하고 회복 과정을 저해할 수 있다.

특히 비행청소년은 교사의 언행뿐 아니라 조직의 분위기까지도 민감하게 감지하며, 정서적으로 취약한 경우 이러한 신호에 더욱 예민하게 반응한다. 학교는 이들에게 마지막 남은 안전한 기회의 공간이다. 가정의 보호를 받지 못하고 사회로부터 배제된 채 방황하는 청소년에게 학교마저 불안정하게 느껴진다면, 그 방황은 더욱 깊어질 수밖에 없다. 따라서 한 명의 학생의 변화를 이끌어 내기 위해서는 개별 교사의 헌신만으로는 한계가 있으며, 문제 행동을 예방하고 건설적으로 지도하기 위해서는 학교 구성원 전체의 유기적인 연대와 협력이 필수적이다. 모든 교직원이 하나의 전문적 공동체로서 긴밀히 협력하고, 각자의 역할 안에서 실천의 일관성과 연속성을 유지하려는 집단적 노력이 병행될 때에야 비로소 개입의 효과성과 교육적 회복력이 실질적으로 확보될 수 있다.

대다수의 교사는 학생의 변화 가능성을 신뢰하며 회복적 개입에 헌신적으로 참여하려는 긍정적인 태도를 보이지만, 일부 교사는 개인의 신념 체계와 가치관, 조직 내 권력 구조와 이해관계, 동료 간의 긴장 관계, 지도 방식의 한계에 대한 방어적 태도 등 복합적인 요인으로 인해 회복적 접근을 꺼리거나 저해하기도 한다. 이러한 회피적 태도는 회복이 절실한 학생에게 또 다른 형태의 소외와 좌절을 야기할 뿐만 아니라, 긍정적 변화를 경험할 수 있는 결정적인 기회를 차단한다는 점에서 매우 심각한 문제로 작용한다. 나아가 이는 학교 조직 내 회복지향적 문화의 정착을 저해하는 구조적 위험 요인으로 기능하며, 교육 공동체 전체의 통합적 회복 역량을 약화시키고, 신뢰 기반의 협력 문화를 손상시켜 구성원 간의 심리적 경계를 고착화함으로써 조직 전체의 회복탄력성을 장기적으로 훼손할 수 있다. 결국 회복이 필요한 학생에게 실질적인 변화를 제공하기 위해서는 교사 개인의 지속적인 성찰과 함께 제도적 차원의 개선 노력이 병행되어야 하며, 교육 공동체 전반에 걸친 신뢰와 책임성의 유지가 반드시 전제되어야 한다.

일부 교사들은 학생 지도를 자신만의 폐쇄된 권한 영역으로 사유화하거나, 학생과의 관계를 개인적 존재감 과시나 권위를 강화하기 위한 수단으로 삼아 왜곡하는 경우가 있다. 특히 비행청소년과의 원만한 관계 형성을 학급 내 질서 유지나 통제의 수단으로 활용하려는 접근은 교육적 관계의 본질을 훼손하는 역기능적 관계 설정으로 학생의 회복 가능성을 심각하게 제한할 뿐만 아니라 회복 중심의 통합적 교육 실천을 저해하는 중대한 장애 요인으로 작용한다.

실제 사례로, 저자가 비행청소년을 대상으로 상담과 지도를 수행하던 과정에서 학생들이 긍정적으로 변화하고 따르기 시작하자, 이를 질투한 한 교사가 학생들의 변화를 방해하고 개입 과정에 의도적으로 방해를 한 적이 있었다. 나중에 시간이 지나 학생들이 해당 교사에게 왜 그런 행동을 했는지 묻자, 그 교사는 "소경섭 선생님에게 너희를 빼앗기는 것 같았다"는 말을 했다고 한다. 이 사례는 교사의 미성숙한 감정 처리와 권위 의식이 청소년의 성장 기회를 얼마나 쉽게 훼손할 수 있는지를 단적으로 보여 주는 장면이다. 이처럼 교사가 자신의 역전이를 자각하고 적절히 조절하지 못할 경우, 학생과의 관계는 교육적 목적을 벗어나 개인적 욕구 충족과 권위 유지를 위한 수단으로 왜곡될 수 있으며, 이는 교육적 윤리와 회복적 접근의 핵심 가치를 심각하게 훼손할 수 있다. 역전이란 상담자, 교육자, 혹은 지도자에게 존재하는 무의식적 불안이나 미해결된 내적 갈등이 내담자 또는 학생과의 상호작용 과정에서 무의식적으로 투사되어, 관계의 역동에 영향을 미치는 심리적 현상을 의미한다. 이는 지도자의 개인적 욕구, 감정, 신념, 태도 등이 개입 과정에 개입되면서 혼선과 왜곡을 초래할 수 있으며, 효과적인 개입을 저해하는 요인으로 작용할 수 있다. 따라서 청소년 지도를 담당하는 교사와 실무자는 자기 성찰과 정서 조절 능력을 필수적인 전문 역량으로 갖추어야 하며, 필요에 따라 개별 상담, 슈퍼비전, 사례 회의와 같은 외부적 전문 지원을 통해 스스로를 성찰하고 개인의 역전이를 탐색하고 최소화할 수 있어야 한다. 이는 단순한 개인 윤리의 문제를 넘어, 청소년의 회복과 성장을 가능하게 하는 교육적 신뢰의 기반을 구축하는 데 필수적인 전문성의 조건이다.

비행청소년 지도에 대한 왜곡된 인식과 놓쳐 버린 변화 요인

실제 교육 현장에서는 수많은 교사, 실무자, 전문가들이 비행청소년과 진정성 있게 마주하고자 치열한 고민과 지속적인 헌신을 이어 가고 있다. 그러나 이들의 심리적 특성과 관계 양상을 충분히 이해하지 못한 채 접근할 경우, 상담과 지도 과정에서 관계의 주도권을 청소년에게 넘겨주게 되고, 오히려 교사나 지도자가 일방적으로 끌려가며 눈치를 보게 되는 역전된 상호작용이 발생할 수 있다. 이러한 경험이 반복되면 교사는 통제 실패에 대한 좌절감과 회의감, 심리적 소진을 겪게 되며, 지도에 대한 혼란과 무력감, 심지어 회피적 태도까지 형성될 수 있다.

비행청소년 지도가 특정한 소수만이 할 수 있는 일이라는 고정관념은 여전히 교육 현장에 뿌리 깊게 남아 있다. 특히 체격이 크고 카리스마 있는 남성 교사만이 이들을 효과적으로 통제할 수 있다는 통념은 지도 실패의 원인을 교사의 성격이나 외형적 조건에 단순 귀속시키는 피상적 사고에서 비롯된 것이다. 그러나 비행청소년 지도의 본질은 그들을 제압하거나 억압하는 데 있지 않다. 오히려 이들이 따를 수 있는 삶의 기준을 제시하고, 존중할 수 있는 어른의 모델이 되어 주는 데 그 핵심이 있다. 비행청소년은 성장 과정에서의 반복된 배제와 누적된 좌절, 상처로 인해 타인에 대한 신뢰와 기대가 현저히 낮아져 있는 상태이기 때문에, 자신을 진정으로 이해하고 존중해 주는 어른과의 관계에서만 심리적 안전감을 느끼고 방어를 내려놓는다. 이들의 변화 동기와 가능성은 이러한 신뢰 관계를 통해서만 열리며, 이는 지도자의 체격이나 기세에서 비롯되는 것이 아니라 자신의 삶과 내면의 생각과 감정에 대한 깊은 이해와 진정성, 일관성, 존중에 기반한 리더십에서 비롯된다.

상담실은 청소년 변화의 씨앗이 싹트는 출발점이 되어야 하며, 상담 역시 더 이상 학교 수업을 회피하기 위한 수단이 아니라, 성찰과 성장이 시작되는 의미 있는 자리로 거듭나야 한다. 교사는 청소년의 삶을 있는 그대로 바라보며, 그들과 함께 더 나은 방향을 모색하는 따뜻하고 전문적인 안내자가 되어야 한다. 교육은 비행청소년에게도 존재의 가치를 인정받고, 삶을 재구성할 수 있는 깊이 있는 만남의 통로가 되어야 한다. 하지만, 상담 및 생활 지도 현장은 이러한 이상과 달리 수많은 현실적 제약과 구조적 한계에 부딪치며, 실천의 어려움을 마주하게 된다.

실제로 일부 학교에서는 비행청소년들이 상담실을 자신들의 아지트처럼 점유하며, 바닥에 눕거나 냉장고에서 음식을 자의적으로 꺼내 먹는 등 일탈적이고 비공식적인 행동을 반복하는 사례가 관찰된다. 이러한 공간이 무질서와 자기중심적 행동이 사실상 용인되는 장소로 인식되기 시작하면, 해당 행동은 점차 반복과 강화 과정을 거쳐 고착되며 학생의 부적응 양상을 심화시킨다. 이로 인해 상담실은 심리적 안정을 위한 회복 공간으로서의 본래 기능을 상실하고, 통제와 규범이 작동하지 않는 역기능적 환경으로 전락할 위험에 놓이게 된다.

더 심각한 문제는 이러한 개인의 공간적 일탈이 또래집단 내에서 하나의 비공식 규범으로 내면화된다는 점이다. 특정 학생의 자기중심적이고 무례한 행동이 반복되는 가운데 교직원이 이를 묵인하게 되면, 그러한 행동이 정당화되거나 모방하려는 학생들이 점차 늘어나게 되고, 이는 결국 학교 내 질서 약화와 공동체 규범의 붕괴로 이어질 수 있다. 상담실이 무질서와 자기중심적 행동이 사실상 용인되는 환경으로 고착되면서 비행청소년 중심의 공간으로 변질될 경우, 정서적 어려움을 겪는 일반 학생들은 이 공간을 심리적 안정과 회복의 장소로 인식하지 못하고 점차 회피하게 된다.

그 결과, 상담실은 정작 심리적 어려움으로 도움이 절실한 학생들에게조차 불편하고 위협적인 공간으로 인식되어 외면당하게 되며, 정서적 지지와 심리적 개입의 중심축으로서 수행해야 할 본래적 기능과 존재 이유를 상실하게 된다. 이로 인해 가장 보호받아야 할 학생들이 적시에 필요한 도움을 받지 못한 채 방치되는 상황이 초래되고, 이는 학교 전체의 심리 지원 체계를 무력화시키는 심각한 결과로 이어질 수 있다.

비행청소년과의 효과적인 소통은 단순한 관계 형성을 넘어, 학생에게 심리적 안전감을 조성하고 내면적 변화를 유도하는 핵심 요인이다. 이러한 소통의 힘은 제도적 권한에서 비롯되는 것이 아니라, 학생이 상호작용을 통해 주관적으로 인식하고 인정하는 '관계적 권위'에서 나온다. 이 권위는 억압이나 통제로 형성되는 것이 아니다. 지도자의 전문성이 진정성을 담아 전달되고 학생의 삶의 맥락 속에 의미 있게 통합될 때 비로소 가능해진다. 신뢰와 공감은 자연스럽게 확장되고 청소년은 지도자를 단순한 위력을 행사하는 권위자가 아닌 진정으로 자신을 이해하고 존중하며 마음을 알아주는 사람으로 인정하게 된다. 이러한 관계에서 형성되는 관계적 권위는 단순한 제도적 권한이 아니라 전문성에서 비롯되며, 그 본질은 위력이 아닌 '존경'에 기반한다. 특히 반복된 배제와 상처 속에서 타인을 쉽게 신뢰하지 않는 비행청소년이 스스로 마음을 열고 인정하는 관계에서 비롯된 권위는 단단하고 지속적이며, 그만큼 깊은 영향력을 발휘한다.

비행청소년은 대체로 누구보다 자신을 진심으로 이해하고 진정으로 잘 되기를 바라는 어른을 식별해 내는 감수성이 뛰어나다. 그들이 신뢰하고 따르는 어른은 단순히 두려운 존재가 아니라, 자신의 이야기에 귀 기울이고 현실적인 조언을 건네며 말과 행동에서 일관성을 보이는 사람이다. 이러한 관계를 통해 청소년은 "이 사람은 나를 문제 있는 청소년으로만 보는 것이 아니라 가능성을 지닌 한 사람으로 바라본다"는 메시지로 받아들인다. 전문성에 기반한 관계적 권위는 단순한 호감이나 신뢰의 감정적 반응을 넘어, 청소년의 행동 변화를 이끌어 내고 유지시켜 주는 데 대단히 중요한 심리적 기제로 작용한다.

전문성에 기반한 관계적 권위는 '모델링'이라는 과정을 통해 구체화된다. 심리학적으로 모델링은 타인의 태도와 가치를 관찰하고 모방하며 이를 내면화해 자기 행동을 조정해 나가는 핵심적인 사회 학습 심리 과정이다. 그동안의 실제 지도 장면에서, 적절한 개입이 이루어지고 신뢰 관계가 충분히 형성된 남자 비행청소년들 중 상당수는 어느 순간 저자에게 "형이라고 불러도 되느냐"고 조심스럽게 물어오곤 했다. 이들은 저자와의 뚜렷한 나이 차이를 충분히 인식하고 있음에도 불구하고, 그러한 호칭을 통해 관계적 거리를 좁히고 정서적 유대감을 표현하고자 했던 것이다. 이는 단순한 호칭 선택을 넘어, 그들이 지도자를 단순한 권위자가 아니라 심리적으로 더 가까운 준거집단의 일원으로 받아들이고자 하는 신뢰 형성의 표현이자 관계적 경계와 심리적 거리를 새롭게 조정하려는 중요한 변화의 징후로 볼 수 있다.

이러한 현상은 청소년기의 발달 특성과도 밀접하게 연결되어 있다. 아동기에는 부모나 교사 같은 참조집단이 청소년에게 절대적인 영향력을 미친다. 그러나 사춘기에 접어들면 청소년은 기존 권위를 점차 거부하고, 또래 중심의 준거집단을 새롭게 형성하며 그 안에서 행동과 가치관을 재구성한다. 이러한 준거집단의 형성과 내면화 과정은 청소년기의 행동 변화와 가치 체계 형성에서 핵심적인 전환점이 된다. 이는 아동기가 참조집단의 영향에 크게 의존하는 것과 달리, 청소년기는 또래 준거집단을 중심으로 정체성을 재구성해 나간다는 발달적 특징을 잘 보여 준다. 지도자가 청소년의 준거집단 안에 포함된다는 것은 단순한 신분 관계의 변화나 친밀감의 표현을 넘어, 청소년이 마음을 열고 관계적 권위를 인정했다는 상징적 의미를 지닌다. 이는 지도자가 더 이상 외부의 통제자가 아니라, 자신이 속하고자 하는 참조집단의 일원으로 받아들여졌음을 의미하며, 그 자체로 깊은 신뢰와 정서적 개방성을 전제한다. 특히 폐쇄적이고 방어적인 경향이 강한 비행청소년이 지도자를 자신의 내부 집단에 수용한다는 것은 더 이상 관계에 숨김이 없고 지도자의 영향력을 긍정적으로 받아들일 준비가 되어 있음을 보여 주는 심리적 전환점이라 할 수 있다.

이러한 신뢰에 기반한 관계는 단순한 지시와 반응의 반복을 넘어 청소년이 지도자와의 관계를 통해 자발적으로 정서적 유대를 형성하고, 삶의 가치와 태도, 행동 방식을 모방하고 수용하는 모델링 과정으로 크게 확장된다. 이러한 관계 안에서 지도자는 청소년에게 행동의 기준이자 삶의 방향성을 제시하는 내적 준거로 자리 잡게 되며, 청소년은 그 관계 속에서 자신의 내면을 재구성하고, 지속 가능한 변화를 이끄는 깊은 성찰과 자아 형성의 과정을 경험하게 된다. 하지만 이러한 변화는 결코 흔한 일이 아니기 때문에, 이를 직접 경험해 보지 못한 일부 교사나 전문가가 그 의미를 충분히 이해하지 못하고, 오히려 관계를 훼손하거나 개입을 저해하는 경우도 있었다.

실제로 반복적인 문제 행동을 보이던 학생이 긍정적으로 변화할 때, 이를 반기기보다는 관계적 상실감이나 지도자 자신의 역전이적 감정으로 인해 그 변화를 온전히 받아들이지 못하고, 오히려 지도를 방해하는 일이 발생하기도 했다. 이러한 역기능적 현상은 자신의 지도에 늘 불응하던 학생의 드라마틱한 변화에 대한 교사가 느끼는 서운함과 배신감, 조직 내 권력구조와 교사 간 이해관계 충돌 및 내부 갈등, 기존 지도 실패에 대한 방어기제, 그리고 지도자 자신의 심리적 미숙과 정서적 미분화에서 야기된다. 청소년에 깊이 개입하고 그들의 적응을 돕기 위해서는 파도에 따라 배가 움직이면 쉽게 멀리 가듯, 청소년의 성장 과정에서 비롯되는 심리적 기제와 발달적 특징을 잘 이해하고 이를 효과적으로 활용하는 것이 중요하다. 이를 위해 교사를 비롯한 청소년을 지도하는 실무자는 파도를 거스르지 않도록 청소년기의 모델링과 준거집단 형성이라는 심리적 과정을 충분히 이해하고 이를 실질적인 개입 전략으로 전환할 수 있어야 하며, 무엇보다도 이러한 발달적 특징을 긍정적으로 이해하고 효과적으로 활용할 수 있는 역량이 요구된다.

과거와 현재가 아닌 현재와 미래를 이끌어 주는 진취적 지도

　비행청소년과의 원만한 관계 형성은 매우 중요한 출발점이지만, 이는 지도의 완성이 아닌 출발에 불과하다는 점을 분명히 인식해야 한다. 단순한 친밀감 형성에 머무르지 않고, 초기 구조화 단계부터 명확한 생활 지도 원칙과 기준을 제시하는 과정이 병행되어야 한다. 학생이 일시적으로 교사의 개입에 수용적인 태도를 보인다고 해서 곧바로 비행이 해소되었다고 단정 짓는 것은 섣부른 판단이다. 외현적 행동이 일시적으로 잠잠해진 것처럼 보일지라도, 그 내면에는 여전히 혼란된 인식과 왜곡된 가치 체계가 깊이 뿌리내리고 있을 수 있다. 따라서 비행청소년의 생활 전반을 장기적 관점에서 재구성하는 체계적 접근이 요구되며, 개인의 특성과 환경적 맥락에서 비롯된 문제에 대해서는 정밀하고 맞춤화된 개입이 반드시 병행되어야 한다.
　이러한 구조적 접근의 필요성은, 오늘날 비행 문화가 더 이상 특정 소집단에 국한되지 않고 빠르게 일반 청소년들의 일상과 적응의 영역 속으로 확산되고 있다는 현실에서 더욱 분명해진다. 디지털 미디어와 또래집단을 매개로 자극적이고 왜곡된 가치가 마치 보편적 규범처럼 수용되는 현상은 점점 가속화되고 있으며, 이는 기존 학교 규범을 잠식하고 청소년의 자아 정체감 형성과 가치 판단 과정에 심각한 혼란을 야기하고 있다. 특히 생활 지도의 부재 속에서 이러한 문화적 전이는 더욱 은밀하고 구조적인 방식으로 청소년 문화 전반에 스며들고 있다.

　청소년의 외현적 행동을 단순히 예절 부족이나 고의적인 반항으로 낙인 찍기보다는, 그 이면에 내재된 심리적 기제와 왜곡된 삶의 기준을 깊이 이해하고, 이를 바탕으로 미래지향적인 개입을 설계할 필요가 있다. 지도는 과거의 잘못을 바로잡는 처벌적 개입에 머물러서는 안 되며, 청소년이 앞으로 어떤 사람으로 살아갈지를 함께 고민하고 설계하는 진취적 여정이어야 한다. 비행청소년의 지도는 단순히 현재의 일탈을 교정하는 데 그치지 않고, 미래의 가능성을 열어 주는 과정이어야 하며, 청소년이 자신의 삶을 주체적으로 재구성해 나갈 수 있도록 신뢰와 공감, 정서적 안정감을 바탕으로 한 지속적 성장의 통합적 경험으로 설계되어야 한다.

적응의 영역에 스며드는 그들만의 세상의 비주류 하위문화

청소년 한 명을 지도하는 데 이처럼 많은 시간, 에너지, 자원을 투입하는 것이 과연 타당한가에 대해 회의적인 시선을 보내는 이들도 있다. 특히 자원이 제한된 교육 현장에서는 "학생 한 명 때문에 왜 이렇게까지 해야 하나"라는 반응이 존재하기도 한다. 그러나 이러한 시각은 청소년 문제의 본질과 그 파급력을 간과한 단편적인 인식에 불과하다. 청소년의 비행이나 부적응 행동은 단순히 개인의 일탈로 국한되지 않는다. 그것은 또래집단을 매개로 빠르게 확산되며, 학교 공동체 전체에 조용히 스며들어 마치 곰팡이처럼 문화를 잠식하는 특성을 지닌다.

그들만의 세상의 10가지 문화

① 성숙한 그들: 나이
② 처세술: 그들의 언어
③ 그들의 서열: 패드립
④ 세력의 건재함: 졸업식
⑤ 그들의 패션: 특이하면서 트렌디한 복장
⑥ 이동 수단: 택시
⑦ 그들의 꿈: 사업가
⑧ 친구의 영역: 1+1+1+1+1+1+1
⑨ 그들의 생일 선물: 돈
⑩ 비행의 시작: 흡연

『청소년 비행의 모든 것』이라는 책을 집필하면서 비행청소년들이 공유하는 독특한 문화 코드를 체계적으로 정리했고, '② 처세술: 그들의 언어'를 제외하고 항목이 뒤로 갈수록 그들만의 세상에 가까워지는 배치 구조를 구상했다. 그중 하나가 바로 '⑨ 그들의 생일선물: 돈'이라는 주제였다. 전작을 집필하기 전까지만 해도, 이 주제로 학생들과 이야기를 나누면 "선생님, 그런 것까지 어떻게 아셨어요?"라는 놀란 반응이 돌아오곤 했다. 이는 곧 해당 문화가 외부에서는 쉽게 감지되지 않는 비공식적이고 비주류적인 하위문화로 작동하고 있음을 방증했다. 겉으로는 잘 드러나지 않지만, 내부적으로는 뚜렷한 규칙성과 상징적 의미를 지닌 그들만의 유대를 잇는 관습으로 자리매김하고 있었던 것이다.

그러나 최근 몇 개월 사이 이 하위문화가 놀라운 속도로 주류 문화 안으로 스며들고 있다는 사실을 실감하고 있다. 최근 학교 현장에서 강의와 상담을 통해 학생들을 만나다 보면, 점점 더 많은 학생이 '생일선물로 돈을 주고받는 것'을 당연하게 여기며, 오히려 "그게 뭐가 문제냐", "왜 그래선 안 되느냐", "다들 그렇게 하지 않느냐"고 반문하는 모습을 자주 목격하게 된다. 이는 단편적인 사례로 치부할 수 있는 문제가 아니다. '① 성숙한 그들: 나이', '③ 그들의 서열: 패드립' 등의 문화 요소는 '⑨ 그들의 생일선물: 돈'이 일반화되기 이전부터 이미 일반 청소년들의 일상과 적응 영역 속으로 확산되어 있었다. 이러한 문화적 흐름은 비행청소년 문화의 경계가 허물어지고 비정상적 가치가 일상화되는 현상이라 할 수 있다. 청소년은 더 이상 이러한 행동을 일탈로 인식하지 않고, 오히려 그것을 트렌디하고 멋진 문화로 받아들이는 경향을 보인다. 청소년들 사이에서는 비행청소년들이 때때로 '노는 애들', '잘나가는 애들'로 불리며, 이들에게 사회적 매력과 우월한 정체성이 부여되는 경우가 적지 않다. 그렇기 때문에 일반 청소년들 사이에서도 이들의 문화를 모방하고 습득하고자 하는 경향이 더욱 두드러지게 나타난다.

무엇보다 이러한 현상이 확산된 배경에는 학교의 생활 지도 기능과 범위가 점차 약화되어 온 구조적 현실이 자리하고 있다. 청소년의 일상 속에서 규범과 태도를 지도하고 건강한 기준을 제시해야 할 생활 지도가 오랜 시간 방치되거나 소극적 대응에 머물면서, 학교는 더 이상 문화적 방파제 역할을 제대로 수행하지 못하고 있다. 그 결과 그들만의 세상의 비행청소년 문화는 특정 소집단을 넘어 일반 청소년의 적응 영역까지 빠르게 확산되며, 비정상적이고 일탈적인 가치나 행동이 점차 당연한 것, 유행하는 것으로 받아들여지고 있다. 이러한 흐름은 단순한 개인의 일탈에 그치지 않고, 청소년의 가치 판단 체계와 사회화 과정을 구조적으로 왜곡시켜 정상과 비정상의 경계가 흐려지고 삶의 기준점이 무너져 전체 학교 문화의 안정성까지 위협한다. 특히 디지털 미디어와 온라인 커뮤니티를 통해 정제되지 못한 무분별한 가치와 문화가 더욱 은밀하고 집요한 방식으로 스며들면서, 학교 공동체의 규범과 질서를 해치는 구조적 위험 요소로 작용한다. 따라서 이를 사회의 건강한 가치를 지켜낼 기회이자 중대한 경고로 인식하고, 교육적·제도적 차원에서 조기 진단과 선제적 대응 체계를 마련해야 한다.

이를 위해 교사와 상담자를 비롯한 청소년 전문가들은 변화 조짐을 예민하게 감지하고 흐름과 가치 기준의 변화를 면밀히 분석해야 한다. 무엇보다 청소년이 주체적으로 건강한 문화를 형성하고 유지할 수 있도록 돕는 생활 지도의 역할이 다시 교육의 중심에 자리해야 하며, 이는 단순한 규칙 전달을 넘어서야 한다. 청소년이 왜곡된 문화에 물들기 전에 삶의 방향을 바로 세우고, 공동체 안에서 의미 있게 성장할 수 있도록 이끄는 사전 예방 중심의 핵심적 교육 실천으로 기능해야 한다.

신뢰와 공감으로 이끄는 비행청소년의 미래지향적 지도

어느 날, 중학교 3학년의 한 비행청소년은 급식 시간에 줄을 서지 않았다. 이를 목격한 교사는 즉각적으로 그를 크게 꾸짖었지만, 정작 그 학생은 무엇이 잘못된 행동인지, 자신이 왜 지적을 당해야 하는지에 대한 맥락을 전혀 알지 못했다. 교사들은 "급식실에서 줄을 서는 것처럼, 너무나도 당연한 것을 모르는 학생을 도무지 이해할 수 없다"며 답답함을 토로했다. 하지만 실제로 그는 학교 안에서 무법자로 통하던 학생이었고, 오랜 시간 동안 정해진 시간에 맞춰 질서를 지키며 급식을 받아 본 경험 자체가 거의 없었다. 또래 학생들에게 위협적인 존재였던 그는 자신이 지나가기만 해도 주변 친구들이 피하는 것이 일상이었기에, 줄을 서서 차례를 기다리는 상황 자체를 거의 접해 보지 못했던 것이다. 이러한 점을 살펴보면, 해당 학생의 문제 행동은 단순한 규칙 위반이나 고의적인 일탈로만 해석해서는 안 된다. 급식실에서 줄을 서지 않는 것처럼 겉보기에는 사소한 규범 위반으로 보일 수 있는 행동조차, 사실은 기본적인 사회 규범을 학습하거나 경험할 기회 없이 살아 온 삶의 궤적과 내면화된 심리적 기제를 반영한 상징적 표현일 수 있다. 이는 단순히 규칙을 무시한 결과가 아니라, 규칙을 함께 경험하고 내면화할 기회조차 박탈당한 상황적 결과로 보아야 하며, 사회적 경험의 결핍과 정서적 소외가 누적된 결과로 공동체 질서에 자연스럽게 편입되지 못하고 주변과 단절된 채 살아온 적응 실패의 한 단면으로 이해하는 것이 타당하다.

아동과 청소년의 모든 행동은 단순한 외현적 반응이 아니라, 그들이 세상을 어떻게 해석하고 자신을 어떻게 위치 짓고 있는지를 보여 주는 중요한 지표다. 그렇기에 표면적인 모습만으로 그들의 행동을 판단하는 것은 매우 제한적일 수 있으며, 때로는 본질을 왜곡할 위험도 내포하고 있다. 진정한 교육적 지도의 시작은 이러한 이면의 맥락과 성장 과정을 읽고 이해하려는 태도에서 비롯되어야 한다.

비행청소년의 지도에서 가장 중요한 것은 문제 행동을 단순히 일방적으로 해석하고 통제하려는 접근이 아니다. 오히려 그들의 감정과 상황을 깊이 이해하고, 발달 수준에 맞춘 진심 어린 공감으로 다가가려는 성숙한 태도가 필요하다. 이는 청소년이 심리적 안전감을 느끼고 정서적으로 안정될 수 있는 환경을 조성하는 출발점이 되며, 자율적이고 지속 가능한 변화를 가능케 하는 기반이 된다. 무엇보다 지도자의 시선은 청소년의 과거가 아닌 앞으로의 가능성에 맞춰져야 한다. 미래지향적 지도란 과거의 잘못을 반복적으로 지적하거나 현재의 문제 행동에만 초점을 맞추는 것이 아니라, 청소년이 어떤 사람으로 성장할 수 있을지를 함께 상상하며, 현재 지닌 건강한 자원과 강점을 탐색하고, 현재 무엇을 어떻게 실천해야 할지를 구체적으로 안내하는 과정이다. 막연히 "안 된다"는 제한의 메시지보다, "이것을 함께 해 보자"는 구체적이고 실천 가능한 대안을 제시할 때 변화는 더 현실적으로 시작된다.

청소년은 자신이 변화할 수 있다는 내적 신념과 그 가능성을 진심으로 지지해 주는 어른의 존재를 느낄 때, 비로소 변화의 첫걸음을 내디딜 수 있다. 지도자는 청소년 각자의 개별화된 성장 과정을 함께 탐색하며, 그 가능성을 가장 먼저 발견해 비추는 사람이어야 하며, 청소년과 함께 미래를 상상하며 현재를 단단히 세워 가는 정서적·관계적 동반자가 되어야 한다. 이것이야말로 비행청소년의 삶을 다시 사회와 연결시키는 가장 근본적이고 실질적인 지도이며, 진정한 교육적 회복의 출발점이다.

MEMO

생각 더하기

[학교의 노력]에 관한 질문과 대답
실제 교육과 자문 장면에서
교사 및 실무자, 전문가에게서 받은 질문

- **자신의 불법적인 경험을 길게 이야기하며 자랑스럽게 말하는 아이에게는 어떻게 반응해야 할까요?**

  비행청소년이 자신의 불법 경험을 장황하게 늘어놓으며 마치 자랑하듯 이야기하는 모습은 단순한 과시나 자만으로만 해석할 수 없다. 이는 대개 현실에서의 열등감, 소외감, 반복된 실패가 빚어낸 내면의 결핍을 그들만의 세상이라는 자신들만의 준거집단 속 인정 욕구와 존재감으로 보상하려는 심리적 기제에서 비롯된다. 현실의 무력감과 상처를 가리기 위해 자신의 경험을 무용담처럼 포장하고, 이를 통해 왜곡된 정체성과 자아존중감을 유지하고자 하는 것이다. 이러한 태도는 종종 상담자나 부모의 반응을 무의식적으로 시험하려는 방식으로 나타난다. 아이는 자신의 이야기를 들은 상대가 얼마나 진정성 있게, 판단 없이 수용하는지를 예민하게 살피며 그 반응을 통해 관계의 주도권을 확보하거나 신뢰 가능성을 평가하려 한다. 때로는 충격적인 표현이나 과장된 언사로 상대의 감정을 흔들며 자신이 특별하고 위험한 존재임을 과시하려는 시도를 하기도 한다.

  이 시점에서 중요한 것은 아이의 말에 즉각적인 도덕적 판단이나 훈계로 반응하지 않는 태도다. 오히려 그가 자신의 경험을 이야기하고 있다는 사실 자체를 심리적 문이 열리고 있는 긍정적 신호로 받아들여야 하며, 그 이야기를 비행의 맥락 속에서 차분히 이해하려는 자세가 요구된다. 핵심은 '무엇을 했는가'보다 '왜 그런 행동을 할 수밖에 없었는가'에 초점을 맞추고, 그 심층적 동기와 배경을 파악하는 것이다. 이러한 접근은 라포 형성의 기초가 되며, 신뢰가 쌓인 이후에는 아이가 자랑스럽게 여겼던 경험이 사실은 삶의 전환점이자 부정적 결과였음을 함께 돌아보는 대화로 이어질 수 있다. 이때의 피드백은 훈계나 비난이 아닌 공감과 성찰을 유도하는 대화여야 하며, 아이가 그 경험을 '멋진 일'이 아닌 '다시는 반복하고 싶지 않은 일'로 재정의할 수 있도록 돕는 것이 중요하다.

또한, 이야기의 진위 여부에 대해서는 신중하게 접근할 필요가 있다. 청소년기는 현실과 상상, 사실과 과장이 쉽게 뒤섞이는 시기이므로 관심을 끌거나 자신을 부각하기 위해 과장된 표현이 섞이는 경우도 적지 않다. 결국 이런 무용담은 "나를 봐 달라", "도와달라"는 미성숙한 비언어적 호소일 수 있으며, 이를 단순한 허세로 치부해서는 안 된다. 따라서 이 시점에서 상담자와 부모는 비행의 본질과 맥락을 바탕으로 아이의 현재 위치와 위험 수준을 진단하고, 수용과 공감의 언어로 관계를 재구성해야 한다. 그렇게 함으로써 청소년은 자신의 이야기를 인정받아야 할 자랑이 아닌, 성찰과 회복의 발판으로 새롭게 받아들이는 경험을 하게 된다.

- **비행청소년은 개인별로 따로 지도하는 것이 효과적인가요, 아니면 집단 프로그램으로 진행하는 것이 더 좋을까요?**

비행청소년을 지도하는 과정에서 개별 지도와 집단 지도는 각각 뚜렷한 장단점이 있으며, 두 방식을 상호보완적으로 병행할 때 가장 효과적인 개입 결과를 기대할 수 있다.

개별 지도는 청소년의 성장 배경, 성격 특성, 심리적 기제, 비행의 심각도 등 개인 내적 요인을 면밀히 파악해 맞춤형 접근을 가능하게 한다는 점에서 심층 개입에 적합하다. 특히 내면의 결핍, 충동 조절의 어려움, 비합리적 신념 등 심리적 요인을 다루며 정서 안정과 자기 통찰을 촉진하는 데 중요한 역할을 한다. 그러나 이러한 개별 지도는 청소년이 속한 준거집단의 영향으로 쉽게 방해받을 수 있다. 문제 행동의 중단과 자기 성찰이 충분히 이루어지지 않은 상태에서 청소년을 성급히 집단 지도에 참여시킬 경우, 내적 통제력이 약한 청소년은 집단 응집력을 통해 잘못된 소속감과 왜곡된 유대감을 형성하게 되며, 그 결과 비행 정체성이 강화되고 또래 위계 구조가 재생산될 위험이 있다. 준비되지 않은 상태에서 참여하는 집단 지도는 긍정적 모델링의 장이 아니라, 그들만의 세상에 대한 응집력만을 더욱 강화하는 공간이 될 수 있다. 따라서 집단 지도는 일정 수준의 정서 조절 능력과 자기 성찰, 행동 중단을 전제로 한 '멈춤 작업'이 선행된 이후에 이루어지는 것이 좋다.

이렇게 준비된 집단 지도는 또래 간 유사한 경험의 공유와 타인의 변화를 관찰하는 과정을 통해 자신의 변화 가능성을 수용하도록 돕는다. 더불어 정서적 지지, 공감, 긍정적 모델링을 통해 재사회화를 촉진함으로써 개별 지도만으로는 다루기 어려운 관계적 성장을 가능하게 한다. 집단이 함께 변화에 참여함으로써 소외감과 고립감을 줄이고, 준거집단 전체가 긍정적 방향으로 전환되는 효과도 기대할 수 있다. 그러나 현실의 학교나 기관 현장에서는 전문성 부족, 예산과 인력의 제약 등으로 인해 성별, 연령, 비행의 맥락을 충분히 고려하지 못한 채 획일적인 집단 프로그램이 운영되는 경우가 많다. 특히 구조화가 부족한 개방형 집단이나 단순히 회기 수만 채우는 형식적 운영 방식은 오히려 청소년 간 부정적 모델링을 강화하여 역기능을 초래할 수 있다.

이상적인 개입은 개별 지도를 통해 청소년의 내면 상태와 동기를 충분히 탐색하고 문제 행동을 멈출 수 있도록 한 뒤, 개인의 비행 맥락과 심리적 역동을 반영해 구성된 집단 안에서 적응적 변화가 촉진되는 순차적 구조를 갖추는 것이다. 이를 위해서는 누구에게, 언제, 무엇을, 어떤 방식으로 개입할지에 대한 면밀한 사전 평가와 계획 수립이 필수적이다. 집단 지도를 즉시 실시해야 하는 상황이라면, 청소년의 품행 문제에 대한 맞춤형 교육이 사전에 구조화된 형태로 선행되어야 한다. 아울러, 프로그램의 운영은 고정된 틀에 따라 일방적으로 진행되는 것이 아니라, 실제 진행 과정에서 파악되는 참여자들의 특성, 상호작용의 역동, 문제의 양상과 수준, 활용 가능한 자원 등을 반영하여 유연하게 조정될 수 있는 기반 위에 설계되어야 한다. 청소년의 변화와 상황에 따라 개입 과정을 탄력적으로 운영함으로써 보다 현실적이고 효과적인 지도가 가능해진다.

- **부모의 협조가 전혀 없거나 가정 상황이 너무 열악해 현실적으로 교육이 어려운 경우, 어떤 접근이 필요할까요?**

청소년의 비행 문제를 다루는 데 있어 가정의 협조는 매우 중요한 요소이지만, 현실적으로 부모의 개입이 불가능하거나 가정환경 자체가 지나치게 열악한 경우도 적지 않다. 이럴 때 중요한 접근은 가정의 한계를 인정하는 것에서 출발하는 것이다. 단순한 부재나 무책임의 문제라면, 그것이 곧 비행의 근원이자 배경으로 작용했음을 인지하고 이를 개입의 출발점으로 삼으면 된다.

현실적으로 가정의 기능 회복이 단기간에 이루어지기 어렵다면, 학교와 지역사회, 공공기관이 그 역할을 최대한 보완하고 대체할 수 있는 구조를 설계해야 한다. 가정의 부재는 분명한 결핍이지만, 그 결핍을 정서적·사회적 자원으로 보완하려는 노력이 병행된다면 청소년은 여전히 자기 삶의 방향을 스스로 선택할 수 있는 내적 동기를 형성해 나갈 수 있다. 해당 청소년이 가정의 역할 부재에도 불구하고 학교생활에 일정 부분 참여하고 있거나 상담 등 대인 관계 형성에 비교적 긍정적인 반응을 보이는 것은 아직 제도권과의 연결이 유지되고 있음을 의미한다. 이는 청소년 스스로도 사회와의 관계를 완전히 단절하지 않았다는 점에서 변화의 가능성과 회복의 여지가 충분히 남아 있음을 보여 주는 중요한 신호다.

- **'관계의 주도권을 확보하는 것이 중요하다'고 하셨는데, 가장 현실적이고 손쉬운 방법은 무엇일까요?**

비행청소년과의 관계에서 주도권을 확보하기 위해 가장 현실적이고 효과적인 방법은 그들을 통제하거나 제압하려는 접근을 버리고, 먼저 그들의 삶의 맥락과 심리를 정확히 이해하는 데서 출발하는 것이다. '문제가 있는 청소년은 제압해야 한다'는 인식은 오히려 관계를 악화시키고, 장기적으로 주도권을 잃게 만들 수 있는 위험한 접근이다. 이들은 억압적 권위에 쉽게 반발하며, 단순한 위협이나 지시로는 움직이지 않는다. 비행청소년은 관계의 진정성을 자신의 기준으로 스스로 판단하고 자신의 기준에서 신뢰할 수 있다고 느낄 때만 마음을 연다.

『청소년 비행의 모든 것』에서 설명하듯, 비행청소년은 그들만의 세상과 분명한 하위문화를 형성하고 있으며, 이를 이해하려면 비행화 과정에 대한 전문적인 이해뿐 아니라, 그 과정을 바라볼 수 있는 구조적 틀과 문화적 감수성을 갖춘 접근이 필요하다. 청소년의 나이, 성별, 소속 학교 같은 기본 정보뿐 아니라, 흡연 패턴, 이성 교제 여부, 용돈의 규모와 출처 등 일상적 생활 정보까지 면밀하게 파악해야 현재의 비행 수준과 정서적 상태를 종합적으로 이해할 수 있다. 이런 구체적 배경을 바탕으로 이어지는 대화는 청소년에게 "이 어른은 뭔가 알고 있다"는 인식을 심어 주며, 이는 곧 라포 형성과 주도권 확보의 출발점이 된다.

특히 비행청소년은 상담 경험이 많기 때문에 전형적인 조언이나 진부한 접근에 민감하게 반응하고, 첫 만남에서 상담자가 자신을 얼마나 진심으로 이해하려 하는지 예리하게 판단한다. 이때 필요한 것은 예상 가능한 언어가 아니라, 청소년이 예상하지 못한 질문, 솔직한 반응, 신선한 접근 방식을 통해 '이 사람은 다르다'는 인상을 주는 것이다. 예측 가능한 흐름은 쉽게 흥미를 잃게 만들지만, 예상 밖의 반응과 진정성 있는 태도는 청소년에게 신선한 자극이 되며, 관계의 긴장을 풀고 신뢰와 호기심을 동시에 자극한다. 그 결과 청소년은 상담자와의 관계에서 불필요한 힘겨루기를 내려놓고, 점차 자발적으로 따르고자 하는 태도를 보이게 된다.

이는 단순한 지시나 훈육이 아니라, 청소년이 스스로 따르고 싶은 어른을 모델링하게 되는 변화의 출발점이 된다. 무엇보다 중요한 것은 관계의 주도권을 단기적으로 확보하는 것만이 아니라, 그 주도권을 신뢰와 공감을 통해 안정적으로 유지해 가는 것이다. 청소년은 자신을 억누르려는 어른이 아니라, 예상 밖의 방식으로 자신을 존중하고 이해해 주는 어른에게 마음을 연다. 그리고 이때 청소년이 느끼는 감정은 단순한 호감이 아니라, 진심에서 우러나오는 존경이다.

- **그들만의 세상에서 벗어나고 싶어 하지만, 비행을 멈추면 친구도 없고 할 일도 없어서 심심해서 다시 돌아가는 경우가 있어요. 이런 아이는 어떻게 도와줄 수 있을까요?**

비행청소년들이 속한 그들만의 세상은 자극적이고 짜릿하며, 강한 소속감과 즉각적인 반응을 제공한다. 이는 청소년기 특유의 감각 추구 성향과 맞물려, 이들이 그들만의 세상에 쉽게 빠져들게 만드는 주요 요인이 된다. 문제는 이러한 삶의 방식이 청소년의 삶의 역치를 점점 높여 버린다는 점이다. 이는 비행의 공식에서 말하는 비행의 저주로 이어진다. 자극적인 경험에 익숙해진 이들은 평범한 일상을 지루하고 무의미하게 느끼게 되고, 결국 다시 그들만의 세상으로 돌아가고자 하는 강한 충동을 경험하게 된다. 이러한 상황은 단순히 자제력이나 의지 부족의 문제가 아니다. 오히려 비행을 멈춘 이후 찾아오는 공허함과 소속감 상실이라는 정서적 공백을 어떻게 메워 줄 것인가가 개입의 핵심 과제가 되어야 한다.

이들에게 비행 이후의 삶은 맛없는 삶이 아니라, 아직 제대로 맛보지 못한 삶일 수 있다. 마치 패스트푸드에 길든 입맛으로는 정성 들인 한정식의 깊은 맛을 처음엔 느끼기 어렵듯, 새로운 삶의 방식은 초기에는 밍밍하고 심심하게 느껴질 수 있다. 하지만 시간이 지나면서 관계와 성취, 소소한 즐거움을 알아 가기 시작하면, 이전에는 경험하지 못했던 안정감과 만족감, 그리고 삶의 깊은 의미를 비로소 느낄 수 있다. 따라서 이 시기의 개입은 단순히 '비행을 멈추라'는 일방적 지시나 명령이 되어서는 안 된다. 이미 높아진 자극의 역치를 서서히 낮추고, 평범한 삶의 감각을 단계적으로 회복해 나갈 수 있도록 곁에서 동행해 주는 과정이어야 한다.

- **흡연하는 청소년이 많긴 하지만, 학교에서 문제만 안 일으키면 괜찮은 거 아닌가요?**

청소년의 흡연 문제에 대해 "학교나 기관에서만 문제를 일으키지 않으면 괜찮다"는 인식은 많은 부모와 교사들 사이에서 무심코 받아들여지기 쉬운 태도다. 그러나 이는 청소년 품행 문제에 대한 본질적 이해가 결여된 매우 위험한 접근임을 분명히 인식할 필요가 있다.

현실적으로 청소년 흡연은 쉽게 중단되기 어려운 것도 사실이다. 그러나 "흡연보다, 학교 내에서만 문제를 일으키지 않으면 괜찮다", "학교에서만 담배를 피우지 않으면 상관하지 않는다", "요즘은 다 담배를 피우니 그걸로 비행이라 할 수는 없다"와 같은 태도는 변화된 청소년 비행 양상과 흡연을 시발점으로 한 비행화 과정을 전혀 이해하지 못한 채, 현실을 회피하는 무책임한 인식이며, 교육자로서의 책임을 방기 放棄 하고, 문제 행동을 암묵적으로 용인하며 외면하는 심각하게 왜곡된 시각이다. 실제로 학교를 비롯한 많은 청소년 관련 기관에서 흡연을 단순한 습관이나 중독 현상으로만 치부하며, 별다른 문제로 인식하지 않거나 적극적인 개입을 시도하지 않는 경우도 적지 않다. 그러나 이런 접근은 청소년 비행이 어떻게 형성되고 반복되는지를 설명하는 비행의 공식의 핵심 관점과 어긋난다. 비행의 공식은 청소년 흡연을 단순한 신체적 중독으로 보지 않고, 그 안에 내포된 심리·사회적 요인을 통합적으로 이해해야 할 품행 문제로 간주한다. 따라서 청소년의 흡연은 단순한 중독이나 규율 위반의 문제가 아니라, 청소년기의 정서적 상태와 행동, 환경적 맥락을 반영하는 복합적인 품행 문제로 이해되어야 하며, 이에 대한 더 깊이 있는 분석과 체계적인 개입이 요구된다.

올바른 가치를 바탕으로 한
성장 작업

자신의 꿈을 향해 건강하게 성장하도록
이끌어 주는 작업

청소년 지도의 핵심은 진로 지도

공통적으로 다져야 할 현실적 문제

1 마음의 성장을 이끄는 생각하는 힘
2 자기 이해 및 가치관 형성
3 경쟁력 강화 및 덕업일치를 위한 진로 지도

청소년 지도의 핵심은 진로 지도

청소년기는 신체적·정서적·인지적 변화가 급격히 일어나는 발달의 전환점으로, 이 시기에 겪는 경험과 형성되는 가치는 이후 성인기 삶의 근본적인 토대를 이룬다. 특히 자아정체성과 가치관이 본격적으로 형성되는 이 시기, 청소년의 성장 방향은 내면화된 가치의 내용과 깊이에 따라 결정된다. 청소년에 대한 지도는 단순히 문제 행동을 억제하는 데 머물러서는 안 되며, 올바른 가치관을 바탕으로 건강한 성장 과정을 설계하고 주도적으로 이끌어 주는 데 초점을 두어야 한다.

성장하는 청소년 지도의 핵심은 진로 지도에 있다. 청소년은 아직 자아정체성과 삶의 방향을 찾아가는 존재로 끊임없는 탐색과 변화를 통해 "나는 누구이며 어떻게 살아갈 것인가?"라는 근본적인 질문에 답을 찾는다. 따라서 진로 지도는 단순한 직업 정보 제공이나 진학 상담에 그쳐서는 안 되며, 청소년이 자신의 가능성과 자원을 발견하고 삶의 의미와 목표를 설정할 수 있도록 돕는 종합적이고 통합적인 교육이어야 한다. 진로 상담은 '무엇을 공부하고 어디로 갈 것인가?'의 단순 진학을 넘어 '왜 그것을 선택하고 나는 어떤 삶을 살고 싶은가?'와 같은 질문에 스스로 답하도록 이끄는 과정이다. 이러한 '성장 작업'은 일회성 문제 해결이 아니라, 청소년이 건강한 발달 궤도를 지속하며 올바른 가치관을 바탕으로 자아정체성을 확립하도록 지원한다. 이러한 접근은 모든 청소년에게 적용 가능한 보편적 성장 전략이며, 비행청소년에게도 예외는 아니다. 앞서 강조한 바와 같이, 비행청소년은 본질적으로 일반 청소년과 다르지 않으며, 단지 건강한 성장의 경로에서 일시적으로 벗어나 있을 뿐이다. 비록 불안정한 가정환경과 사회적 낙인 속에서 손상된 자아를 경험할 수는 있지만, 이들 역시 또래 청소년들과 마찬가지로 삶에 대한 고민과 미래에 대한 열망을 품고 있다. 실제로 많은 비행청소년들이 양가감정 속에서 과거의 행동을 되돌아보며 후회하고 있으며, 긍정적이고 합법적인 성공 경험을 통해 새로운 정체성을 확립하고자 자발적인 변화를 시도하고 있다.

비행청소년을 지도할 때, 이들을 단순히 교정의 대상으로만 바라보는 것이 아니라 스스로 삶을 주체적으로 설계할 수 있는 가능성과 내적 자원을 지닌 존재로 이해하는 것이 중요하다. 행동의 변화, 사고의 성장, 삶의 방향 설정은 서로 분리된 요소가 아니라, 유기적으로 연결된 하나의 통합적 성장 과정이다. 이를 위해 지도자는 올바른 가치 중심의 성장 과업을 지속적이고 일관되게 수행해야 하며, 청소년이 각 선택의 순간마다 *"나는 무엇을 소중히 여기고 있는가?"*라는 질문을 스스로 던지며, 자신의 가치와 삶의 방향을 깊이 성찰할 수 있도록 이끌어야 한다. 이는 단지 행동을 바꾸는 것이 아니라, 성숙하고 의미 있는 삶을 선택하고 실천할 수 있는 내적 기준을 형성하도록 돕는 진정한 청소년 지도의 핵심이다.

공통적으로 다져야 할 현실적 문제

생각하는 힘은 단순한 지적 능력을 넘어서, 마음의 성장을 이끄는 핵심 역량이다. 인간의 사고방식은 감정 조절과 자기 이해는 물론, 대인 관계 형성과 삶 전반의 의사결정 과정에 이르기까지 깊은 영향을 미친다. 사고는 단순한 인지적 작용에 그치지 않으며, 개인의 정체성과 삶의 방향성을 구성하는 본질적 기제로 작용한다. 사고의 틀인 스키마 schema 는 경험과 학습을 통해 점차 정교화되고, 반복적인 사고와 성찰을 통해 개인의 내면을 더욱 깊고 견고하게 형성한다. 특히 자신의 사고를 점검하고 조율할 수 있는 메타인지 metacognition 능력은 사고와 정서를 통합적으로 조절하며, 진정한 내적 성장과 변화의 출발점이 된다.

청소년기는 아동기에서 성인기로 이행하는 과도기적 발달 단계로서, 심리적·사회적 전환의 중심에 놓여 있다. 이 시기에는 자아정체감의 형성, 삶의 주체적 방향 설정, 타인과의 관계 및 사회적 책임에 대한 성찰이 필수적이며, 이를 위해 성숙한 사고 구조와 정서적 자기 조절 능력이 요구된다. 이러한 역량은 단순한 지식 습득을 넘어 자기 이해와 통제를 바탕으로 변화하는 사회에 능동적으로 적응하는 힘으로 이어져야 한다. 청소년기는 이러한 심리적 자원이 집약적으로 발달하는 시기이며, 독립적이고 책임 있는 성인으로 성장하기 위한 결정적 시기라 할 수 있다. 그러나 청소년기는 인지적·정서적·사회적 기능이 아직 완전히 성숙되지 않은 발달 과정상의 시기로, 많은 청소년이 감정과 사고를 통합해 표현하고 조절하거나 복잡한 내적 갈등을 언어로 논리적으로 다루는 데 어려움을 겪는다. 이러한 발달적 미성숙은 특히 그들만의 세상 속에 뿌리내린 비행청소년 사례에서 더욱 두드러진다.

　이들의 충동적 행동, 반복되는 실수, 사회 규범과의 지속적인 충돌은 단순한 도덕성의 결여라기보다, 자신의 감정과 행동을 성찰하고 조절하는 능력이 부족한 데에서 비롯되는 경우가 많다. 이들은 자신이 왜 특정한 행동을 선택했는지, 그 감정이 어디에서 비롯되었는지를 탐색하고 반추해 본 경험이 부족하다. 이러한 내적 성찰의 부재는 사고의 유연성을 저해하고, 결국 제한적이고 폐쇄적인 인지 구조 속에서 사고가 이루어지도록 만든다. 비행청소년은 주도성·자율성·독립성을 강하게 주장하며 그들만의 세상에 몰입하는 경향이 있기 때문에, 사회적 현실과의 단절 속에서 왜곡된 판단과 반복적인 문제 행동이 쉽게 나타난다. 이러한 인지적·정서적 고립은 더 편협한 사고 구조를 강화하고, 외부의 조언이나 피드백을 수용하는 데 어려움을 초래한다. 게다가 이들은 일반적인 교육 체계에서도 이탈해 있는 경우가 많아 정서적 안정과 인지적 성장을 지원할 적절한 교육적 개입의 기회를 충분히 제공받지 못한다. 그 결과, 이들이 직면한 삶의 문제는 점차 복합적이고 만성적인 양상으로 심화되며, 사회적 현실과 교육적 자원의 부재라는 이중적 고립은 비행청소년이 자기 삶의 문제를 직면하고 해결해 나갈 기회를 심각하게 제한한다. 따라서 이들에게는 단순한 감정 표현이나 의사소통 기술을 익히는 수준을 넘어, 자신의 삶의 문제를 정확히 인식하고 이를 체계적으로 해결할 수 있도록 사고를 정리하고 관조하며 점검하는 훈련이 필요하다.

생각하는 힘으로 표현되는 마음의 성장은 단지 학습적 성취에 그치지 않는다. 이 힘은 반복되는 실수, 충동적 행동, 사회적 갈등과 규범의 충돌 등 비행청소년의 삶 전반에 나타나는 복합적인 문제를 스스로 관리할 수 있는 실질적이고 근본적인 역량을 제공한다. 문제 상황을 명확히 분석하고, 세부 원인을 통찰하며, 해결책을 단계적으로 계획하고 실행한 뒤 이를 성찰하는 일련의 사고 과정은 청소년의 내면적 통제력을 강화시킨다. 이러한 통제력은 무분별한 행동이나 미성숙한 정서 표현을 줄여 주며, 궁극적으로 자율적이고 주도적인 삶을 영위할 수 있는 탄탄한 심리적 기반을 형성한다.

마음의 성장을 이끄는 생각하는 힘

몸의 성장
마음의 성장

    비행청소년이 변화하고 성장하기 위해서는 처벌이나 외부의 규율보다 먼저, 자기 내면을 깊이 들여다보고 스스로에게 질문하며 생각을 정리할 수 있는 힘이 선행되어야 한다. "나는 왜 이런 선택을 했는가?", "지금 느끼는 감정은 어디에서 비롯된 것인가?"와 같은 물음은 청소년이 삶을 수동적으로 받아들이는 존재에서 벗어나, 주체적으로 삶을 설계하고 방향을 선택할 수 있도록 이끄는 출발점이 된다.

    생각하는 힘은 몸의 성장으로 사춘기를 지내는 청소년들의 마음의 성장을 이끌며, 후기 청소년기와 초기 성인기라는 불안정하고 복잡한 시기를 건강하게 맞이하며 딛고 일어설 수 있게 하는 할 수 있게 하는 성장 자원이 된다. 막다른 길에 선 비행청소년에게도 이러한 힘은 멈춤 작업과 되돌아가는 과정을 포함해, 사회·정서적 적응과 새로운 가능성의 회복을 가능하게 하는 성장 작업의 핵심 심리 자원이 된다.

생각하는 힘의 중요성

『청소년 비행의 모든 것』은 청소년 비행의 원인을 개인의 내면적 결핍과 가정 내 부적절한 훈육 방식에서 찾는다. 이러한 결핍된 환경에서 성장한 청소년들은 또래집단 내에서 자신들만의 준거집단을 형성하게 되며, 이는 공식적인 사회 규범과 괴리된 이중생활로 나타난다. 이들은 신체적으로는 성숙했지만 심리적·도덕적 측면에서는 미성숙한 상태로, 자기중심적으로 힘을 행사하려는 태도를 보이기 쉽다. 신체적 성장과 함께 힘과 자율성은 부여되었으나 그 힘을 책임감 있게 사용할 수 있도록 돕는 정서적 성숙과 사회적 학습은 충분히 이루어지지 못한 것이다. 이러한 현상은 가정과 학교라는 핵심 사회화 기관의 교육과정에서 벗어나게 만들고, 그 결과 청소년들은 건강한 가치관과 적응적 정체성을 형성할 수 있는 중요한 기회를 잃게 된다.

공부와 학습은 단순한 지식의 축적을 넘어 스스로 사고하고 판단하는 능력을 기르는 과정으로, 인지적 성장뿐만 아니라 자기 이해와 사회적 적응을 위한 내면의 힘을 길러 준다. 이 과정에서 청소년들은 사고력, 논리력, 추상적 사고와 같은 고차원적 인지 능력을 발달시킬 수 있다. 이러한 능력은 세상과 자신을 이해하고 통제하는 핵심 자원이 될 뿐만 아니라, 감정과 충동을 조절하고 대인 관계에서 갈등을 해결하며 사회적 규범을 내면화하는 데 필수적인 심리적 기반으로 작용한다. 그러나 제도권 밖으로 향하면서 이러한 성장의 기회를 놓친 청소년은, 신체적 성장으로 인해 자연스럽게 주어진 권력을 건강하게 내면화하지 못한 채 외형적인 힘만을 키우게 된다. 그 결과, 겉으로는 성인의 모습을 하고 있을지라도 내면적으로는 여전히 미성숙한 상태에 머무르게 되며, 이는 결국 비행과 일탈로 쉽게 이어질 수 있다.

우리는 끊임없이 생각하며 살아간다. 심지어 "나는 아무 생각도 없어"라는 말조차도 하나의 인식된 사고를 반영한다. 그러나 중요한 것은 생각 그 자체가 아니라, 그것이 지닌 깊이와 방향성이다. 사고 방식은 행동을 결정하고, 반복된 행동은 삶의 방향을 형성하며, 때로는 그 사고의 미묘한 차이가 인생의 흐름을 송두리째 바꾸기도 한다. 현재의 나는 과거의 수많은 생각과 선택이 축적된 결과이며, 이러한 맥락에서 건강하고 성찰적인 사고 습관은 개인의 행복과 성공을 결정짓는 핵심적인 심리 자산이 된다.

생각의 깊이나 방향은 처음에는 미미해 보여도 시간이 지나면 삶의 본질적인 차이를 만들어 낸다. 이 차이를 결정짓는 핵심은 바로 '마음의 근력'이다. 마음의 근력은 타고나는 것이 아니라 반복적이고 의도적인 훈련으로 발달한다. 표면적인 사고에 그치지 않고 자신을 깊이 성찰하며 내면의 답을 찾아가는 과정은, 감정과 욕구를 조절하고 삶을 주도적으로 이끌어 갈 수 있는 힘을 키워 준다.

청소년기에 내면을 채우는 경험은 마음의 근력을 키우는 데 핵심적인 역할을 한다. 그중에서도 독서는 사고의 깊이와 질을 높이는 가장 효과적인 방법 중 하나다. 여러 책을 폭넓게 읽는 것도 의미 있지만, 한 권의 책을 곱씹으며 내용을 성찰하는 과정은 청소년의 사고를 더욱 깊고 정교하게 만들어 준다. 특히 특정 주제를 깊이 탐구하고, 그것을 자신의 언어로 재구성해 보는 경험은 철학과 정체성을 형성하고, 나아가 삶을 주도적으로 설계할 수 있는 힘으로 이어진다. 생각하는 힘은 단지 학업 성취를 위한 도구가 아니라, 건강한 정체성과 의미 있는 삶을 만들어 가는 핵심 심리 자원이다. 특히 "나는 왜 이것을 하는가?", "이 일이 나에게 어떤 의미가 있는가?"와 같은 근본적인 질문을 스스로에게 던지는 과정은 사고를 깊게 만들 뿐만 아니라, 삶의 맥락 속에서 자신을 이해하고 건강한 가치관을 형성하는 데 본질적인 밑거름이 된다.

생각은 마치 한 그루의 나무와 같다. 작은 질문이 생각의 씨앗이 되어 반복적인 성찰과 학습이라는 햇빛과 물을 통해 서서히 뿌리를 내리고 가지를 뻗는다. 깊이 있는 사고는 그 나무의 뿌리를 단단히 내려 흔들림 없는 자아를 형성하고, 다양한 관점과 의미를 연결하는 가지는 삶을 보다 유연하고 넓게 바라볼 수 있도록 돕는다. 이렇게 자라난 사고의 나무는 아동·청소년기의 경험과 성찰을 자양분 삼아 성장하며, 결국 건강한 삶의 기준이 되는 가치관 위에 풍성한 열매를 맺는다. 그 열매는 성인이 되어 마주할 복잡한 삶 속에서도 스스로를 지탱할 수 있는 든든한 자원이자, 새로운 기회를 만들어 내는 힘이 된다. 생각하는 힘은 삶의 방향을 결정짓는 내적 나침반이며, 청소년기는 그 나침반이 형성되는 결정적인 시기다. 자신의 내면을 탐색하고 떠오르는 생각을 정돈하며 의미를 부여하는 능력은 청소년이 주체적으로 삶을 설계하고 성숙한 성인으로 성장해 나가는 데 필수적인 역량이 된다.

| 올바른 가치관을 바탕으로 한 진로 지도

모든 청소년은 성장하는 존재이며, 비행청소년 또한 다르지 않다. 그들 역시 고유한 정체성을 형성하고 삶의 방향을 모색하는 중요한 발달 과정에 있다. 이 시기의 경험은 건강한 가치관과 미래 진로 선택에 결정적인 영향을 미치며, 각 발달 단계는 새로운 가능성을 발견하고 긍정적 변화를 만들어 낼 수 있는 귀중한 기회가 된다. 그러나 비행청소년에게 과거의 실수를 되짚어 탓하거나 현재의 모습을 비난하는 방식으로는 결코 미래를 준비할 수 없다. 비행청소년의 지도와 교육은 그들이 자신의 삶을 미래지향적으로 바라보며, 긍정적인 자아상을 형성하고 내면의 잠재력을 신뢰할 수 있도록 돕는 데 목적이 있다. 이를 위해서는 단순한 행동 교정이나 진로 정보 제공을 넘어, 건강한 가치관의 확립, 깊이 있는 자기 성찰, 비판적 사고 능력을 길러 주는 것이 핵심이다. 이러한 내적 기준이 단단히 자리 잡을 때, 청소년은 흔들림 없는 정체성을 바탕으로 삶의 수많은 선택 앞에서도 주도적으로 결정할 수 있는 심리적 기반을 갖게 된다.

이러한 관점에서 진로 지도는 단순한 직업 선택을 넘어, 청소년이 삶의 방향성과 가치 중심의 성장을 이룰 수 있도록 돕는 포괄적인 과정이라 할 수 있다. 학업 상담이 학습에 대한 성취감과 올바른 습관 형성을, 진학 상담이 상급 교육과정 진학을 위한 실질적인 준비를 중심으로 한다면, 진로 상담은 보다 본질적인 질문을 다룬다. 진로 상담은 "*나는 어떤 가치를 중심으로 인생의 큰 그림을 그려 갈 것인가?*"와 같은 질문을 통해, 청소년이 자기 삶의 의미와 방향을 스스로 성찰하고 탐색하도록 돕는 것이다. 이 과정을 통해 청소년은 자신의 정체성을 분명히 하고, 삶의 목표와 방향을 구체화하며, 가치관에 기반한 선택 기준을 내면화하게 된다. 이러한 가치 중심 사고의 형성은 단지 진로 선택을 넘어서, 진정한 자기주도성과 성숙한 삶을 준비하는 데 핵심적인 토대가 된다.

지도자는 청소년이 스스로 삶의 의미를 탐색하고 자신만의 가치 체계를 세울 수 있도록, "*왜 그 일을 하고 싶은가?*", "*어떤 가치를 실현하고 싶은가?*"와 같은 근본적인 질문을 던져야 한다. 특히 비행청소년의 경우, 반복된 실패 경험과 부정적인 환경으로 인해 정체성이 혼란스럽고 자기 인식이 낮은 상태에 놓이기 쉬우며, 이로 인해 삶의 방향을 설정하는 데 어려움을 겪는다.

따라서 이들에게는 깊이 있는 자기 탐색과 다양한 관점의 확장, 그리고 마음의 근력을 키우는 심층적이고 지속적인 개입이 필수적이다. 지도자는 일관된 태도와 명확한 가치 기준을 바탕으로, 청소년이 건강한 가치관을 재정립하고 이를 현실에서 실천해 나갈 수 있도록 신뢰할 수 있는 삶의 모델이 되어야 한다. 이러한 기반 위에서 이루어지는 진로 지도는 단순한 정보 제공을 넘어, 청소년이 과거의 실패를 딛고 현재의 잠재력과 자원을 인식하며, 올바른 가치관을 중심으로 삶의 방향을 명확히 하고 주체적이고 미래지향적인 삶을 설계해 나가도록 돕는 의미 있는 출발점이 된다.

생각을 생각하는 능력

선택의 연속이며, 우리는 매 순간 수많은 결정을 내리며 그 결과로 성공과 실패, 만족과 후회를 경험하지만, 정작 많은 사람들은 왜 그런 선택을 했는지, 그 과정이 어떠했는지를 충분히 성찰하지 않는다. 성장은 타인을 평가하거나 외부 환경을 바꾸는 것뿐만 아니라, 자기 자신을 깊이 이해하는 데서 시작된다. 이때 스스로를 관조하는 성찰적 태도와 자신의 사고와 감정을 점검하고 조절하는 메타인지 능력은 함께 작용하여 청소년이 내면을 깊이 이해하고 삶의 방향을 조율하는 데 중요한 역할을 한다.

메타인지는 단순한 사고력을 넘어, 자신이 무엇을 생각하고 느끼는지 인식하고 조절할 수 있는 능력이다. "나는 왜 이런 결정을 내렸는가?", "지금의 감정은 어디서 비롯되었는가?", "내 신념은 타당한가?"와 같은 질문을 통해 우리는 자신의 내면을 명확히 바라보고, 사고와 감정, 행동을 의식적으로 점검하고 조율할 수 있다. 이러한 능력이 발달한 사람은 무의식적으로 삶을 흘려보내지 않고, 삶의 방향과 질을 주도적으로 조정하며 살아간다. 나아가 메타인지는 자기 이해를 넘어서 타인과 세상을 통찰하는 힘으로 확장되며, 감정적으로 즉각 반응하기보다는 상황의 맥락을 분석하고 성찰하는 태도를 길러 준다.

비행청소년에게 더욱 중요한 메타인지적 사고

비행청소년에게 메타인지적 사고는 단순한 사고 능력을 넘어서, 삶의 흐름을 근본적으로 전환시키는 심리적 전환점이자 성장을 가능하게 하는 핵심 자원이다. 이들이 보이는 충동적이고 반복적인 문제 행동은 흔히 규칙 위반이나 반항으로 단순 해석되지만, 그 이면에는 제대로 표현되지 못한 감정의 상처, 왜곡된 자기 인식, 그리고 좌절된 욕구와 통제되지 않은 내면의 갈등이 복잡하게 얽혀 있다. 이때 중요한 것이 바로 스스로를 관조하는 능력이다. 관조는 자기 자신을 일정한 거리에서 바라보는 심리적 태도로, 감정이나 행동에 즉각적으로 휘둘리지 않고 그 흐름을 객관적으로 인식하고 이해하게 만든다. 이는 단지 인내심이나 절제력 차원이 아니라, 자신의 상태를 정서적·인지적으로 한 걸음 물러서서 조망할 수 있는 깊은 자기 성찰력이다.

이러한 관조의 능력은 메타인지적 사고의 핵심 요소이기도 하다. 메타인지는 단순히 '생각하는 것'을 넘어서 '내가 지금 무엇을 생각하고 있는지', '이 감정은 어디에서 비롯되었는지', '이 판단은 타당한지'와 같은 고차적 자기 점검을 가능하게 한다. 관조는 이러한 메타인지가 작동할 수 있는 심리적 여백을 만들어 주며, 청소년이 자신의 행동과 감정의 연결 구조를 파악하고, 그것을 조절할 수 있는 기반을 형성해 준다.

비행청소년에게 이 두 능력의 결합은 결정적이다. 외부의 통제나 처벌은 일시적으로 문제 행동을 멈추게 할 수는 있지만, 진정한 변화는 외부에서 주어지는 것이 아니라 내면에서 비롯된 의식적 선택에서 비롯된다. 생각을 생각하는 능력이 길러진 청소년은 반복되는 실수와 감정적 충동 속에서도 그 의미를 읽어내고, 실패를 반성의 자산으로 전환시킬 수 있는 내적 역량을 갖추게 된다. 이러한 자기 성찰 능력을 통해 청소년은 점차 혼란스러운 내면을 정리하고, 감정과 욕구의 흐름을 구조화하며, 삶의 문제를 능동적으로 재해석하고 재구성할 수 있게 된다. 이는 단순히 문제 행동을 감소시키는 데 그치는 것이 아니라, 청소년이 삶의 흐름 속에서 한 걸음 멈춰서서 자신을 객관화하고 성찰할 수 있도록 돕는 멈춤 작업의 핵심이자, 이후 되돌아가는 작업을 지속 가능하게 유지시켜주는 내적 힘이기도 하다. 이러한 과정을 통해 청소년은 단지 행동을 수정하는 데 그치지 않고, 삶의 주도권을 회복하는 자기 결정성과 회복탄력성을 점차 내면화하게 된다. 모든 변화는 의식에서 출발하며, 그 의식은 자기 성찰과 관조, 메타인지적 사고를 통해 비로소 가능해진다. 스스로를 깊이 들여다보며 "나는 왜 이 선택을 했는가?", "지금 이 감정은 어떤 욕구와 연결되어 있는가?", "내가 추구하고 싶은 삶의 방향은 무엇인가?"와 같은 질문을 지속적으로 던질 수 있는 청소년은, 비록 지금은 막다른 길에 서 있을지라도 자신만의 새로운 가능성을 발견하고, 삶을 다시 설계할 수 있는 힘을 지니게 된다.

생각하는 힘을 기르는 방법

생각하는 힘을 기르는 것은 마치 몸의 근력을 키우는 것과 같다. 마음의 근력이라 할 수 있는 사고력은 얼마나 바르고 잘 정리된 사고 구조를 가지고 있느냐에 달려 있다. 우리는 각자 세상을 해석하고 반응하는 고유한 생각의 틀, 즉 스키마를 가지고 있으며, 같은 정보라도 이를 어떻게 받아들이고 해석하느냐가 다른 이유가 여기에 있다. 이러한 스키마는 단기간에 형성되지 않는다. 수많은 상황과 경험을 반복적으로 겪고 이를 깊이 성찰하며 의미 있게 정리할 때, 사고의 구조는 점차 정교해지고 탄탄해진다.

한 분야의 전문가란 단순히 많은 지식을 가진 사람이 아니라, 그 지식을 체계적이고 논리적으로 연결해 복잡한 문제를 빠르게 파악하고 해결할 수 있는 사람이다. 실제로 전문가들이 문제를 마치 자동화된 것처럼 처리할 수 있는 것도, 이렇게 축적되고 세련된 스키마 덕분이다. 그렇기 때문에 지금 자신이 어떤 분야에서 아직 충분한 스키마가 부족하다고 느끼더라도 전혀 조급해할 필요는 없다. 스키마는 꾸준한 훈련과 성찰을 통해 언제든지 발전할 수 있으며, 중요한 것은 일상 속 사소한 경험들까지 흩어지지 않도록 의미 있게 구조화하고 통합하는 연습을 멈추지 않는 것이다. 질 좋은 정보라도 그냥 스쳐 지나가면 금세 사라지지만, 생각의 정리를 통해 정보를 소화하고 기존의 지식 체계와 연결하고 구분할 수 있다면 그것은 분명한 내적 경쟁력으로 축적된다.

이렇게 잘 조직화된 사고는 창의적이고 비판적인 시각으로 문제를 바라보게 하고, 보다 깊이 있는 통찰력을 가능하게 한다. 결국 사고력의 깊이와 넓이는 얼마나 풍부하고 논리적으로 조직된 스키마를 쌓아 왔는가에 달려 있다. 생각을 구조화하고 축적하는 습관은 단순한 정보 습득을 넘어, 내면의 힘을 키우는 든든한 자기 자산이 된다. 이러한 마음의 근력은 단기적인 성취에 머물지 않고, 장기적이고 의미 있는 자기 성장을 가능하게 하는 원동력이 된다

사고 훈련법: 쪼개기와 합치기

개인의 사고를 인식하고 세분화한 뒤 다시 통합할 수 있는 역량은 곧 생각의 힘이다. 저자가 제안하는 사고 훈련의 핵심은 바로 '쪼개기와 합치기'라는 두 가지 인지적 과정을 중심에 두고 있다. 이는 단순한 논리 훈련을 넘어, 복잡하고 혼란스러운 현실 속에서도 자신의 생각과 감정을 차분히 정리하고 그 안에서 문제 해결의 실마리를 스스로 찾아내도록 돕는 능동적인 사고방식이다. 이러한 사고 정리 과정을 훈련하는 것은 단순한 정리 기술을 익히는 차원을 넘어, 자기 이해의 핵심 과정이자 마음의 근력을 형성하는 중요한 구성요소다. 이를 통해 청소년은 외부 환경이나 순간적인 감정에 휘둘리지 않고, 주체적으로 상황을 분석하며 삶의 방향을 설정할 수 있는 내적 사고 틀과 정서적 안정성을 함께 길러 가게 된다. 본 훈련법은 이러한 내적 사고 능력을 체계적으로 기를 수 있도록 고안된 전략으로, 총 다섯 단계로 구성되며, 각 단계는 사고의 깊이와 구조를 점진적으로 확장해 나갈 수 있도록 유기적으로 연결되어 있다.

가장 먼저 우리는 생각을 명료화하는 것부터 시작해야 한다. 문제를 막연한 감정에 머무르게 하지 않고, 구체적인 언어와 개념으로 명확히 해야 한다. 예를 들어 '대학 생활이 힘들다'라는 애매한 느낌 속에는 피로감, 방향 상실, 인간관계의 어려움, 진로나 성적에 대한 불안 등 다양한 정서적·상황적 요소들이 얽혀 있을 수 있다. 이러한 요소들을 세부적으로 나누어

분명히 인식하는 과정은 단순한 감정 표출을 넘어, 내면을 객관적으로 바라보고 문제의 본질을 파악하며 과거의 경험과 정보까지 스스로의 언어로 재정리해 통합하는 사고를 포함한다. 이렇게 명료화되어 정돈된 생각은 복잡한 상황 속에서도 흔들리지 않고 중심을 잡을 수 있게 해 줄 뿐만 아니라, 실질적인 해결을 향해 나아갈 수 있는 실마리도 제공한다.

이렇게 명료해진 생각은 가능한 한 세부적으로 쪼개어야 한다. 막연하게 인식된 문제를 더 구체적이고 구분 가능한 단위로 나누면, 문제의 구조와 양상을 보다 입체적으로 파악할 수 있기 때문이다. 예를 들어 대학 생활에서의 어려움을 파악할 때는 이를 학업, 인간관계, 시간 관리, 취업 준비 등으로 나누어 각 영역에서 어떤 문제가 발생하고 있는지를 세심하게 살펴야 한다. 예컨대 '성적이 낮다'는 문제 역시 단순히 공부를 안 했기 때문이라고 넘기기보다는, 학습량, 학습 전략, 심리적 요인, 환경적 제약 등 다양한 요인으로 세분화해 각각이 어떻게 작용했는지를 꼼꼼히 따져 보아야 한다. 이처럼 생각을 세분화하고 구분해 나가는 과정은 문제의 본질을 보다 정밀하게 들여다보게 하며, 실질적인 해결책으로 나아가기 위한 분석의 기반이 된다.

그다음 단계는 이렇게 세분화된 문제 각각에 대해 구체적인 해결책을 모색하는 것이다. 이때는 각 요소를 성실히 살펴보고, 현실 속에서 어떻게 실행할 수 있을지를 꼼꼼히 계획하는 태도가 필요하다. 예를 들어 공부 시간이 부족하다면 하루 일과를 점검해 방해 요소를 제거하고 시간 배분을 재조정해야 하며, 학습 전략이 비효율적이라면 새로운 방법을 탐색하고 시도할 필요가 있다. 만약 심리적 동기가 떨어져 있다면, 그 원인을 분석하고 동기를 재정립하는 작업이 우선되어야 한다. 이처럼 세분화된 사고를 바탕으로 문제를 현실과 연결하고, 실천 가능한 계획으로 구체화하는 과정은 단순한 분석을 넘어 실질적인 변화로 나아가기 위한 핵심 단계다.

　이제 개별적으로 도출된 해결책들을 하나의 유기적인 구조로 통합하는 과정이 필요하다. 학습 계획, 동기 관리, 공부법 조정 등 각각의 요소들을 단순히 나열하는 데 그치지 않고, 하나의 목표를 향한 전략적 흐름으로 재구성해야 한다. 각 요소가 서로 연결되어 시너지를 낼 수 있도록 구조화하는 작업은 매우 중요하다. 이 과정은 마치 퍼즐 조각을 맞추듯 빠진 부분이 없는지 점검하고, 전체 흐름 속에서 각 요소의 위치와 역할을 조율하여 흩어져 있던 계획들을 하나의 통합된 체계로 정리해 나가는 일이다. 이처럼 생각의 퍼즐을 재조직화하고 전체를 조립해 나가는 과정은 단순한 계획 수립을 넘어, 삶의 방향성을 주도적으로 설정하고 실행해 나갈 수 있는 중심축이 된다.

　마지막 단계는 이렇게 분화되고 조직화된 사고의 세부 요소들을 다시 하나의 '생각 주머니'로 통합하여, 전체 변화의 흐름 속에서 그 의미와 효과를 재점검하는 것이다. 이때는 처음 설정한 문제로 되돌아가, 지금까지의 사고 과정과 실천이 실제로 어떤 효과를 가져왔는지를 평가하고, 여전히 남아 있는 문제는 무엇인지를 면밀히 살펴야 한다. 또한 적용했던 해결책들이 현실에서 지속 가능했는지, 실질적인 변화를 유도했는지를 점검하며, 향후 방향을 조정하기 위한 자기 피드백의 기반을 마련해야 한다. 이 과정은 단순한 반성에 그치는 것이 아니라, 사고의 순환 구조를 완성하고, 자기 점검과 성찰을 통해 지속적인 성장을 가능하게 하는 자기 주도적 문제 해결 능력의 핵심 연결 고리가 된다. 이는 곧 성찰에서 행동으로 이어지는 과정을 유기적으로 연결해 주는 역할을 한다.

　사고력은 문제를 인식하고 세분화하며 집중적으로 탐색한 뒤, 이를 다시 조직화하고 점검하는 일련의 과정을 통해 점진적으로 확장되고 정교해진다. 이처럼 확장된 생각 주머니는 생각을 자유롭게 꺼내고 저장하며 정리할 수 있는 내적 공간으로 기능하고, 흩어진 사고를 통합하여 마음의 성장을 이끌어 내는 지속 가능한 변화의 동력이 된다. 이러한 사고 과정은 단편적인 정보 처리를 넘어서, 생각을 쪼개고 다시 합치는 유연한 흐름 속에서 논리성과 창의성을 동시에 기르는 성찰적 과정으로 발전한다. 성찰적 사고는 단순한 지식의 축적을 넘어, 삶의 본질을 깊이 통찰하고 자기 결정적인 인간으로 성장하기 위한 핵심 인지 기반이 되며, 나아가 불확실한 현실 속에서도 스스로 삶의 방향을 설정하고 실천해 나갈 수 있는 본질적인 역량으로 이어진다.

자기 이해 및 가치관 형성

비행청소년의 삶을 깊이 들여다보면, 그들의 선택과 행동 이면에는 스스로도 인식하지 못한 채 형성된 그릇된 삶의 기준이 자리하고 있음을 발견할 수 있다. 이는 단지 순간적인 일탈의 결과가 아니라, 가정, 학교, 또래 집단 등 주요 사회화 환경에서의 반복된 실패와 왜곡된 학습이 점진적으로 누적된 결과이다.

가정에서는 부모의 양육 과정에서 드러난 왜곡된 가치관과 잘못된 대처 방식이 그대로 모델링되면서 자녀는 옳고 그름에 대한 기본적인 판단력조차 갖추지 못한 채 방치된다. 학교에서는 지각과 결석, 규칙 위반 같은 외현적 부적응으로 생활 지도와 사회화의 기회를 잃고, 건강한 관계 형성이나 공동체적 책임감을 배우는 환경에서 점점 소외된다. 결국 이들은 자신을 조건 없이 받아주는 또래 준거집단인 그들만의 세상에 의존하며, 그 안에서 왜곡된 유대감과 잘못된 생존 전략을 익히게 된다.

이렇게 음지의 사회화가 진행되면서 미성숙한 대처 방식과 그릇된 가치관이 점차 내면화된다. 음지에서 형성된 그릇된 삶의 기준은 즉각적인 쾌락과 우월감을 우선시하는 충동적 선택을 반복하게 만들고, 이는 현실과의 지속적인 충돌과 자아존중감의 붕괴, 심리적 고통으로 이어지는 악순환을 낳는다.

비행청소년의 악순환을 멈추고 건강한 적응의 궤도로 되돌리기 위해 가장 중요한 것은 스스로를 되돌아볼 힘과 이를 위한 시간을 갖는 일이다. 자신의 감정과 생각, 행동을 깊이 성찰하는 과정은 단순한 반성을 넘어, 왜곡된 삶의 기준을 새롭게 재정립하고 새로운 방향을 모색하는 출발점이 된다. 이들은 자기 이해를 바탕으로 타인과의 관계를 새롭게 구성하고, 사회 속에서 지켜야 할 규범과 책임을 인식하게 된다. 준법정신은 외부의 강제나 처벌로 형성되는 것이 아니라, 성찰을 통해 내면에 뿌리내린 가치 기준에서 비롯된다. 스스로를 되돌아볼 줄 아는 사람은 법과 규칙을 두려움의 대상으로만 보지 않는다. 이러한 인식은 규칙을 단순한 외부 통제가 아닌, 스스로의 가치 기준으로 내면화하도록 이끌며, 자율성과 책임감을 바탕으로 한 선택을 실천할 수 있는 내적 역량을 길러 준다.

실질적 소통을 위한 경험 사례 기반 접근

긴 영상에도 쉽게 집중하지 못하는 오늘날의 청소년은 막연한 조언보다 현실에 밀착된 구체적이고 실질적인 소통을 통해 직접적인 도움을 받길 원한다. 오랜 시간 곱씹으며 깨달아야 하는 추상적이고 교훈적인 말은 이들에게 현실과 동떨어져 멀게만 느껴질 수 있다. 장기적이고 추상적인 목표만을 강조하는 전통적인 방식은 쉽게 공감되지 않으며 그 효과도 제한적이다. 특히 비행청소년의 경우, 이미 사회의 흐름을 어느 정도 알고 있다는 착각 속에 살아가며 이론 중심의 강의나 교훈적인 설명에는 무관심하거나 냉소적으로 반응하기 쉽다. 이런 현실과 괴리된 소통 방식은 지도자의 관계적 주도권마저 약화시키고, 결국 청소년의 변화 동기를 이끌어 내지 못한 채 실패로 이어질 가능성이 높다.

상담에서도 마찬가지로, 동기가 강화되지 않은 상태에서 장기적이고 형식적인 개입을 반복하는 방식은, 즉각적인 변화를 기대하는 오늘날 청소년의 요구와 시대 흐름에 부합하지 않아 공감과 몰입을 유도하기 어렵다. 오히려 현실과 동떨어진 지루한 장회기 상담은 청소년들에게 또 하나의 형식적인 과정으로 느껴져 관계적 신뢰를 약화시키고 상담 효과를 저하시킬 수 있다. 앞서 '청소년 비행에 효과적인 개별 맞춤형 지도 접근법'에서 설명한 단회기 지도 접근 역시 이러한 한계를 보완하기 위해 고안된 것이다. 이는 오늘날 청소년들이 즉각적이고 실질적인 지원에는 높은 반응성을 보이지만, 장기적이고 추상적인 과정에는 쉽게 공감하거나 몰입하기 어려운 특성을 충분히 반영하여 설계된 청소년 비행에 최적화된 개입 방식이라 할 수 있다.

따라서 청소년과의 소통은 막연한 조언이 아니라, 그들의 실제 고민과 맞닿아 있는 구체적이고 즉각적인 정보와 의미 있는 대화를 통해 이루어져야 한다. 이러한 소통을 통해 청소년은 현재의 선택이 미래에 어떤 영향을 미칠지를 명확히 인식하고, 현실적인 실행 가능성을 바탕으로 자신만의 방향을 주도적으로 설정해 나갈 수 있다. 이러한 현실 기반의 즉각적 소통은 지금의 작은 통찰과 실천을 통해 앞으로의 성장을 이끄는 소중한 씨앗이 된다.

청소년의 마음의 근력을 향상시키고 자기 성찰을 돕는 소감문

일부 학교에서는 잘못을 저지른 학생들에게 '마음을 다스리는 글'이나 '명심보감'을 벌칙으로 필사하게 하기도 한다. 그러나 이런 방식은 청소년에게 진정한 성찰의 기회를 주지 못한 채, 단순한 시간 때우기 활동으로 전락해 오히려 불만과 반감을 키운다. 학생들은 '왜 이런 걸 해야 하지?'라는 의문만 커지고, 무의미한 반복과 피로만 남아 학교생활에 대한 거리감과 정서적 단절은 더욱 깊어진다.

이러한 피상적 접근보다는 청소년이 스스로 자신의 감정과 생각을 정리해 보는 '소감문' 작성이 훨씬 효과적이다. 대나무가 마디를 다져야 곧게 자라듯, 마음의 근력도 생각을 매듭지어 정리할 때 단단해지고 내면에 깊이 뿌리내린다. 자신의 생각을 담은 글쓰기를 통해 스스로를 돌아보는 과정은 단순한 반성을 넘어 감정과 행동을 연결하고, 스스로를 성찰하게 하며 삶의 방향을 다시 세우는 중요한 계기가 된다. 주의해야 할 점은, 소감문은 결코 강제로 쓰게 해서는 안 된다는 것이다. 억지로 쓰도록 지시하기보다는 청소년이 스스로 지적인 통찰과 정서적 울림을 느낄 수 있도록 울림 있는 콘텐츠를 제공하는 것이 핵심이다. 자신의 삶을 돌아보고 공감과 연결감을 느낄 수 있는 진정성 있는 콘텐츠가 주어진다면, 청소년은 굳이

시키지 않아도 자발적이고 몰입된 태도로 글쓰기에 참여한다. 결국 글을 쓰게 만드는 힘은 일방적 지시가 아니라 콘텐츠의 울림과 교육적 맥락의 설득력에 달려 있다.

저자는 대부분의 청소년 교육과정 후반부에 사고와 감정을 구분해 기술할 수 있는 양식을 제시하며 소감문 작성 시간을 포함시키는데, 청소년들은 이에 놀라울 만큼 진지하고 정성스럽게 자신의 생각을 담아낸다. 이 과정에서 평소 숨겨져 있던 속마음이 자연스럽게 드러나고, 새로운 변화를 향한 동기가 다져지며, 자신만의 통찰을 정리하는 가운데 자기효능감 또한 한층 강화된다. 보호관찰소에서 소년보호처분 2호 수강명령을 받은 청소년들을 지도할 때, 가장 긍정적인 반응을 이끌어 낸 활동 역시 바로 이 소감문 작성이었다. 처음에는 "왜 이런 걸 해야 하나"며 불만을 표하거나 귀찮아하는 모습을 보였지만, 글쓰기 활동이 실제로 자신들에게 많은 도움이 된다는 것을 체감하면서 점차 태도에 긍정적인 변화가 나타났다. 강의 후기에서 참여한 대부분의 청소년들은 "가장 인상 깊고 즐거웠던 경험은 소감문을 새본 것입니다", "강의만 들어도 좋았겠지만 소감문을 쓰니 강의가 더욱 완성되는 것 같아요", "선생님의 말씀을 글로 정리하니 더 잘 들리고, 끝나고도 오래 기억에 남아요", "글쓰기를 통해 제 감정을 돌아보는 좋은 경험이었어요."라고 말한다. 이러한 실제 반응은 소감문 쓰기가 단순한 과제를 넘어, 배움의 의미를 정리하고 자신을 성찰하게 하는 내면 작업으로 작용함을 보여 준다.

소감문은 청소년의 진솔한 이야기를 담아내며 마음의 근력을 키우는 동시에, 자신의 경험을 객관화하고 삶의 방향을 재정립할 수 있는 소중한 기회를 제공한다. 아울러 지도자에게는 청소년의 심리와 성장 과정을 깊이 이해할 수 있는 창을 열어 주며, 이는 진정한 공감과 신뢰를 형성하는 기반이자 지도의 깊이를 더하는 결정적 계기가 된다. 이 교육과정에서 가장 중요한 것은 소감문이 단순히 쓰는 데 그치지 않고, 정성 어린 피드백이 반드시 동반되어야 한다는 점이다. 청소년이 쓴 글 한 줄 한 줄에 밑줄을 긋고 진지하게 반응하는 이 과정은 '내 이야기를 누군가 진심으로 들어주고 있구나'라는 깊은 인식을 심어 준다. 이는 곧 자신의 목소리가 존중받는 경험으로 이어지며, 교육이 자신의 삶과 연결되어 있다는 몰입감과 주도성을 강화시킨다.

나아가 이러한 피드백은 단순한 코멘트를 넘어, 학습과 정서, 관계 전반을 아우르는 의미 있는 교육적 상호작용으로 확장된다. 학생이 쓴 글에서는 칭찬할 부분을 적극적으로 강화하고, 오해가 있는 부분은 다시 설명하며, 정서적 표현은 공감과 지지로 수용한다. 특히 변화의 의지가 담긴 문장은 따뜻하게 격려하고, 제기된 질문에는 성실히 응답하여 이를 다시 강의의 주제로 확장시킴으로써, 글쓰기와 피드백이 교육적 소통의 선순환 구조로 이어지도록 한다. 이 과정은 교육이 청소년의 실제 삶과 긴밀히 연결되어 있다는 감각을 확장시킬 뿐 아니라, 청소년의 삶에서 출발한 이야기가 곧 교육의 내용이자 지도의 방향이 된다는 점에서 깊은 의미를 지닌다. 이를 통해 청소년은 자신의 선택과 행동이 현실에 어떤 영향을 미치는지를 구체적으로 인식하게 되며, 그 과정 속에서 스스로 목표를 향해 나아가려는 내적 동기를 형성하고, 변화의 가능성 또한 자신의 힘으로 발견해 나갈 수 있게 된다. 이처럼 소감문의 섬세한 피드백은 단순한 검토를 넘어, 청소년의 경험과 감정이 교육의 핵심 주제가 될 수 있도록 교육과정에 스며드는 실천으로 이어진다.

지도자가 준비한 내용을 청소년에게 일방적으로 주입하듯 전달하는 방식은 오히려 그들에게 겉돌아 무의미하게 다가오고, 교육에 대한 거리감과 반감을 키우기 쉽다. 따라서 교육은 청소년의 실제 삶에서 비롯된 주제를 중심으로 경험과 사례를 기반으로 구성되어야 하며, 이는 그들의 발달 수준과 눈높이에 맞춰 설계되어야 한다. 이러한 방식은 공감과 몰입을 이끌어 내는 교육의 핵심 동력이자, 전문성에 기반한 관계적 권위의 출발점이 된다.

준법정신의 함양과 명분을 중심으로 한 가치관 교육

현대 사회에 만연한 이기적인 태도는 공동체 의식과 사회적 책임감을 심각하게 약화시키고 있다. 이러한 사회 환경은 특히 가치관을 형성 초기 단계에 있는 아동과 청소년들에게 더욱 큰 저해 요인으로 작용한다. 준법 정신은 단순히 법적 제재를 피하기 위한 수단이 아니라, 공동체 안에서 조화롭게 살아가며 타인을 배려하기 위한 윤리적 기준이다. 동시에 명분 名分 교육은 자신의 행동에 책임감을 갖게 하며, 삶을 주도적으로 이끌어 가는 원동력이 된다. 그리고 그 바탕이 되는 것은 올바른 가치관의 확립이다. 이를 위해 가정, 학교, 지역사회는 단지 개별적으로 역할을 수행하는 데 그치지 않고, 공동의 기준과 일관된 지도 원칙을 마련하며 긴밀히 협력해야 한다. 더불어 청소년의 성장을 단지 통제의 대상이 아닌 함께 길을 찾는 과정으로 인식하는 사회적 분위기를 조성함으로써, 청소년들이 성숙하고 책임감 있는 사회 구성원으로 자라날 수 있도록 적극적으로 지원해야 한다.

▍준법정신의 중요성과 효과적인 교육 방향

비행청소년들은 저자에게 종종 "도대체 왜 질서를 지켜야 하죠? 안 걸리면 상관없는 거 아닌가요?"라고 묻는다. 이는 단순한 반항심이 아닌 사회적 규범과 공공의 가치를 충분히 이해하지 못해 생겨나는 근본적 물음이다. 이러한 질문은 '나만 아니면 된다'는 자기중심적 사고방식과 맞물려, 청소년들이 사회적 책임을 회피하고 공동체적 가치보다 개인의 이익을 우선시하는 태도를 정당화하는 데 활용되기도 한다.

청소년들은 아직 가치관과 윤리의식이 확립되지 않았기에 주변 환경의 영향을 크게 받는다. 이 시기에는 준법정신을 단순한 처벌 회피가 아닌, 타인과 더불어 살아가기 위한 기본적인 사회적 약속으로 내면화할 수 있도록 지도해야 한다. 이를 위해 청소년의 인지 발달 수준과 삶의 언어에 맞춘 충분한 설명과 공감 어린 설득이 반드시 수반되어야 하며, 학교와 가정은 일관된 메시지를 통해 혼란을 줄이고 명확한 가치 기준을 지속적으로 전달할 필요가 있다.

준법정신은 단순히 법적 제재를 피하거나 타인의 시선을 의식해 수동적으로 따르는 규범이 아니다. 그것은 우리 스스로의 안전과 편의를 확보하기 위해 반드시 지켜야 할 사회적 기본 원칙이다. 가령, 한 시간 거리의 목적지에 정시에 도착할 수 있는 것은 도로 위 모든 이용자가 교통 신호와 질서를 준수하는 암묵적 약속을 성실히 이행하기 때문이다. 만일 일부 운전자가 이러한 규칙을 무시한다면, 일상은 언제든지 위험과 혼란에 노출될 수밖에 없으며, 계획된 시간에 도착하는 것조차 보장받기 어려워진다. 이처럼 준법정신은 특정인을 위한 희생이나 일방적인 봉사가 아니라, 오히려 자신의 안전을 지키고 공동체의 질서와 공공의 이익을 보호하기 위해 각 개인이 자발적으로 실천해야 할 태도이며, 사회 구성원으로서의 기본적 책무이다.

학교는 준법 교육의 핵심적 거점으로서 지역사회 내 다른 학교와 유기적으로 협력하며 공동의 생활 지도 체계와 기준을 형성해야 한다. 학교 내에서는 교사들 간에도 생활 지도의 기준과 원칙이 일관되게 적용될 수 있도록 지속적인 의사소통과 협의가 뒷받침되어야 한다. 생활 지도에 있어 교사별로 기준과 대응 방식이 상이할 경우 청소년은 혼란을 느끼고 규범 수용 동기를 상실할 가능성이 높기 때문이다. 어느 한쪽의 미흡하고 느슨한 태도는 다른 기관과 청소년 집단에 곧바로 부정적인 영향을 미칠 수 있으므로, 기관 간은 물론 학교 내부에서도 긴밀한 협력과 책임 있는 역할 수행이 필요하다.

무엇보다 가정은 청소년의 가치관과 규범 의식을 형성하는 데 있어 가장 기본적이고 중요한 역할을 담당한다. 부모의 양육 태도와 방향은 자녀 개인을 넘어 또래집단에도 영향을 미친다. 예컨대 외박이나 흡연을 방임하거나 허용하는 일부 가정의 느슨한 양육 태도는 또래집단을 통해 급속히 전파되며, 다른 가정에서의 일관된 지도와 규범 확립을 어렵게 만든다. 이는 가정 간 양육 태도의 불균형이 공동체 전체의 교육적 책임에까지 영향을 미칠 수 있음을 보여 준다. 따라서 부모는 '우리 아이만 괜찮으면 된다'는 개인주의적 관점을 지양하고, 상식적이고 양육 기준을 세워 일관되게 실천해야 한다.

청소년과 함께하는 모든 순간은 교육의 기회이며, 부모의 말과 행동은 아이의 가치관과 사회적 태도 형성에 직접적인 영향을 미친다. 이처럼 일관되고 지지적인 생활 지도가 지속될 때, 청소년은 사회 규범을 자연스럽게 내면화하고, 책임 있는 공동체 구성원으로 성장할 수 있는 기반을 다지게 된다.

비행의 공식에서 이어지는 명분을 중심으로 한 가치관 교육

우리의 삶은 끊임없는 선택의 연속이며, 각 선택은 반드시 결과를 수반한다. 이 결과들이 모여 삶의 기회와 방향성을 결정짓고, 선순환이나 악순환의 패턴을 만들어 낸다. 사람은 선택할 때 스스로 가장 중시하는 가치를 기준 삼아 판단한다. 이렇게 형성된 가치의 우선순위가 정리되고 조직화된 것이 바로 가치관이다. 가치관이 뚜렷하면 선택은 더욱 명확하고 자신감 있게 이루어지며, 이는 긍정적인 행동과 결과로 이어져 삶을 건강한 방향으로 이끈다. 반면 잘못된 가치관은 반복적인 악순환의 고리를 만들 수 있다. 따라서 올바른 가치관을 성립하는 일은 개인의 성숙을 넘어 삶의 방향 전체를 바로잡는 핵심이다.

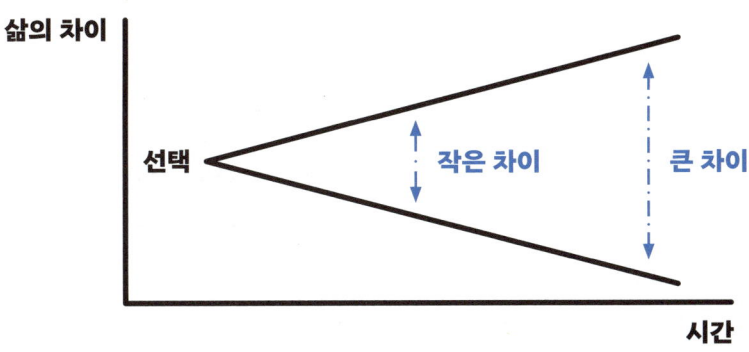

작은 차이는 시간이 흐를수록 점점 더 큰 격차로 이어진다. 우리가 일상에서 반복하는 사소한 선택들은 당장은 눈에 띄지 않지만, 결국 삶의 방향을 결정짓는 누적된 차이의 힘으로 작용한다. 이러한 변화를 만드는 핵심은 바로 '무엇을 바라보는가'라는 관점과 '어떻게 정리하는가'라는 생각이다. 예컨대 물이 반쯤 찬 컵을 보고 한 사람은 '반이나 있다'며 긍정적으로 해석하고, 다른 사람은 '반밖에 없다'며 부정적으로 본다. 그러나 다시 보면 '반이나 있다'는 관점은 현실에 안주하도록 만들 수 있는 반면, '반밖에 없다'는 시각은 부족한 부분을 채우기 위해 더 노력하게 하는 성장 지향성을 담고 있을 수도 있다. 중요한 것은 어떤 관점이 옳으냐가 아니라, 관점을 어떻게 쪼개어 해석하고 거기에 어떤 의미를 부여하느냐다.

모든 관점은 저마다의 의미를 담고 있으며, 그것을 선택하고 해석하는 주체는 결국 자신이다. 다양한 관점 중에서 무엇을 선택할지는 우리 자신에게 달려 있기 때문에 우리는 각자의 삶을 주도적으로 이끌어 갈 수 있는 것이다. 하루에 한 가지 주제를 꾸준히 생각하는 습관을 들이면 1년이면 365가지, 3년이면 1,000가지가 넘는 생각이 쌓인다. 작은 생각들이 차곡차곡 모여 체계적이고 조직적으로 정리될 때, 삶은 더욱 단단해지고 깊어져 결국 삶의 큰 변화를 만들어 낸다.

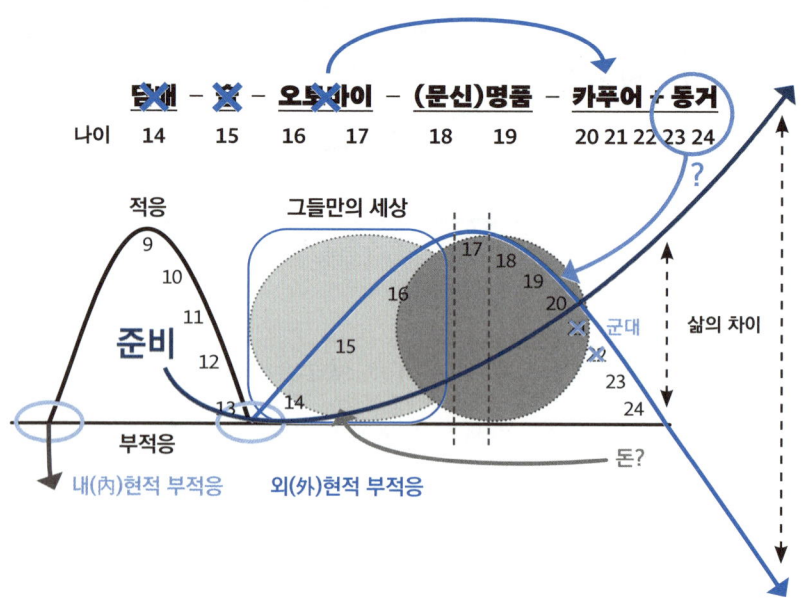

이러한 이야기는 비행청소년과 일반 청소년의 삶의 차이와도 맞닿아 있다. 일반 청소년은 학교와 가정이라는 안정된 환경 속에서 사회화와 정서 발달을 거치며 자아를 형성하고 미래를 준비하지만, 비행청소년은 가정과 학교의 보호 없이 그들만의 세상에서 왜곡된 방식으로 자율성과 독립성을 추구하며 비행의 공식을 강화한다. 이들은 또래 안에서 우월감을 유지하기 위해 비행에 집착하고, 그 결과 진로나 자기 성장은 뒷전으로 밀려난다. 문제는 이러한 삶의 방식은 시간이 지날수록 격차를 더 크게 벌린다는 데 있다.

성인이 되어 진학이나 취업을 앞두면 준비된 것이 없는 자신을 마주하고 깊은 공허와 불안을 느낀다. 기술도 이력도 건강한 가치관도 부족한 이들은 방향을 잃고 방황하며 정서적 불안정에 시달린다. 내면의 갈등은 미성숙한 방어기제로 이어져 삶 전체의 발달을 가로막는 장애가 된다. 그러나 이 모든 상황은 바꿀 수 있다. 삶을 변화시키는 방법은 결국 올바른 가치관을 바탕으로 새로운 선택을 하는 것이다. 관점을 바꾸고 생각을 정리하는 힘이야말로 작은 선택을 통해 큰 변화를 만들어 내는 열쇠이며, 그 선택은 누구도 대신할 수 없는 자기 몫이다.

선택은 이후 자신의 삶에 작용하는 환경적 요인인 '명분'을 형성한다. 잘못된 가치관에서 비롯된 선택은 불리한 명분을 낳아 삶을 제약하는 악순환의 판을 만든다. 그러나 그 판을 어떤 방향으로 설계할지는 전적으로 자신의 선택에 달려 있다. 지금 서 있는 불리한 판을 유리한 판으로 전환하려는 의식적 선택이 필요하다. 관점과 사고를 재구성하고 긍정적인 가치관을 중심에 두어 선택의 방향을 바꿔 나간다면, 누구든 삶을 선순환의 흐름으로 이끌 수 있다.

선택과 가치관을 중심으로 한 명분 교육은 청소년들에게 큰 호응을 얻는다. 이들은 단지 조언을 듣는 데 그치지 않고, '선택'과 '가치관', '명분' 같은 어른들의 개념어를 이해하고 활용할 수 있다는 데서 깊은 만족감과 자부심을 느낀다. 이는 단순한 개념 학습을 넘어 자신이 성숙한 존재로 성장하고 있음을 확인하는 정체감 형성의 계기가 되기도 한다. 무엇보다 '스스로 삶을 설계할 수 있다'는 메시지는 기존의 틀에 갇혀 길을 잃었던 비행 청소년들에게 강력한 희망과 동기를 준다. 이들은 점차 자신이 만들어 온 부정적 판을 해체하고 새로운 기준과 관점으로 삶을 다시 세워 갈 수 있는 실질적인 힘을 얻게 된다.

명분 교육은 청소년의 삶을 통제하려는 시도가 아니라, 미래를 향한 자기 주도성과 독립성, 자율성을 키우며 책임 의식을 높이는 과정이다. 삶을 다양한 관점으로 쪼개어 바라보고, 그중 자신에게 가장 중요한 가치에 부합하는 관점을 선택하며, 그 선택을 삶의 선순환으로 연결해 나가는 과정은 주도적이고 능동적인 삶을 살아가는 데 있어 핵심적인 근거가 된다. 스스로가 선택의 주체임을 깨닫는 순간, 지금의 결정이 어떤 삶을 만들어 갈지를 자각하게 되고, 청소년들은 과거의 부정적 선택을 돌아보며 새로운 가능성과 방향성을 발견하게 된다.

경쟁력 강화 및 덕업일치를 위한 진로 지도

목표 설정은 청소년이 자기 결정 능력을 기르고 전인적으로 성장할 수 있는 과정으로 설계되어야 한다. 현대의 과잉 경쟁 사회에서 진정한 경쟁력은 단순한 전문 기술이나 지식의 축적에 그치지 않는다. 경쟁력은 일상에서 마주하는 다양한 경험을 깊이 성찰하고 이를 통합적으로 해석해 배움과 성장으로 전환하는 통찰력과 전략적 확장 능력에서 비롯된다. 이를 위해 청소년은 자기 관리 역량을 키워야 하며, 시간과 돈의 가치를 올바르게 인식하고 이를 전략적으로 활용하는 방법을 익혀야 한다. 이력서와 포트폴리오는 단순한 취업 도구가 아니라 자신의 성찰과 성장 과정을 체계적으로 점검하고 기록하는 중요한 성장 도구가 되어야 한다. 이 과정을 통해 청소년은 자기 삶의 의미를 명확히 이해하고 자기설계 역량을 강화함으로써 스스로의 경쟁력을 높일 수 있다.

진로 지도는 청소년이 적성과 흥미, 가치관을 바탕으로 자기효능감을 높이고 관점과 주도성을 변화시켜 궁극적으로 '덕업일치 德業一致'를 실현하도록 돕는 전략이다. 진정한 덕업일치는 개인의 가치와 역량이 일상과 직업의 영역에서 조화를 이루고, 삶의 목적과 방향성이 일치할 때 가능하다. 이를 위해서는 지속적이고 현실적이며 체계적인 지원과 지지가 필수적이다. 지도자는 청소년이 자기 이해를 심화하고 내적 자원을 강화하여 스스로 삶의 주인이 되어 진로를 설계하고 실현할 수 있도록 꾸준히 안내하고 지원해야 한다. 특히 청소년 진로 지도는 단순히 과거에서 비롯된 현재의 상황에만 머무르는 것이 아니라, 청소년이 미래의 삶을 구체적으로 그려 가며 장기적인 관점에서 지속 가능한 성장을 준비할 수 있도록 이루어져야 한다.

효과적이고 효율적인 경쟁력 강화 전략

오늘날 우리는 과잉 경쟁이 일상화된 사회 속에 살아가고 있다. 이처럼 다층적이고 복합적인 경쟁 환경에서는 단지 한 가지를 잘한다고 해서 충분한 경쟁력을 갖췄다고 보기 어렵다. 이제는 다양한 능력의 조화와 자기만의 정체성을 바탕으로 한 차별화된 경쟁력이 요구되는 시대다. 경쟁력은 성취의 양이 아니라, 동일한 경험에서도 얼마나 깊이 이해하고 넓게 해석하며 새로운 배움을 이끌어 내는지에 달려 있다. 같은 일을 하더라도 거기서 자신만의 의미를 발견하고 삶의 자산으로 전환할 수 있는 능력이야말로 차별화된 경쟁력의 핵심이다.

과거에는 성실하게 사는 것이 곧 존중의 기준이었지만, 변화의 속도가 빠르고 정보가 넘쳐 나는 오늘날에는 단순한 노력만으로는 충분하지 않다. 성실함은 이제 기본 전제로 여겨지며, 그보다 어디에 집중하고 무엇을 내려놓을지를 판단하는 전략적 사고와 선택의 역량이 더욱 중요한 시대가 되었다. 우리 모두에게 공평하게 주어진 24시간을 누구와, 무엇을 위해, 어떻게 보내느냐가 삶의 방향과 질을 결정짓는 가장 큰 요인이다. 우리 모두에게 공평하게 주어진 24시간을 누구와, 무엇을 위해, 어떻게 보내느냐는 삶의 방향과 질을 결정짓는 핵심 요인이다. 시간은 단순한 흐름이 아니라 삶의 가치를 담아내는 그릇이며, 이를 어떻게 사용하는지가 곧 '나는 누구이며, 어떤 삶을 살고 싶은가'에 대한 무언의 대답이 된다.

특히 가치관을 정립하고 정체성을 형성해 나가는 청소년과 청년기에 있어 시간 사용은 단순한 효율성을 넘어, 자기 삶의 주도권을 확립하는 필수적 과정이다. 무조건 열심히 하기보다, 깨어 있는 전략적 태도와 선택적 집중이 요구되는 시대 속에서 단순한 일정 관리나 목표 설정을 넘어 자신이 무엇을 중요하게 여기고 어떤 선택이 본질적인 삶의 방향과 연결되는지를 성찰하는 태도야말로 오늘날 삶의 질을 결정짓는 가장 본질적인 힘이다.

▎하나의 일 속에서 여러 의미와 가치를 통합적으로 학습하는 태도

저자는 경쟁 사회에서의 경쟁력을 키우는 방법으로 "한 가지를 하면서 열 가지를 동시에 하라"고 강조한다. 이는 단순히 하나의 일을 수행하는 데 그치지 않고, 그 과정을 통해 다양한 관점과 기술, 통찰을 동시에 습득하려는 태도를 의미한다. 예를 들어, 편의점이나 카페에서의 아르바이트를 단순한 생계 수단으로만 바라보지 않고, 고객과의 소통 방식, 조직의 운영 시스템, 마케팅 전략, 소비자 행동의 패턴 등을 주의 깊게 관찰하고 배우려는 노력이 필요하다. 주변의 일상적인 공간과 경험에서도 서비스 구조, 인테리어 구성, 사람들의 반응과 행동을 면밀히 살펴보는 태도를 지닌다면, 그 안에서 자신만의 통찰력과 실질적인 전문성을 축적할 수 있다. 이러한 태도는 단순히 지식의 양을 늘리는 것을 넘어, 삶을 배움의 관점으로 바라보는 태도이자 세상을 읽고 이해하는 힘을 기르는 데서 출발한다. 이 힘을 바탕으로 일상의 경험을 스스로 해석하고 통찰할 수 있을 때, 그 모든 작은 경험과 관찰은 창의적 사고의 재료가 되며, 그렇게 차곡차곡 쌓인 통찰은 삶의 방향성과 경쟁력을 결정짓는 고유한 자산으로 전환된다.

중요한 것은 결국 '현실을 어떻게 바라보는가'에 달려 있다. 동일한 환경에서도 누구는 문제와 불안에 머물지만, 다른 이는 그 안에서 가능성과 기회를 찾아 긍정적인 변화를 만들어 낸다. 앞서 강조한 바와 같이, 관점의 차이는 삶의 방향과 미래를 결정짓는 열쇠가 된다. 비록 가진 것이 적고 평범하더라도, 작은 것에서 의미를 찾아 차곡차곡 쌓아 갈 때, 삶에 대한 주도성과 자신감은 점차 성장한다.

　이는 막다른 길에 서 있는 비행청소년의 삶에도 마찬가지다. 성장이라는 기회의 자원을 하나씩 채워 나가면, 누구든지 삶을 다시 채우고 새롭게 설계할 수 있다. 마치 연필 하나로 시작해 지우개, 노트, 가방까지 준비해 가듯이, 일상의 작은 경험 속에서 자신만의 내면 자원을 발견하고 키워 나가는 과정이 중요하다. 반대로 '아무것도 없다'며 스스로를 자책하거나 미리 포기하면, 자아존중감은 낮아지고 삶의 가능성은 점차 좁아진다.

　후기 청소년과 초기 성인기의 경쟁력은 특별한 재능이나 환경이 아니라, 삶을 얼마나 주도적이고 적극적으로 바라보느냐에 달려 있다. 기회라는 엄청난 삶의 자원을 가진 이들이 일상에서 의미를 찾고 배우려는 태도를 잃지 않는다면, 누구보다도 지속 가능하고 차별화된 경쟁력을 갖출 수 있다. 하나의 일을 통해 열 가지를 배우려는 태도는 하나의 경험으로 열 가지 이상의 가능성을 만들어 내며 자기 삶을 능동적으로 개척해 나가는 내면의 힘이 된다.

　스스로가 중요하게 생각하는 것을 실현하는 삶을 위한 진로 탐색 방법

　진로를 찾는다는 것은 단순히 직업을 선택하는 행위에 그치지 않는다. 그것은 자신의 삶을 보다 의미 있고 일관성 있게 구성해 나가는 중요한 과정이다. 이러한 관점에서 진로 탐색은 단순한 기술적 선택을 넘어, 개인의 정체성과 삶의 방향성을 통합적으로 모색하는 과정이어야 하며, 이를 위한 실질적인 진로 탐색의 단계는 다음과 같이 정리될 수 있다.

❶ **왜 하는가?** 동기 및 가치관 명확화
❷ **어떻게 하는가?** 필요한 기술과 방법을 습득하여 경쟁력 강화
❸ **어디로 가는가?** 개인의 가치관을 기반으로 한 진로 목표 설정

그러나 많은 사람들이 진로를 고민할 때, 이 순서를 거꾸로 적용하는 오류를 범한다. 대다수의 사람들은 진로를 고민할 때, 먼저 '③ 어디로 가는가?'라는 목표부터 설정하려 하며, 그 해답을 찾기 위해 '② 어떻게 하는가?'에 해당하는 기술이나 방법에 집중한다. 이처럼 외적 조건과 과거 경험에 기반한 진로 결정은 개인의 내재적 동기와 가치 탐색을 소홀히 하는 결과를 낳기 쉬우며, 이는 진로의 지속 가능성과 만족감을 저해하는 주요 요인이 될 수 있다. 이는 마치 물고기에 대한 두려움을 가진 사람이 단지 수익성이 높다는 이유로 횟집을 운영하려는 것과 같다. 진로 탐색의 시작점이자 핵심은 바로 '① 왜 하는가?'에 대한 깊은 성찰이다. 이 단계는 교육기관에서 배울 수 있는 기술적 능력이나 정보가 아닌, 개인의 가치와 삶의 본질적 방향에 대한 질문에 깊이 있는 사유 思惟 를 거쳐 응답하는 과정에서 형성된다. 자신만의 내면적 동기를 발견하기 위해서는 무엇이 나에게 의미있고 중요한지를 성찰하는 과정을 통해, 개인은 내면에서 우러나오는 동기와 방향성을 구체화할 수 있다. 자신의 핵심 가치가 무엇인지 명확히 인식하고 이를 바탕으로 진로를 설정할 때, 비로소 그 진로는 단순한 직업 선택을 넘어 삶의 방향성과 존재의 목적을 실현하는 여정이 된다.

진로란 단순히 생계를 유지하기 위한 수단에 머무는 것이 아니라, 개인이 중요하게 여기는 가치를 일상 속에서 실현해 나가는 실천적 무대이며, 이러한 삶의 태도는 곧 자아실현의 근간이 된다. 자신의 고유한 가치를 명확히 인식하고, 이를 삶 전반에 걸쳐 일관되게 구현해 나갈 때, 개인은 내

면의 통합성과 존재의 일치감을 경험하게 되며, 이는 곧 지속 가능한 만족감과 진정한 경쟁력의 원천으로 작용한다. 이처럼 자신의 삶에서 중요하게 여기는 우선순위를 명확히 정립한 생각 주머니를 바탕으로 진로를 설계해 나간다면, 그것은 곧 개인의 가치와 직업적 역할이 조화를 이루는 덕업일치의 길이 될 수 있다.

현실에 기반한 상호작용적 교육과 능동적 자기 설계

형식적인 진로 지도는 성인기를 갈망하면서도 여전히 불안정한 삶의 현실에 놓여 있는 후기 비행 청소년에게 실질적인 의미를 갖기 어렵다. 이들에게는 단순한 진로 정보 제공을 넘어, 현실에 기반한 깊은 이해와 삶의 맥락을 고려한 구체적이고 실행 가능한 조언의 제공이 중요하게 여겨진다. 진로 지도는 과거 경험에만 머무르지 않고, 청소년이 미래를 함께 상상하며 현재의 자신을 성찰하고 준비할 수 있도록 이끄는 방향으로 전환되어야 한다. 후기 청소년의 진로 고민은 변화에 대한 내적 갈망의 표현이며, 이를 구체화하도록 돕는 것이 진로 지도의 핵심이다.

특히 돈과 시간이라는 자원을 어떻게 바라보고 활용할지에 대한 안내는 청소년이 자신의 삶을 주체적으로 설계해 나가는 데 중요한 재료가 된다. 청소년의 성장은 통제 중심의 접근이 아니라, 이들의 주관적 경험과 삶의 맥락을 존중하는 태도에서 출발해야 한다. 그들의 이야기를 경청하고 삶의 지향점을 함께 탐색하며, 현재 가진 자원을 바탕으로 실현 가능한 전략을 공동으로 수립하는 과정은 진로 지도이자 작업동맹의 핵심이다. 이러한 접근은 단순한 조언을 넘어, 청소년이 자기 삶을 주도적으로 설계하고 실천할 수 있도록 지원하는 동반자적 관계로 이어진다.

그들의 현실적 삶에서 시작되는 상호작용적 교육 접근

자본주의 사회에서의 돈은 단순한 생계 수단을 넘어 삶의 질과 선택의 자유를 좌우하는 핵심 자원으로 작용한다. 물론 돈이 인생의 전부는 아니지만, 우리가 시간을 들여 노력하고 노동하는 중요한 이유 중 하나는 바로 이러한 자원을 확보하기 위함이다. 이처럼 돈은 삶을 설계하고 자신을 관리하는 강력한 수단이 될 수 있다. 청소년 비행에서도 돈은 핵심 동기로 작용한다. 비행청소년들은 자신들만의 세상 내에서 즉각적인 보상과 경제적 이득을 추구하며 비행을 선택한다. 이들에게 돈은 단순한 물질적 수단을 넘어 자율성, 우월감, 건재함의 상징으로 기능하는데, 돈을 통해 인정받고 통제를 벗어나며 자신의 영역을 구축했다는 착각과 그 이면의 욕구는 정서적 결핍과 맞물려 왜곡된 가치 체계를 형성한다.

이처럼 돈은 개인의 삶을 설계하는 도구일 뿐만 아니라 청소년의 가치관과 행동 양식에 깊게 영향을 미치는 심리·사회적 요인으로 작동한다. 따라서 청소년 비행을 예방하고 실질적인 진로 지도를 위해서는 돈을 둘러싼 현실적 욕구와 정서적 결핍을 함께 이해하는 통합적 관점이 필요하다. 이 과정에서는 건강한 경제관념을 형성하도록 돕는 동시에 현실감을 회복할 수 있도록 하는 접근이 병행되어야 한다.

이때 무엇보다 중요한 것은 비행청소년에게 어른의 관점과 가치관을 일방적으로 강요하기보다 그들이 중요하게 여기는 지점과 실제로 마주하고 있는 현실적 삶에서부터 대화를 시작하는 것이다. 이러한 접근은 청소년이 지금 처한 상황과 고민을 그대로 받아들이고, 그들이 사용하는 말과 생각 방식을 존중하며 서로 주고받는 상호작용으로 자연스럽게 이어져야 한다. 이렇게 현실에 기반한 관계 형성은 지도자의 조언과 지원이 청소년의 일상과 내면에 자연스럽게 스며들도록 만들며, 스스로 변화의 필요성을 인식하고 자발적으로 방향성을 모색할 수 있는 토대를 제공한다. 청소년의 현실에 기반한 상호작용적 접근은 변화의 가능성을 구체적인 목표와 실천으로 이어지게 하는 핵심적인 동력이 된다.

자기 관리의 핵심 키가 되는 돈과 시간

많은 사람이 돈을 벌기 위해 새벽부터 일어나 긴 시간을 직장에서 보내며 경제 활동에 매진한다. 그러나 자신에게 주어진 돈이 어떻게 쓰이고 있는지, 그 흐름 속에서 어떤 선택을 하고 있는지 자각하지 못한다면 돈은 오히려 자신을 통제하는 수단이 될 수 있다. 따라서 돈에 대한 건전한 가치관을 성립하고, 이를 바탕으로 자신의 삶을 객관적으로 들여다보는 것은 곧 자기 관리의 출발점이 된다. 특히 모든 소비가 디지털로 기록되는 오늘날에는 카드 내역과 통장 흐름을 통해 자신의 생활 패턴과 소비 습관을 구체적으로 점검할 수 있다. 언제 돈을 가장 많이 쓰는지, 불필요한 소비는 어디에 있는지, 어떤 지출이 삶의 질을 높이는지 등의 소비 패턴을 인식하는 것은 소비를 조절하고 자기 통제력을 키우는 데 큰 도움이 된다. 이는 곧 돈을 통해 자신을 이해하는 중요한 출발점이자, 삶의 우선순위와 가치관을 다시 확인하는 성찰의 기회가 된다.

또한 자신의 소비 습관에 맞는 금융 상품과 카드 혜택을 전략적으로 선택·활용하는 능력은 효과적인 자기 관리의 중요한 영역이며, 이를 위해 금융 가치 교육이 포함될 수 있다. 무조건 저렴한 것만을 선택하기보다, 적정한 비용으로 만족도를 높이고 오래 사용할 수 있는 가치 있는 물건에 투자하는 태도는 자신의 자원을 효율적으로 관리하는 역량을 키우고, 돈에 대한 현실적 가치를 체감하게 한다. 이는 돈을 단순한 생계 수단이 아닌, 삶을 설계하고 개선하는 도구로 인식하는 관점에서 비롯되며, 물건과 자원을 계획적으로 관리하는 능력을 함양하는 데에도 중요한 의미를 지닌다.

이처럼 돈을 관리한다는 것은 자신의 자원과 행동, 시간 사용과 목표를 되돌아보고 조정하는 삶의 기술을 익히는 것이다. 단순히 돈을 아끼는 것을 넘어 돈의 흐름 속에서 삶을 주체적으로 설계하고 의미 있게 사용하는 태도는 소비 습관을 넘어선 경제적 자각으로 이어지며, 이는 곧 자기효능감과 자아존중감을 높이고 미래를 스스로 설계할 수 있는 힘이 된다.

청소년 금융 교육은 단순한 지식 전달에 그치지 않고, 청소년이 돈의 가치를 깊이 이해하며 이를 바탕으로 자신의 삶을 주체적으로 설계하도록 돕는 데 초점을 맞춰야 한다. 이러한 과정은 청소년이 선택에 책임을 지고, 주체적이며 건강한 삶의 태도를 형성하는 데 중요한 역할을 한다. 일정 수준의 경제적 여유는 새로운 도전을 가능하게 하고, 실패하더라도 다시 시도할 수 있는 안전망 역할을 한다. 반면, 돈에 쫓기면 시야가 좁아지고 삶의 여유는 크게 감소한다. 결국 돈은 단순한 물질적 수단을 넘어, 삶을 바라보는 관점과 선택의 기준을 형성하는 핵심 요인이 된다. 따라서 돈을 성찰과 계획의 도구로 활용할 때에야 비로소, 돈은 나를 통제하는 대상이 아닌 주체적으로 관리할 수 있는 자산으로 자리매김한다.

후기 청소년기는 단순한 청소년기의 연장이 아니라, 성인으로서 건강한 삶을 준비하는 중요한 전환기이다. 이 시기 진로 지도의 핵심은 자기 관리 역량을 강화하는 데 있으며, 특히 돈과 시간이라는 자원을 어떻게 바라보고 활용하는지가 매우 중요하다. 돈이 삶을 설계하고 자기주도적 선택을 가능하게 하는 실질적 자산이라면, 시간은 그 이상의 절대적인 기회비용을 내포한 귀중한 자원이다. 주어진 시간을 의미 있게 사용하느냐, 아니면 낭비하느냐에 따라 삶의 질과 방향은 극명하게 달라진다. 따라서 후기 청소년들에게 돈과 시간을 의식적으로 관리하고 전략적으로 사용하는 법을 지도하는 일은 이들이 성인기로 진입할 때 더욱 주도적이고 건강한 삶을 설계할 수 있도록 돕고 이끄는 중요한 기반이자 출발점이 된다.

미래에 기반한 능동적 자기 설계

청소년 진로 지도는 흔히 적성과 흥미를 중심으로 한 탐색 활동이나 직업카드와 같은 도구를 활용한 직업군 소개에 그치는 경우가 많다. 그러나 현실의 무게를 이미 체감하고 있는 비행청소년, 특히 후기 청소년에게 이러한 방식은 매우 피상적이고 형식적으로만 느껴질 수 있다. 이들은 사회의 문턱에서 어른이 된 삶을 꿈꾸면서도, 동시에 자신이 이루어 놓은 것이 없다는 자책감과 불안 속에 현재를 회피하고자 하는 이중적인 심리를 지니고 있기 때문이다. 따라서 진로 지도는 단순한 정보 전달이나 직업 목록 제시에 머물러서는 안 되며, 청소년이 삶의 의미를 재구성하고 미래를 구체적으로 설계할 수 있도록 돕는 과정이 되어야 한다.

후기 청소년기는 성인기로의 전환점에 위치한 과도기이며, 이 시기에는 '무엇을 할 것인가'보다 '어떤 삶을 살아가야 하는가'라는 보다 본질적인 물음이 중심 과제가 된다. 이들에게 진로란 단순한 직업 선택을 넘어, 성인의 삶을 어떻게 준비하고 넘어설 것인가에 대한 통합적 고민이다. 따라서 이 시기의 청소년에게 필요한 것은 단편적인 진로 정보가 아니라, 현실에 기반한 조언과 구체적인 행동 전략, 그리고 자기 가능성에 대한 회복적 관점이다. 이러한 관점을 바탕으로 한 진로 지도는 청소년이 미래를 보다 능동적으로 설계할 수 있도록 돕고, 정체성과 삶의 방향성에 대한 심층적 성찰을 이끌어 내는 의미 있는 전환의 계기가 된다.

중학생의 경우, 구체적인 직업적 목표 설정보다는 현재의 내신 성적을 바탕으로 고등학교 진학을 고려하는 실질적인 진로 안내가 중요하다. 희망 고등학교의 학과 특성과 진로 연계성을 구체적으로 탐색하는 과정은 청소년들이 자신의 과거와 현재, 그리고 미래를 통합해 현실적이고 구체적으로 생각할 수 있는 기회가 된다. 이때 학생이 관련 정보를 충분히 숙지하지 못했을 경우, 함께 정보를 찾아보는 것이 매우 효과적이다. 정보를 함께 탐색하는 과정은 청소년에게 '나를 위해 함께 노력해 주는 존재가 있다'라는 정서적 신뢰감을 형성하여 마음을 여는 계기로 작용한다.

이처럼 진로 지도는 단순한 정보 제공에 그치지 않고, 청소년의 발달 단계와 정서적 맥락에 부합하는 관계 중심의 동행으로 이루어져야 한다. 특히 진로를 함께 고민하고 구체화하는 이 과정은 청소년이 미래를 능동적으로 설계할 수 있는 역량을 길러 줄 뿐만 아니라, 현재 삶에 의미를 부여하며 자기 이해와 가능성을 회복하는 회복적 성장의 길로 나아가도록 이끌어야 한다. 과거를 중심으로 현재를 지도하는 방식보다는, 오히려 청소년이 미래의 모습을 함께 그려보며 지금 이 순간의 자신을 성찰하도록 이끄는 것이 중요하다.

청소년이 스스로 자신의 현재 상태와 자원을 탐색하는 과정은 자연스럽게 과거를 되돌아보게 하고, 이를 바탕으로 미래의 삶을 준비해 나가는 미래 기반의 자기 설계 과정을 경험할 때 변화에 대한 내적 동기도 더욱 강화된다. 특히 후기 비행청소년에게서 나타나는 진로 고민은 단순한 진학이나 취업의 문제가 아니라, 삶의 궤도를 근본적으로 바꿔 보고자 하는 깊은 내면의 갈망에서 비롯된다. 이러한 갈망은 체벌이나 통제, 훈계만으로는 결코 활성화될 수 없으며, 오히려 청소년의 언어와 현실에 맞춘 공감적 이해와 동행을 통해서만 진로 지도의 실질적인 접점이 마련된다. 따라서 지도자는 이들의 변화 욕구를 잠재된 가능성으로 해석하고 성장의 바람을 지혜롭게 이끌어 낼 수 있어야 한다. 이를 위해 청소년의 언어에 귀 기울이고, 그들이 원하는 삶을 함께 상상하며, 미래 준비 과정을 현실 속 자원 탐색과 유기적으로 연결 짓는 접근이 필요하다. 이러한 관계 중심의 접근은 청소년에게 일상 속에서 지도와 성장이 자연스럽게 일어날 기회를 제공하고, 후기 청소년들이 현실을 회피하지 않으면서도 미래에 기반한 능동적 자기 설계 과정을 통해 삶을 주체적으로 재구성할 수 있도록 하는 결정적인 기회를 제공해 준다.

자기 성장의 현실적 이해와 체계적 관리

성공을 향한 사고방식은 거창한 결단에서 시작되는 것이 아니라, 오히려 일상 속에서 작지만 일관된 습관을 실천하는 데서 출발한다. '티끌 모아 태산'이라는 말처럼, 사소해 보이는 행동 하나하나가 결국 삶의 방향과 질을 바꾸는 기반이 된다. 성공은 특별한 순간에서 비롯되는 것이 아니라, 지금 이 순간의 작고도 의미 있는 실천에서 시작된다. 준비된 사람만이 기회를 잡을 수 있으며, 삶의 기반은 하루하루를 성실히 살아가는 습관과 정리된 이력과 기록 속에서 탄탄히 다져진다.

거창한 목표를 세우기에 앞서 지금 당장 할 수 있는 작은 일에 집중하는 태도야말로 성숙한 삶과 성공의 첫걸음이다. 무엇보다 중요한 것은 초심을 잃지 않는 삶의 자세와 습관의 힘이다. 단순하지만 지속적인 실천은 우리의 내면을 정돈하고 자신을 성찰하게 하며, 성장의 기반을 다지게 만든다. 일상 속에서 이루어지는 자기 성찰은 삶을 바라보는 사고의 깊이를 심화시키며, 보다 확장된 시야와 성숙한 관점으로 인생을 조망하게 한다.

덕업일치를 위한 통합적인 발달 지원 과정

진로 지도는 청소년이 건강한 사회 구성원으로 성장하기 위한 중요한 준비 과정이다. 『청소년 비행의 모든 것』에서 언급된 "10대에는 능력을 갖추고, 20대에는 그릇을 만들며, 30대에는 그 그릇을 채워 나간다"는 말처럼 각 시기의 발달 과업은 긴밀하게 연결되어 있으며, 청소년기는 이러한 성장 여정을 위한 기초를 다지는 시기라 할 수 있다.

10대는 능력을 갖추는 시기이며, 여기서 말하는 능력은 단순한 지적 역량을 넘어 신체적·정신적으로 준비된 힘을 의미한다. 건강한 정체성과 자아존중감, 정서 조절력과 자기 표현력 등 정서적 건강이 그 기반이 된다. 사고력과 학습력, 사회화 기술은 학교 교육과 일상 경험을 통해 자연스럽게 형성되며, 이는 미래를 설계하고 방향을 설정하는 데 중요한 토대가 된다. 이러한 미래지향적 진로 지도는 청소년이 현재 삶을 성찰하고 변화의 기회를 포착하며, 삶의 전환점을 만들어 낼 수 있도록 돕는다.

20대는 자신의 삶의 그릇을 준비하는 시기로, 이 시기에는 다양한 경험을 통해 인간관계, 재정 관리, 문제 해결력, 사회적 이해 능력 등 삶을 영위하는 데 필수적인 핵심 역량을 습득해야 한다. 이러한 기반이 갖추어져야 30대 이후 자신이 중요하게 여기는 가치를 중심으로 삶을 채우고, 이를 다양한 영역으로 확장해 나갈 수 있다. 이 과정에서 10대의 철저한 준비와 20대의 풍부한 경험이 전략적으로 연결될 때 비로소 그 힘이 발휘된다.

진로 선택은 과거의 실수나 현재의 혼란에 임시방편으로 대처하는 것이 아니라, 오늘의 현실을 발판 삼아 내일을 준비하고 미래를 스스로 주도적으로 설계해 나가는 과정이어야 한다. 이를 위해 청소년은 자신의 삶의 방향성과 가치관에 대해 깊이 고민하는 것이 필수적이다. 이러한 성찰 과정을 통해 청소년은 단순한 직업 선택을 넘어, 자신이 진정으로 중요하게 여기는 가치를 중심으로 삶 전체를 조율할 수 있다.

여기서 무엇보다 중요한 것은 자신의 삶에 갇히지 않고 더 넓은 시야로 자신을 바라보는 태도이다. 비행청소년은 준비되지 못한 과거와 불완전한 현재에 스스로를 가두고 미래에 대한 기대를 쉽게 포기하기 쉽지만, 지도자는 이들이 좁은 시야에 머무르지 않도록 돕고, 거시적 관점에서 인생 전체를 조망하며 긴 시간의 흐름 속에서 큰 그림을 그려 볼 수 있도록 이끌어야 한다. 따라서 진로 지도는 단순히 직업 선택을 돕는 기술적 지원에 머물지 않고, 청소년이 자신의 삶에 담긴 의미와 가치를 발견하고 이를 바탕으로 삶의 방향을 주체적으로 설계해 나갈 수 있도록 돕는 여정이어야 한다.

진로는 순간적인 선택이 아니라, 자신이 진정으로 중요하게 생각하는 것을 삶의 중심에 두고 방향을 세우며 단계적으로 준비해 나가는 과정이다. 이 과정은 하루아침에 완성되는 것이 아니라, 작지만 일관된 실천과 성찰을 통해 삶을 점진적으로 빚어가는 꾸준한 노력의 결과물이다.

청소년기의 잠재력은 결코 간과해서는 안 될 소중한 가능성이다. '어리다'는 사실은 미성숙함이 아니라, 오히려 무한한 잠재력과 아직 사용되지 않은 기회의 총합이라 할 수 있다. 그러나 이 가능성이 실제로 실현될 수 있을지는 지금부터의 선택과 태도, 그리고 자신을 어떻게 인식하고 바라보는가에 달려 있다. 진로는 과거의 몇 가지 경험에 근거해 단순히 옷을 고르듯 선택하는 문제가 아니다. 단순한 직업 선택을 넘어, 오늘의 준비를 통해 내일의 삶의 구조를 형성하고 궁극적으로 인생의 질적 방향을 결정짓는 설계 과정이다. 따라서 청소년기의 진로 지도는 단순한 직업 정보 제공이나 일회성 선택을 유도하는 데 그치지 않고, 청소년이 자신의 삶의 의미와 가치를 재정립하며 주체적으로 생애를 설계해 나갈 수 있도록 지원하는 본질적이고 통합적인 발달 지원 과정이어야 한다.

인생을 준비하는 도구

이력 관리는 단순히 이력을 정리하는 문서 작업에 그치지 않고, 자기 이해와 성장, 그리고 삶의 설계라는 보다 본질적인 과업을 수행하게 하는 중요한 발달 도구이자 자기 주도적 삶을 위한 핵심 실천이 된다. 많은 청소년이 초기 성인기에 접어들면서 진로와 미래에 대해 진지하게 고민하지만, 정작 자신의 삶과 경험을 체계적으로 정리해 본 경험은 부족한 경우가 많다. 대부분의 경우 이력서는 취업이나 진학 등 구체적인 필요에 의해 급하게 작성될 뿐, 평소에 자신의 이력을 돌아보고 관리하는 습관은 쉽게 간과되기 마련이다. 그러나 이력 관리 과정은 단순한 기록 정리를 넘어, 개인이 자신의 지나온 경험을 체계적으로 되짚어 보며 현재의 위치와 강점·약점을 성찰하고 앞으로 나아갈 방향과 목표를 구체화할 수 있는 귀중한 자기 성찰의 기회를 제공한다. 이러한 성찰적 과정은 과거 경험과 현재 자원을 바탕으로 미래 가능성을 설계하고, 시간의 흐름 속에서 자기 삶의 의미를 재구성하도록 돕는다. 이를 통해 청소년은 명확한 자기 정체성과 구체적인 진로 목표를 수립하며, 이는 삶의 방향성과 일관성을 유지하는 핵심 토대가 된다. 또한 과거 경험과 활동을 객관적으로 돌아보는 성찰은 자기 이해를 깊이 확장하는 중요한 기초가 된다.

준비된 이력서는 단순한 기록의 산물이 아니라, 예상치 못한 순간에 찾아오는 기회를 붙잡을 수 있는 결정적 자산이 되며, 인생의 전환점을 만들어 내는 중요한 기회를 만들어 주기도 한다. 특히 이력서를 주기적으로 점검하고 업데이트하는 습관은 자신의 현재 역량과 부족한 점을 분명히 인식하게 하고, 이를 계획적으로 보완해 나갈 수 있는 실천적 성장 전략으로 기능한다. 외국어, 자격증, 봉사활동, 프로젝트 등 다양한 활동을 정리하며 균형 잡힌 이력을 구축해 나가는 일은 단순한 스펙 관리 차원을 넘어, 삶의 기반을 다지고 역량을 확장해 가는 실질적인 자기 계발의 과정이 된다. 더 나아가 이러한 활동과 관련된 자료를 체계적으로 정리하고 자신만의 포트폴리오를 구축하는 과정은 삶의 흐름을 주체적으로 성찰하고 설계해 나가는 통합 과정이자, 진로 설계 역량을 심화시키는 소중한 경험으로 이어진다.

이처럼 자기 정리와 설계의 과정을 통해 우리는 과거의 경험을 성찰하고 현재의 위치를 객관적으로 점검하며, 앞으로 나아갈 미래의 방향을 구체화할 수 있다. 이러한 접근은 피상적인 이론 중심의 따분한 진로 지도에서 벗어나, 실제 삶의 맥락에 기반한 현실적이고 구체적인 진로 교육 방식으로 청소년의 삶에 실질적이고 가시적인 변화를 이끌어 내는 효과적인 방법이 된다.

청소년의 진로 지도는 교육자 중심의 일방적 전달이 아니라, 청소년의 눈높이에 맞춘 실질적이고 적용 가능한 맞춤형 접근으로 이루어져야 한다. 추상적인 이론보다는 삶의 맥락에 밀착된 경험 중심의 개입이 필요하며, 특히 미래지향적 관점에서 현재를 준비하게 하는 이력서 작성이나 포트폴리오 구축과 같은 구체적 활동은 자기 성찰과 진로 설계를 촉진하는 효과적인 도구로 작용한다. 이러한 활동은 청소년이 자신의 경험을 정리하고 강점을 인식하며 앞으로의 방향성을 구체화하는 과정 속에서 진로에 대한 현실감과 실행력을 높이는 전략적 개입으로 기능할 수 있다. 나아가 이 과정은 자신의 과거-현재-미래가 단절된 것이 아니라 하나의 흐름으로 유기적으로 연결되어 있음을 인식하게 하여, 청소년이 삶의 연속성을 이해하고 주체적으로 설계할 수 있도록 돕는 중요한 발달적 의미를 가진다.

생각 더하기

[성장 교육]에 관한 질문과 대답
실제 진로 교육와 자문, 상담 장면에서
청소년과 청년에게 받은 질문

- **대학은 꼭 가야 하나요?**

　"*대학은 꼭 가야 하나요?*"라는 질문은 많은 청소년이 진로 탐색 과정에서 한 번쯤 던지게 되는 본질적인 물음이다. 학업에 흥미를 느끼지 못하거나, 사회 속 다양한 성공 모델을 접하면서 정해진 듯한 진학 경로가 과연 자신에게도 유효한지 의문을 갖는 것은 자연스러운 일이다.
　그러나 이 질문에 대한 답은 결코 단순하지 않다. 대학은 삶의 가능성을 넓혀 주는 하나의 유익한 통로일 수 있지만, 모든 사람에게 반드시 필요한 유일한 길은 아니다. 저자는 이를 상담과 교육 현장에서 '헬스장'에 비유해 설명하곤 한다. 헬스장은 운동을 지속할 수 있는 환경과 체계가 마련된 장소이지만, 단지 다닌다는 이유만으로 좋은 운동 역량이 보장되는 것은 아니다. 마찬가지로, 대학에 간다고 해서 그 자체로 삶의 질이나 성공이 자동으로 보장되는 것은 아니다. 중요한 것은 대학이라는 공간을 어떻게 활용하고, 그 안에서 얼마나 주도적으로 배우고 성장하느냐에 달려 있다.
　한편, 한국 사회에서 대학은 여전히 중요한 사회적 자원으로 기능하며, 특정 직업을 위한 최소 학력 조건이 되기도 하고, 진로 선택의 폭과 취업 가능성, 인간관계 형성에 실질적인 영향을 미치기도 한다. 따라서 대학 진학 여부에 대해 고민하는 청소년에게는 단순히 "*갈 것인가 말 것인가*"를 넘어, 대학이 가지는 사회 구조적 의미와 현실적 맥락을 함께 이해시키는 교육적 접근이 필요하다. 대학에 가지 않기로 선택하는 것 또한 충분히 존중받아야 할 삶의 방식이다. 다만 그 경우에는 스스로 경력과 역량을 계획적으로 쌓아 갈 수 있는 주도적인 구조 설계가 필요하다.
　다행히 오늘날에는 스마트기기와 온라인 콘텐츠, 지역 기반 교육, 디지털 포트폴리오, 자격증, 창작 활동 등 다양한 인프라가 발달하면서, 대학 밖에서도 자신만의 성장 경로를 만들어 갈 수 있는 가능성이 과거보다 훨씬 넓어졌다. 결국 "대학은 꼭 가야 하나요?"라는 질문은 단지 진학 여부를 묻는 것이 아니라, 청소년이 앞으로 어떤 삶을 살아갈 것인지에 대해 스스로 고민하고 방향을 정하는 과정의 물음이다. 부모와 교사, 그리고 전문가의 역할은 청소년이 자신의 흥미와 강점을 발견하고, 어떤 길을 선택하든 그 안에서 스스로 성장해 나갈 수 있도록 곁에서 지지하고 이끌어 주는 데 있다.

- **좋아하는 일과 잘하는 일 중 무엇을 선택하는 게 맞을까요?**

청소년이 진로를 고민하며 자주 던지는 "내가 어떤 길을 가야 할까?"라는 질문은 결국, '나는 어떻게 살아야 행복할 수 있을까'라는 삶의 방향성에 대한 근본적인 물음이다. 진로 선택은 단순히 직업을 고르는 문제를 넘어, 자신의 정체성과 가치관, 그리고 삶의 태도를 어떻게 세울 것인지와 깊이 연결되어 있기 때문이다. 이상적인 진로는 자신이 좋아하면서도 잘할 수 있는 일을 찾는 것이다. 특히 좋아하는 분야에서 재능까지 발휘할 수 있다면, 이는 삶의 만족과 성취감을 동시에 충족시켜 주는 가장 바람직한 선택이 된다.

그러나 현실에서는 이러한 조건이 쉽게 갖추어지지 않기에 많은 청소년과 청년들이 현실과 이상 사이에서 타협과 전략을 고민하게 된다. 이에 따라 현실적인 한 가지 접근은 우선 자신이 잘할 수 있는 일을 기반으로 생계와 기본적인 안정성을 확보하고 좋아하는 일은 취미나 부수적인 활동으로 병행하며 삶의 균형을 맞춰 가는 것이다. 이는 사회에 첫발을 내딛는 시기의 청소년과 청년들에게 실질적으로 유효한 전략이 될 수 있다.

하지만, 그럼에도 불구하고 저자는 여전히 '좋아하는 일을 선택하라'고 권하고자 한다. 좋아하는 일은 몰입과 꾸준한 노력을 통해 얼마든지 발전시킬 수 있으며, 청소년과 청년들에게는 이를 실현해 갈 수 있는 '시간'이라는 가장 큰 기회의 자원이 아직 충분히 존재한다. 좋아하는 일에 몰입하는 경험은 시간이 지날수록 실력과 전문성으로 이어지고, 이는 삶의 의미와 성장을 이끄는 내적 동력이 된다. 물론 모든 사람이 동일한 방식으로 진로를 선택할 수는 없다. 중요한 것은 자신이 어떤 삶을 원하는지에 대해 깊이 성찰하고, 그 기준에 따라 삶의 방향을 주체적으로 설계하는 힘을 기르는 것이다.

부모와 교사의 역할은 바로 이 지점에서 시작된다. 어떤 직업이 더 옳은지를 단정 짓기보다는 그 선택이 왜 중요했는지, 어떤 경험과 고민을 거쳐 결정에 이르렀는지를 함께 점검하고 공감해 주는 과정이 필요하다. 나아가 그 선택이 앞으로의 삶 전반과 어떻게 연결될 수 있을지를 함께 상상하며, 청소년이 자신만의 의미 있는 삶을 설계해 갈 수 있도록 따뜻하게 이끌어 주는 것이 중요하다.

- **꿈이 없어서 일단 돈이라도 모으자는 생각에 극도로 절약하며 살고 있어요. 이렇게 사는 게 괜찮은 걸까요?**

이 질문은 단순한 소비 습관에 대한 고민이 아니라, 삶의 방향을 잃은 채 '무언가라도 쥐고 있어야 안심된다'는 불안과 공허 속에서 나온 말일 수 있다. 꿈이 선명하지 않은 상황에서 돈이라도 모아 보겠다는 태도는 현실적 불안에 대한 방어적 대응이자, 자신의 삶을 어디엔가 붙들어 두려는 간절함의 표현으로도 읽힌다.

물론 절약하는 습관은 소중한 삶의 태도이다. 돈과 물건의 가치를 알고 무분별한 소비를 줄이며 재정적 자기 조절 능력을 기르는 일은 성인이 되어 자립하고 자아를 실현해 가는 과정에서 반드시 필요한 기본 소양이다. 특히 청소년기에 금전의 의미를 배우고 자원을 계획적으로 관리하는 태도는 이후 삶의 든든한 기반이 된다. 그러나 여기서 한 가지 더 깊이 짚고 넘어가야 할 점은, 현대 사회가 빠르게 변화하고 있으며 기회의 속도 또한 그에 발맞춰 달리고 있다는 사실이다. 무조건적인 절약만으로는 이 흐름을 따라가기 어렵고, 돈을 묶어두고 사용하는 것을 미루는 동안 더 큰 성장과 경험의 기회를 놓칠 수 있다. 절약은 단순히 소비를 줄이는 것이 아니라, '무엇에, 어떻게 써야 나에게 가장 유익한가'를 분별하는 판단력이다. 구체적인 꿈이 없다는 이유로 경제적 가치에만 집착하여 현재의 경험을 지나치게 절약하려 한다면, 장기적으로는 이 시기에만 가능한 의미 있는 기회와 성장 가능성을 놓치게 될 수 있다. 중요한 것은, 오늘을 절제하며 살아가는 태도와 내일을 위한 도전과 투자 사이의 균형이다. 돈을 아끼는 것이 목적이 아니라, 자신의 삶을 어떻게 더 잘 살아낼 것인가에 대한 전략적 판단이어야 한다.

- **고등학교를 졸업하고 이제 20대가 되었는데요, 지금 새로운 꿈을 찾기에는 너무 늦은 나이일까요?**

　성인이 되어 가는 후기 청소년들이 자주 던지는 질문 중 하나는 "지금 새로운 꿈을 찾아도 늦지 않았을까?"라는 것이다. 겉으로는 단순한 진로 고민처럼 보이지만, 그 이면에는 삶이 너무 일찍 정해져야 한다는 사회적 압박감과 지금까지의 경험만으로 미래를 제한하려는 불안감이 복합적으로 작용하고 있다.

　우리는 종종 과거의 성취나 실패를 기준 삼아 현재의 가능성을 좁혀 보는 오류에 빠지곤 한다. 지금까지의 결과가 만족스럽지 않다는 이유만으로 스스로 미래의 기회를 축소해 버리는 것이다. 여기에 또래와의 비교까지 더해지면, '아직 아무것도 제대로 해내지 못했다'는 조급함이 커지고, 지금의 출발이 마치 이미 늦은 것처럼 느껴지기 쉽다. 그러나 진로는 나이나 속도에 의해 결정되는 것이 아니라, 자신의 내면에서 출발해 점차 확장되어 가는 여정이다. 특히 20대는 삶을 마음껏 실험하고, 때로는 실패를 겪으며 자신에게 맞는 방향을 탐색할 수 있는 가장 소중한 시기다. 이 시기를 빠르게 표면적인 답만 찾아야 하는 시기로 오해하게 되면, 새로운 시도를 주저하게 되고, 결국 안정 지향적 선택이나 타인의 기준에 맞춘 결정에 머무를 위험이 크다.

　지금 중요한 것은 무엇을 해야 할지를 조급히 결정하려 애쓰기보다, 자신의 흥미, 성격, 강점, 환경적 자원을 객관적으로 돌아보고, 현재 주어진 기회를 어떻게 활용할 수 있을지를 차분히 성찰하는 것이다. 그리고 그 위에 주어진 인프라를 능동적으로 활용하며, 작은 성공 경험들을 통해 자신만의 가능성을 확장해 가려는 태도가 새로운 도약의 발판이 된다. 진로 설계란 타인과의 속도 경쟁이 아니라, 자기 삶에 대한 깊은 이해를 바탕으로 방향을 천천히 잡아 가는 과정이다. 그 과정 속에서야말로 온전한 성장이 이루어지고, 자신만의 길이 조금씩 드러나게 된다.

- **아직 뚜렷한 꿈이 없는데요, 꿈은 언제까지 찾아야 하는 건가요? 너무 늦으면 안 되는 걸까요?**

　'꿈'이라는 단어는 한편으로는 설렘과 가능성을 품은 말이지만, 다른 한편으로는 많은 청소년과 청년에게 조급함과 부담을 안기는 언어가 되기도 한다.

특히 후기 청소년과 초기 청년에게 "너는 꿈이 뭐니?", "앞으로 무엇이 되고 싶니?"와 같은 질문은, 아직 완성되지 않은 자아의 밑그림 앞에서 정답을 강요받는 듯한 압박으로 다가올 수 있다. 그러나 꿈은 미리 정해진 목표를 향해 기계적으로 달려가는 것이 아니라, 시간을 들여 자신을 알아 가고 삶의 방향을 스스로 그려 가는 과정 속에서 점차 구체화되는 것이다.

실제로 한 인문계 고등학교 강의에서 학생들과 진로와 학교생활에 대해 함께 토론한 적이 있다. 많은 학생들은 '진로를 빨리 결정하라'는 어른들의 말이 가장 큰 스트레스라고 털어놓았다. 자신이 무엇을 좋아하고 잘할 수 있는지 충분히 탐색해 보지 못한 상태에서, 입시와 진학이라는 현실적 압박에 시달리며 반드시 정답을 내야 한다는 부담감을 느끼고 있었던 것이다. 이처럼 꿈을 서둘러 결정하라는 요구는 청소년이 자기 자신을 탐색하고 실험할 기회를 빼앗고, 오히려 불안과 조급함을 증폭시키는 요인이 되기도 한다. 과거에는 진로가 곧 고정된 삶의 경로였지만, 오늘날에는 직업이 삶의 방향 안에서 유연하게 선택되고 조정되는 수단이 되고 있다. 그렇기에 지금 청소년과 청년에게 진정으로 필요한 것은 "언제까지 꿈을 정해야 한다"는 정해진 시한이 아니라, 열린 진로 인식과 자기 탐색의 지속성이다.

'아직 꿈이 없다'는 말은 곧 새로운 출발점에 서 있다는 뜻이다. 그 시작점에서 중요한 것은 '무엇을 해야 할지'보다는, 내가 무엇에 흥미를 느끼고, 어떤 활동을 반복해도 지루하지 않은지, 타인과 함께할 때 어떤 감정을 자주 느끼는지를 꾸준히 성찰하는 것이다. 꿈은 정해진 답을 써넣어야 하는 빈칸이 아니라, 삶을 살아가는 과정 속에서 천천히 완성되어 가는 서술형 질문에 가깝다. 진로 교육이 지향해야 할 방향도 마찬가지다. 정해진 틀 속에서 빠른 정답을 찾기보다는 자신만의 의미 있는 문장을 한 줄씩 써 내려가는 것, 그것이 바로 오늘을 살아가는 청소년과 청년에게 가장 필요한 진로 설계의 시작점이다.